報徳記目次

卷之三

卷之四

巻之五

巻之六

卷之七

卷之八

―目次畢―

報德記

例言

一、二宮尊德先生、畢世人に教ふるに德を以て德に報ゆるの道を以てす。其の百行亦悉く德に報ゆるに在り。故に良法盛行の日に當り、時人稱して報德先生と云ふ。是此の篇の名と爲す所以也。

一、先生一世の言論功業、之を筆記する者あらざれば、後人之を知る能はず。之を知らざれば富國安民の良法と雖も一時に止りて永遠に及ばず。是我が輩の大いに憂ふる所なり。而して之を記せんと欲するに、其の一斑をも窺ひ視る能はず。蓋し聖賢にあらざれば聖賢の心志を知る能はず。豈庸愚にして高德大才の蘊奥を知るを得ん。知らずして謾りに之を記す。果して其の大德を損するのみに非ず。其の功業を以て區々たる平常の事に比するに至らん。是大いに恐るゝ所にして數十年間之を記する能はざる所以なり。然り而して博識高才と雖も先生の門に入らざれば亦記するを得ず。寧ろ其の一端を記して以て識者の是正を待つには如かざる也と。已むを得ずして其の萬一を記す。

一、先生の安民方法を行ふや、大小となく始めに終りを察し、必成を洞見して、然る後實業を施行せり。故に成功あらざるなし、其の施行の初に當りては常人之を見て以て不可となす者あり。後數年を經過するに及びて始めて此の如くならざれば、其の事の成る可からざるを知るに至る。目前其の事業を視ると雖も、其の規畫の深意を察する能はず。將焉んぞ其の深遠を記するを得んや。

一、先生幼年の艱難困苦其の長ずるに至り、出群の英才を以て行ふ所の事業、一も自ら之を發言せず、故に往々邑民の口碑且傳聞に由りて其の概略を記すと雖も、何を以て其の一端を擧ぐるに足らん。將誤聞なきを保する能はず。

一、諸侯の封内を興復するもの數あり。而して其の依賴に先後あり。施行の順序あり。余未だ先生の門に入らざるの前事は之を目視せず。故に先後順序を誤る者あらん。且施行の良法多端にして、所謂神機妙算測る可からざる者なり。實に淺學不文、其の糟粕だも記する能はざるを恐る。況んや其の深理に於けるをや。

一、或曰く、先生畢世の論說事業を記するに漢文を以てす可しと、或曰く、漢文なる者は簡古を以て是と爲す。今細大の事業を筆するに至つては、能文者に非ざるよりは詳覈ならざる所なきを得ず。故に通俗文字を以て記するに如かざる也と。今、後說に隨ふ。

一、此の記實に大海の一滴而已矣。然して其の功業記する所の條件に止れりと爲し、且些少の涓滴、何を以て大業と爲すに足らんと云はゞ、記者漏脫不文の爲に目今を誤る耳に非ず。後人を誤ること限りなし、若し滴水を見て以て大洋の無涯を察知することあらば幸甚。

一、記する所の事業、年號月日詳かならざる者尠からず。將に後日の研究を俟ちて之を補はんとす。

一、先生の言論正業を筆して、而して未だ其の終を記するに至らざる者は他なし、此の編固より言行の萬一を記する能はず。故に漸次之に繼ぎて以て筆記する所有らんとするが爲なり。

安政三丙辰年冬十一月

富田高慶識

報德記

卷之一

【一】二宮先生幼時艱難事跡の大略

茲に二宮金次郎尊德先生の實跡を尋ぬるに、歳月久しくして其の詳細を知ることあたはず、且先生謙遜にして自己の功績を說かず、聊か邑人の口碑に殘れりといへども萬が一に及ばず、又鄙人の口碑何ぞ其の大志深遠の誠心を察する事を得んや。聊か常人と異なる所を唱ふるのみ。復安んぞ其の深理實業を見るに足らんや。然りと雖も之を記さざる時は、彌々其の才德功業湮滅し、漠然として、誰か先生幼若の時より異志出群の所行を知らん。是れ豈に歎ずべきの至りに非ずや。是の故に已むを得ず、邑民の口碑に基づき、斯に筆を操りて其の概略を記せり。

先生姓は平、名は尊德、通稱金次郎、其の先曾我氏に出づ。二宮は其の氏也。同じく二宮と稱する者相模國栢山村に凡そ八戸あり。皆其の氏族也と云ふ。父は二宮利右衞門、母は曾我別所村、川窪某の女なり。祖父銀右衞門常に節儉を守り家業に力を盡し頗る富有を致せり。父利右衞門の世に至り、邑人皆之を善人と稱す。民の求に應じ、或は施し或は賑貸し、數年にして家產を減じ、積財悉く散じ衰貧既に極る。然りと雖も其貧苦を安んじ敢へて昔日施貸の報を思はず。此の時に當つて先生を生む。實に天明七丁未年七月二十三日なり。次子三郎左衞門、其の次を富次郎と云ふ。父母貧困の中三男子を養育し、其の艱苦言語の盡すべきにあらず。子時寬政三辛亥年、先生僅かに五歲、酒匂川洪水大口の堤を破り數ケ村流亡す。此の時利右衞門の田圃一畝も殘らず悉く石河原となる。素より赤貧、加ふるに此の水害に罹り、艱難彌々迫り、三子を養ふに心力を勞すること幾千萬、先生終身言此の事に及べば必ず涕泣して、父母の大恩無量なることを云ふ。聞く者皆之が爲に涕を流せり。某年父病に罹り極貧にして藥餌の料に當つべき物無し、已むを得ず田地を鬻ぎて金貳兩を得たり。利右衞門疾治して歎じて曰く、貧富は時にして免れ難しと雖も、田地は祖先の田地なり。我治病の爲に之を減ずること豈不孝の罪を免れんや。然りと雖も醫藥其の價を謝せずんばあらずと。大息して醫に往き貳兩を出し其の勞を謝す。醫師某眉を顰て曰く、子の家極めて貧也。何を以てか此の價を得たるや。利右衛門答へて曰く、誠に余が赤貧なる子の言の如し。家貧なるが爲に治療の恩を謝せずんば何を以てか世に立たんや。子之を問ふに實を以て告げずんば子の意も亦安からざるか。貧困極れりと雖も、未だ些少の田地あり之を鬻て以て謝せり。子勞することと莫れ。醫師愀然として涕を流して曰く、予子の謝を得ずと雖も飢渴に及ばず、子家田を失ひて一旦の義を立て後日何を以て妻子を養はん。予子の病を治め却つて其の艱苦を增すを見るに忍びんや。速かに其の金を以て田地を償ひ予に報ずるを以て勞することなかれ。利右衛門許さず。醫曰く子辭すること莫れ。貧富は車の如し。子今貧なりと雖も安んぞ富時なきを知らん。若し家富むの時に至り、此の謝を爲さば予も快く之を受けん。何の子細か有らんやと。是に於て利右衛門大いに感じ三拜して其の言に隨ひ、强ひて其の半金を以て謝とし、其の半金を持つて歸る。先生、父病後の步行を案じ、其の歸路の遲きを憂ひ、門に出でてこれを待つ。利右衞門醫の義言を悅び兩手を舞して步行す。先生迎へて曰く、何の故に悅び玉ふこと此の如くなるや。父曰く、醫の慈言此の如し、我汝等を養育する事を得たり。是を以て悅びに堪へずと。父酒を好めり。先生幼にして草鞋を作り日々一合の酒を求めて夜々之を進む。父其の孝志を悅ぶこと限りなし。時に寬政十二庚申年先生年十四、父利右衞門大病日々に衰弱す。母子之を歎き晝夜看病怠らず、家產を盡して其の治を求め、鬼神に祈りて誠精を盡せり。然れども命なるかな、終に同年九月二十六日沒す。母子の悲歎慟哭甚しく邑人皆之が爲に涕泣せり。母三子を養育するに艱難彌々極れり。母先生に言つて曰く、汝と三郞左衞門とは我如何樣にも養ひ遂げん、末子迄は力に及ばず、三子共に養はんとせば皆共に飢ゑんのみ。是に於て末子を携へ緣者某に往いて慈愛を請ふ。某其の託を受けて之を養ふ。母悅て家に歸り二子に告げて共に艱苦を凌がんとす。母寢て徹夜寐ぬることあたはず、每夜流涕枕を沾す、先生怪みて問ひて曰く、每夜寢玉はず何の故なるや。母曰く、末子を緣家に託せしより我乳張り痛苦の爲に寢ることあたはず。數日を經ば此の憂なからん、汝勞することなかれと。言終らざるに涕潸々たり。先生其慈愛の深き事を察し泣きて曰く、前には母君の命に隨ひ末子を他に託せり、案ずるに赤子一人ありとも何程の艱苦を增さん、明日より某山に往き薪を伐り之を鬻ぎ末子の養育を爲さん。速に彼を戻し玉へ。母此の言を聞き大に悅び汝云爾は誠に幸也。今より直に彼家に至り戻し來らんと、速に起ちて往かんとす。先生これを止めて曰く、夜今子に及べり、夜明なば予往いて抱き來らん、夜半の往返は止り玉ふ可し。母曰く、汝幼若猶末弟を養はんと云ふ、夜半の往返何を以て厭はんやと袖を拂つて隣村の緣家に至り、旨趣を告げて末子を抱き家に歸り、母子四人共に悅ぶこと限なし。是より鷄鳴に起きて遠山に至り、或は柴を刈り薪を伐り之を鬻ぎ、夜は繩を索ひ草鞋を作り、寸陰を惜み身を勞し心を盡し、母の心を安んじ二弟を養ふことにのみ勞苦せり。而して採薪の往返にも大學の書を懷にして途中步みながら之を誦し少しも怠たらず。是先生聖賢の學の初なり。追路高音にこれを誦讀するが故に人々怪み狂兒を以て之を目するものあり。某年正月土俗大神樂と唱ふるもの在家を廻り一曲を舞ひて千歳を祝す、家々百銅を投じて之を舞はしむ、舞はしめざれば十二銅を與へて去らしむ。時に近隣に至る。母驚きて曰く、大神樂來れり、何を以て之に與へん。先生曰く、僅かに十二銅を得れば可なりと。是に於て家の內悉く捜索すれども一錢を得ず。母曰く、神棚に有ん歟。先生又これを探れども得ず。母大いに之を憂ふ。先生曰く、家貧なりと雖も邑中の一戶たり、彼至りて僅かに十二銅なしと云ふとも豈之を信ぜんや、擧家田に往きて一人もあらざるまねして去らしむるより他事あるべからず。母曰く、汝の計に隨ふべしと、俄に戶を閉ぢ息せざるが如くにして伏せり。間もなく大神樂至りて壽を呼ぶと雖も閉戶寂寥として聲なし、是に於て去りて隣家に至る。母子始て心を安んずるの思ひあり。此の一事を以て艱苦辛勞推して知るべし。

小田原酒匂川其の源富嶽の下より流出し、數十里を經小田原に至りて海に達す。急流激波洪水每に砂石を流し堤防を破り、稍もすれば田面を推流し民家を毀つに至る。年々川除堤の土功息まず。故に邑民每戶一人づゝを出して此の役に當らしむ。

先生年十二より此役に出てで以て勤む。然れども年幼にして力足らず。一人の役に當るに足らず。天を仰ぎ歎じて曰く、我力足らずして一家の勤に當るに足らず、願くば速かに成人ならしめ玉へと。又家に歸りて思へらく、人我が孤にして貧なるを憐恕し、一人の役に當るといへども、我心に於て何ぞ安ずる事を得んや。徒らに力の不足を憂るも詮なし、他の勞を以て之を補はずんばある可らずと。是に於て夜半に至る迄草鞋を作り、翌未明人先に其の場に至り、人々に言ひて曰く、余若年にして一人の役に足らず、他の力を借りて之を勤む、其の恩を報ずるの道を求むれども得ず、寸志なりといへども草鞋を作り持ち來れり、日々我が力の不足を補ふ人に答へんと云ふ。衆人其の志の常ならざるを賞し之を愛し、其の草鞋を受けて其の力を助く。役夫休すれども休まず、終日孳々として勤む。此の故に幼年なりといへども怠らざるが故に土石の運ぶこと却つて衆人の右に出づ。人皆之を感ず。

于時享和二壬戌年、先生年十六母疾に罹り日々に病なり、先生大いに之を歎き、天に祈り地に祈り、心力を盡して其の治を求め、日夜帶を解かず其の側を離れず、看病手を盡せり、然れども其の驗あらずして病むこと十有餘日にして死す。先生慟哭悲痛、殆ど身を傷はんとするが如し、家財既に盡き、田地も亦悉く他の有となる、殘れるもの徒に空屋而已。二弟を撫して悲泣爲す所を知らず。親族議して曰く、三男子幼にして養育のものなし、此儘家に在らば何を以て其の飢渇を凌がん、親族に託して後年を待には如ずと。近親萬兵衞なるもの先生を家に招き之を養ひ、弟三郎左衞門と末子とは曾我別所村川窪某これを養ふ。是より先先生十四歳の時、隣村飯泉村觀世音に參拜し、堂下に坐して念ずることあり。忽然として行脚の僧來り、堂前に坐し讀經す。其の聲微妙、其の經深理廣大、一聞了然として意中歡喜に堪ず、誦經既に畢る。謹みて僧に問ひて曰く、今誦する所の經は何の經ぞ。僧應へて曰く、觀音經なり。曰く、予嘗て屢これを聞けり、而して今聞く所に異なり、何ぞ余が心に徹することの明なるや。應へて曰く、世の誦する所は吳音也、今國音を以て轉讀せり、是れ子の解する所以歟。先生懷中を探り錢二百を奉じて曰く、願はくば寸志を呈せん今一たび誦讀し玉へ、僧其の志を感じ轉讀以前の如し、讀畢りて去る、其の行所を知らず。先生胸中豁然として大いに喜び、栢山村善榮寺に至り和尙に謁して曰く、大なる哉觀音經の功德、其の理廣大無量、其の意云々と說解流水の如し。和尙大いに驚きて曰く、予旣に耳順を超えたり、多年此の經を誦する事幾百千遍、未だ其の深理を解することあたはず。然るに子若年一たび讀誦を聽いて無量の深理を明解す、嗚呼是所謂菩薩の再來歟。今、野僧此の寺を退くべし、子願はくば僧となり衆生の爲に此の寺に住し、大いに濟度の道を行ひ玉へと云ふ。先生固辭して曰く、是れ予の望む所にあらず、予祖先の家を起し、其の靈を安んぜんとす、志す所出家にあらずといふて去る。是より後彌々佛意も諸人を濟ひ安んずるより大なるものなきことを了知せりと云ふ。

【三】先生小田原の大夫服部某の一家を再復す

二宮先生已に孤となり緣者萬兵衞の爲めに養はる、時に年十六歲。萬兵衞なるものの性甚吝にして慈愛の心薄し、故に先生の艱苦極れり。或時先生終日萬兵衞の家業を勤め、夜に入り寝ずして夜學す、萬兵衞大いに怒り罵しりて曰く、我汝を養ふに多分の雑費あり、汝幼若の働きを以て何ぞ之を補ふに足らん、今又之を思はずして夜學の爲に燈油を費す事恩を知らざるもの也。汝家もなく田圃もなし、人の扶助を得て以て命を繋ぐ身の學問して何の用を爲す、速かに之を止めよと激怒すること甚し。先生泣きて過れりと云ひて之を謝す。天を仰ぎ歎じて曰く、我不幸にして父母を喪ひ、幼にして獨立することあたはず、他人の家に養はれ日を送るといへども、筆道文學を心懸ずんば一生文盲の人となり、父祖傳來の家を興すこと難かるべし、我自力を以て學ぶ時は其の怒りに觸ること無る可しと。是に於て川縁無毛の地を起し油菜を蒔き、其の實七八升を得たり、大いに悦びこれを市に鬻ぎ、燈油を求め以て夜學す。萬兵衞又罵りて曰く、汝自力の油を求め夜學すれば我が雑費には關せずといへども、汝學びて何の用をかなすや、無益の事を爲さんより深夜に至るまで縄をなひ我が家事を補ふ可しと。是に於て先生夜に入れば必ず縄をなひ、筵を織り、夜更人寝るに及びて毎夜竊に燈火を點じ、衣を以て之を覆ひ他に燈光の漏れざるやうになし、筆學讀書鷄鳴に及びて止む。晝は山に登り薪を樵り、柴を刈り、田に往きて耕耘し、又酒匂川堤普請の役に出て力を盡し、賃銀を得れば里正に至り之を託し、其數一貫文に充れば之を持し村内寡婦年老い身に便りなき極貧のもの、其の他貧困のもの共へ、或は二百銅三百銅づゝ之を分ち與へ、暫時の苦を補ひ遣し、聊か我身の用とせず、此れを以て艱苦中の樂となせり。

某年出水の爲めに用水堀流失し堀筋變化し古堀不用の地となるものあり、休日に之を開墾し、邑民の棄苗を拾ひ集めて植付けしに、幸にして壹苞餘の實のりを得たり。喜びて曰く、凡そ小を積て大を致すは自然の道なり、是を以て父祖の家を興し祖先の靈を安ぜんこと必せりと。僅々たる一苞を種として勤勞し、增倍の道を設け、年を經るに及びて許多の數に滿つ、是に於て數年養育の恩を謝し、家に歸り家業を興さんことを請ふ。萬兵衛悦びて其の意に任す。然し、僅かに虚屋を存すと雖も、數年無住の故を以て大破に及び蔓草軒を蔽へり、先生獨り歸り、草を拂ひ破損を補理し獨居して日夜家業を勵み、力を盡して有餘を生じ其田圃を償ふ。此の如く萬苦を盡して廢家漸煙を擧ぐるに至れり。緣者其の室あらんことを勸めて止まず。先生之を辭する事數年、是に於て隣村某氏の女を娶れり。

時に小田原侯の大夫服部十郎兵衞は世祿千三百石代々重役の家にして一藩之を敬す。而して家事不如意に及び、借財千有餘金に及び元利共に償ふこと能はず。百計此の憂を除かんとすれども其の術を得ず、貧困の爲に其の職を辭せんとす。或人之に告げて曰く、栢山村金次郎なる者、極貧の家に生れ、早く父母に離れ家產悉く他人の有となり、緣者の救助を以て人となり、千辛萬苦を盡し、僅かに米壹苞を作り出せしより、之を種として終に廢家を再興せり、加之幼若の時より他人を憐み、身の艱苦を憂へざるの所行、天性不凡の質にして常人の及ぶ所にあらず。子此のものを賴み厚く之を遇し、一家の再復を任ぜば、彼必ず其の義に感じ心力を盡して子の家を興さんこと彼れの掌中にあらんと。服部氏大いに悅び、速かに人をして厚く之を依賴せしむ。先生固辭して曰く、是容易の事にあらず、我農夫にして農力を盡し廢家を興せるは素より農夫の道を勸めたるが故なり。今服部君世祿一藩に冠たり然して此の借財を生じ衰貧極るものは士の家を治むるの道を失ひたるが爲にあらずや、農夫にして士の家を興す、豈我が知る所ならんや、子我が爲に之を辭せよと云ひて肯ぜず。服部子益々其の賢なることを察し、他事なく信義を盡し依賴する事再三再四に及べり。先生慨然として曰く、服部氏は我が領主の重臣なり、今艱難の爲めに職を退き、其の家も亦廢衰に及び、興廢ともに我一人を期し、節を屈し其の道を盡して我に依賴す、我之を救はずんば彼必ず廢せん、彼廢する時は君亦必ず之を憂へ玉ふ事豈淺々ならんや。然らば則ち服部一家の不幸のみに非ず、今我國の爲に其の急を救はざるべからずと。妻に云ひて曰く、服部氏の依賴已に迫れり、汝の知る所なり、我今より彼の家に至りこれが爲に力を盡さん、汝定めて當惑ならんか、我が爲に家を守り家事を勤めよ、我五年にして彼の憂を除き之を安堵せしめて家に歸らんと。妻涕を流して曰く、命を聞けりと。

是に於て先生服部氏に至り、君の艱苦を除かん事必ず五年の內にあり。然ども內外皆某に任じ玉はゞ可なり、聊かたりとも君の存意を加ふる時は必ず某の微志を遂ぐることを得ず、然らば今日より辭するにしかざるなりと。服部氏悅びて曰く、余不才にして一家を安ずることあたはず衰弊爰に至れり、術盡き思慮盡て以て子に依賴す何ぞ我が愚意を加へんや、興廢共に子の一身にあり子十分に改革せよ、我は唯子の丹精を仰ぐのみ也と云ふ。先生曰く、祿千石餘にして千兩餘の負債あり、是世祿の名有りと雖も其實は已に他人の有となれり。大夫の勢力を以て之を返さず今日を送るが故に、此の家此の祿を以て我が物なりと思ふ事豈淺ましからずや。上君恩の無量なることを知り、常に節儉を守り家を存して永く君恩を報ずるの忠勤あるを以て臣下の道と爲すべし。然るに身の奢侈に流るゝをも知らず、不足を生ずと雖も猶其の本を顧ず、他人の財を借りて之を補ひ、元利增倍一家廢滅の大患を慮らず終に家を破り君恩を失ふに至る、豈之を忠義の臣と謂んや。服部氏伏して以て其の罪を謝す。先生曰く、子今其の過を知れり、然らば其の過を補はんことを勤むべし。其の事何ぞや必ず其の身を責むべし。其の身を責むること何ぞ、食は必ず飯汁に限り衣は必ず綿衣に限るべし、必ず無用の事を好むべからず。此三箇條を守るべきや否や。曰く、是れ我が甘ずる所也、此の如くして家を興すの道有らば何の幸か之に如んや。是に於て先生其の家の僕婢を呼びて曰く、主君の家事既に貧困に及び負債千餘金に至れり、是汝等の明に知る所也、此の如くにして三五年を經ば主家將に覆らんとす、汝等若し無事永續の道を知らば夫れ明に予に告よ。皆曰く、是鄙人の知る所にあらず。願はくば子それ之を計れ。先生曰く、汝主家の無事を願ひ予一人に計を請ふ、其の忠志賞すべし、以來主君自ら思慮を加へず五年間の家事を我に任せり、汝等も我が指揮に隨ひ異存あるべからず、我と共に主家の安堵を願ひ勤むべきや　若し異存あらば今速かに暇を請ふべしと。僕婢曰く、主家に仕ふこと已に年あり今其の危きを見て退くこと我等が願にあらず、子一身を勞して主家を安んぜんとす何ぞ其の命に隨はざらんや。先生此に於て其の入る物を量り分度を引去り中分の活計を立て無用の雜費を省き周年の用度を制し、借財の貸主を呼びて實情を說諭しこれを償ふに五年を約し、自ら奴婢に代りて家事を勤め、服部氏出づれば若黨となり、毎夜家を治め國を治る道を說きて以て服部氏に教ふ。期年にして借財減じ五年にして千餘金の積借皆洗ひ盡し殘金三百兩を餘せり、一家の悅び譬ふるに物なし。

先生此の三百兩を持ちて服部夫妻に告げて曰く、五年前子の依賴を辭し難く其の請に應ぜしより、今日に至るまで晝夜心を盡し、已に積借皆濟餘金三百を殘せり。畢竟予に任ずる事固きが故に此の困難を除きたり。依て百金は君の手元へ備へ、別物として非常の時國君へ奉仕の用となせ、又百金は婦君是まで艱苦を盡し夫家の再興を勸められたる賞として婦君に與へ玉へ、婦君も亦此を別途に備へ家の再び衰へざるの豫備となせ。猶百金を餘せり、是は子の志す所の用に充てよと。服部氏大いに歎稱して曰く、我が家已に將に顚覆せんとす、子の丹誠に依て今全く再復せり、何を以て其の恩を謝せんか、未だ其の處する所を得ず。此の餘金は我が金にあらず子の丹誠に出る所なり、殘らず謝恩に充さんと欲すと雖も、子今我夫妻に別ちて後來の事を敎ふ、又辭すべからず、責めて此の百金は子之を受けて家業の一助とせよ、子家に在り業を勵まば許多の富優をなさんに、五年家事を拋ち我を危急に救ひ永安を得せしむ、此の百金何ぞ謝するに足らんやと。先生大いに悅びて曰く、子の言此の如し、速かに貴意に隨ひ之を受けん。且一旦の憂は除きたりと雖も、後年の定則なくんば又艱難に至るべし、豫め之を憂ひ永年の分量を調置たり。以來千石を以て永年の分限と定め、三百石を以て餘外となし別途に備へ非常の奉仕の用に充てば、此の家有ん限りは君公への忠義は言ふに及ばず、一家の貧窮を生ずることあるべからず、子夫れ之を守れ。言畢りて退き奴婢を呼びて曰く、主家の危迫已に極り、予に託して之を再復せしむ、汝等五年の間約を差へず我と共に艱苦を盡せり、賞するに餘りあり、千餘金の借債今已に皆濟せり猶百金を餘せり、主人予が愚誠を賞して之を與ふ、其の志辭すからず予五年の間勤る所一身の爲に非ず何ぞ其の報を受けんや。汝等の勤苦を賞し之を分ち與へん。是我が與ふるにあらず。主人の賜ものなり、謹みて之を受けよと、百金を分けて之を與ふ。奴婢一度は驚き一度は悅び主人に恩を感ずること深く、且先生の慈心限りなきを感動せり。先生服部氏に辭して一物をも受けず、飄然として家に歸れり。其の所行往々斯の如し。

【三】小田原侯先生を拔擢して分知宇津家の釆邑を興復せしむ

于時故大久保侯天下の執權職として、流弊を矯め汚俗を一洗し、善政を布き萬民を安ずるの忠心を懷き、一世國家の爲めに心力を盡し玉ひ、人賢明を以て之を稱す。田間潛龍の二宮あることを聞き玉ひ、大いに悅びて之を擧げ國政を任じ、安民の道を開んと欲し、群臣に計り玉ふ。國風賢愚を選まず、位祿の高下を以て區別を嚴にし、高祿の臣は卑格の臣を見ること奴僕の如く、位ある臣は愚なりといへども、衆之を敬し、才德ありといへども位格卑下なれば諸人之を輕んず。治平の流俗習ひ性となれり。一藩すら斯の如し、況や下民に於るをや。群臣君命なりといへども士民を擧げて群臣の上に置き、國政を任じ玉ふこと、時勢の服せざる所也。假令二宮賢なりといへども群臣服せざる時は必ず國の災を生ぜんこと恐るべし、君深く之を慮り玉へと言ふもの多し、君公人情の誣ふべからず、擧賢の道俄に行はれ難きを歎息し、頻に登用の道を深慮し玉ふに、惣じて當時の人情位祿の高下に拘泥し、貴賢の道なしといへども、他の功績は推すべからず、其の有功に服すること、是古今の人情なり。然らば二宮に命ずるに、諸人の力に及ばざる所を以てせば、彼必ず其の功を遂げん。其の功を以て群臣の僻心を除き、國家を任ぜば、誰か又不平を發せんや。事迂遠に似たりといへども、全功をなさん事必ず斯にありと。

斯に旗下宇津某は大久保侯の分家にして采邑四千石、下野國芳賀郡物井横田東沼の三邑是也。土地至つて磽薄にして五穀乏しく、人氣亦之に准じ、放僻邪肆、無頼遊惰なるが故に、元祿年中までは戸數四百五十軒なりしが、連年離散のもの多く、文政度に至りては僅に百四五拾軒を殘せり。互に利を爭ひ、爭論訴訟絶ゆることなく。動すれば相鬪ふに至れり。故に衰貧極り、田野荒蕪し、渺茫として民家狐狸の住居となるもの多く、收納中古四千苞を納めしに、僅に八百苞を納む。宇都家の艱難も亦窮れり。大久保侯深く之を憂ひ、此の民を導き、勸農に趣かしめ。再復の政を布かんとして、厚く心思を勞し玉ひ、群臣に選び、當器ものに命じ、野州櫻町興復の事を任じ、入費幾千金を下して其の成功を促がし玉ふに、一度其の地に臨めば佞奸の爲に欺かれ、或は處置其の度を失ひ、遂に他國へ走り、或は逐はれ、小田原へ歸り其の罪を得るもの既に數人に及べり。群臣手を束ねて、又更に此の事に任ぜんと云ふものなし。公大いにこれを悔い、尋常の及ぶ所に非ざることを歎じ玉ふ。今此の土地をして二宮に再興せしめば、不凡の傑出必ず其の功を成さん事目前にあり。群臣手を束ぬるの難場をして、治平再榮の道を立つる時は、不世出の賢なる事論を待たずして明なるべし。其の時に至り小田原十一萬石をして富國永安の政を任ぜんに誰か服せざるものあらん。嗚呼然なりと獨り心を決し玉ひ、令を下して先生に此の事を任ず。先生辭して曰く、卑人何ぞ此の如き大業を爲すことを得んや、某農家に生れ極貧に長となり、自ら農具を握りて稼穡を勤め、祖先の餘德に依りて廢家を擧ぐることを得るのみ。何を以て國を興し、民を安んずるの大道を知らんや。君命重しといへども身の不肖を省るに、何ぞ此命に當らんやと受けず。使者止む事を得ず復命す。君公益々其の賢なることを察し玉ひ禮を厚くし言を盡して、再三命を下し玉ふ。先生固辭して隨はざること三年に及べり。君懇命を下して止まず。是に於て先生大いに君の仁心を感じ、對へて曰く、某數度の命に應ぜず、君之に令すること已に三年、辭する所を知らず、止む事を得すんば彼地に至り、土地人民衰廢の根元、再復成不成の道を熟視し、然る後向命の有無を決すべし。今豫め其の命に隨ふこと能はずと云ふ。使者此の言を以て復命す。君公悅びて其の土地見分を命じ玉ふ。

時に文政四巳年某月、先生小田原を發し、遙に下野國櫻町に至り、每戶に臨み、其の貧富を察し、田野に往いて其の肥磽を鑑み、人民の勤惰を察し、水理の難易を計り、遠く往古を探り、近く目今の風俗を觀察し數十日にして風土民情興廢成不成の理既に胸臆に了然たり。小田原に歸り言上して曰く、君某の不肖を察し玉はず宇津家の釆邑興復の業を命ず。其任にあらざるを以て固辭すと雖も、敢て之を許し玉はず、止む事を得ず彼地に至り、土地と民情とを察し再復の事を考ふるに、土地瘠薄にして人民の無賴怠惰も亦極る。然りと雖も之を振起するに仁術を以てし、邑民舊染の汚俗を革め、專ら力を農事に盡す時は再興の道なきにあらず、而して仁政行はれざる時は、假令年々四千石の貢稅を免ずといへども、彼の貧困は免ることあるべからず。譬ば都下に於て巣鴨の地と日本橋の地の如し。日本橋の土地は屋賃如何位貴しといへども、賣買の利厚きが故に人競うて居住し富優を得、巣鴨の如きに至つては金銀融通賣利薄きが故に、屋賃なしといへども人之を望まず、又貧窮を免れず。上國は貢税多しと雖も、民其の益多きが故に繁榮し、下國は貢税なしといへども田產薄きが故に其の艱難を免れ難し。是土地の厚薄の致す所なり。然して此の如き下國をして上國と共に榮えしめんと欲せば、必ず仁政にあらざれば能はず。如何となれば溫泉は人力を待ずして周年溫かなり、風呂は人力を以て燒くが故に暖か也。暫時も火を去る時は忽然として冷水となる。上國は溫泉の如く下國は風呂に似たり。故に仁術を行ふ時は榮え仁政なき時は衰ふ。今野州櫻町の衰廢を救ひ、永く民を安ずるの道は他無し。厚く仁を施し其の艱苦を去りて安榮に導き、大いに恩澤を布きて其の無賴の人情を改め、專ら土地の貴き所以を敎へ力を田圃に盡さしむるにあり。然して此の興復の用度幾千萬金なるや豫め其の數を定め難し。前々君彼の土地再復を命ずるに、許多の財を下し玉ふ。是を以て其の事成らず。以後之を興復せんに必ず一金も下し玉ふことなかれと。公曰く、汝の言ふ所至道といふべし。然れども廢亡を擧ぐるに財を用ふれども猶興らず、今財なくして之を擧ぐるの道如何。先生對へて曰く、君財を下せば邑宰村民共に此の財に心を奪れ、互に財の手に入らんことを欲し、下民は邑宰の私を論じ、宰官のものは下民の私曲而已を憂ふ。互に其の非を論じ、其の利を貪り、終に興復の道を失ひ、彌々人情を破り、事廢するに至れり。是用財を下し玉ふの災なり。公曰く、善哉汝の言、財無くして廢亡を擧ぐること、其の道如何。對へて曰く、荒蕪を開くに荒蕪の力を以てし、衰貧を救に衰貧の力を以てす、何ぞ財を用ひんや。公曰く、荒蕪を起さんに荒蕪の力を以てする事如何。對へて曰く、荒田壹反を開き、其の産米壹石有らんに、五斗を以て食となし五斗を以て來年の開田料となし、年々此の如くにして止まざれば、他の財を用ひずして何億萬の荒蕪と雖も開き盡すべし。吾神州往古開闢以來、幾億萬の開田、其の始異國の金銀を借りて起したるには非ず。必ず一鍫よりして此の如く開けたるなり。今荒蕪を擧げんとして金銀を求むるは、其の本を知らざるが故なり。苟も往古の大道を以て荒蕪を擧げんに、何の難きことか之あらん。抑宇津家の采邑四千石なりといへども、實事納まる所の租税は僅か八百苞而已。是全く四千石の虚名ありて、實は八百石の祿なり。此の八百苞を以て再復までの分限と定め、其の餘を求めず。艱難に素して艱難を行ひ、生地の分は吾邦の開けたるが如く、其の餘の荒蕪は未だ開けざる蝦夷の如くなれば、一金の用財も下し玉はず、荒蕪を開き邑民を安んずるに荒蕪の地を以て某に任じ玉はゞ、十年にして必ず功を奏すべし。然れども爰に一つの難事あり、如何ともすべからず。公曰く、其の難事とは如何。對へて曰く、彼の土地如何なる難場なりと雖も、前段の道を以て興復せんこと難きにあらず。如何せん其の功を奏するに至りて、二千石の不足を生ぜり。荒蕪の儘に置く時は四千石の名あり。今千辛萬苦を盡し、幾千萬の財を布き、功を成すに至りては、四千石にあらずして全く二千石となる。然らば則ち再復せざるの愈れるに如ざるなり。公曰く、再興成就して二千石を減ずる者如何。對へて曰く、他なし瘠薄の地なるが故なり。薄地の一反は必ず二反の地にあらざれば、民飢渇を免れず。然るに彼の地繩の緩みなく、一反はは一反なり。此の故に邑民衰亡の禍、皆是より起れり。一たび之を舊復すと雖も、又數年ならずして亡邑とならんこと必せり。果して然らば何ぞ興復の益あらんや。故に之を興し、此の民を安んぜんとせば、二反を以て一反とせざるを得ず。然らば宇津家祿俸の半を減じて二千石となり、公私の用度不足なれば、必ず民に命じて其の不足を補はしめん。苟も此の如くならば再度の衰廢立どころに至らん。君無益の地に心力を勞し玉はんよりは、寧ろ四千石の名實共に全き所の土地を分ち、之を與へ玉はんには如かざるなり。公曰く、善哉汝の言、至れる哉汝の計る所、今貢租至當の地を分たんこと難きに非ずと雖も、廢衰の地を擧げずして、彌〻不毛の地に歸せしむることは、予が本意にあらず。是故に今汝の言に由て、彼の地再興の業を委任す。内外共に汝一人の處分たるべし。汝憂ふる所の二千石減少の數に至ては成功の後我必ず之を補ひ四千石となさん。汝憂ふることなかれ。彼の地に至り身を愛し、國家の爲に彌〻其の志を勵まし、貧民を安撫し、廢亡を擧げ、我が苦心をも安んぜよと命じ玉ふ。先生謹みて其の命を受けたり、嗚呼君々たり、臣々たり、實に明君賢臣希世の遭遇と謂ふ可し。

【四】 先生小田原侯の委任を受け野州櫻町に至る

先生既に小田原侯の委任を受けしより倩思惟するに、櫻町采邑の廢衰殆ど亡村に等し。風俗頽敗、奸佞邪曲の民多し。故に如何なる知略の者と雖も容易に之を化することあたはず。昔者大禹の有苗を征するに武略知計を以てせずして、唯至誠之を感ず。一の誠心以て我が身命を抛ち、此の民を安撫せんに、何ぞ再興せざることあらんや。然して憂ふべきもの斯に一あり。予極貧の家に生れ、孤となり、一家の廢亡を興し、父母祖先の靈を安ぜんと欲し、日となく夜となく心力を盡し、其の始一苞の米を種として、遂に廢家を擧げ、祖先の田圃を復し、聊か追孝の道を立つるに至れり。豈圖んや君公の知を受け、宇津家の采邑を舊復せよとの命を蒙らんとは。今忠を盡さんとすれば必ず此の家を破り不孝に陷らんか、孝を全くせんとせば君命を廢し忠義を全くすること能はず、古今二つながら全くするの難きを憂ふること宜なる哉と、胸間を撫して默慮すること良久し。幡然として曰く、嗚呼何をか憂ひ何をか惑はん。元來忠孝一道にして二道あるにあらず。人至孝なる時は忠自から其の中にあり。至忠なる時は孝も亦其中に存せり。君命を得ざる時は一家を興し祖先の祭祀を永く存するを以て孝とせり。一度君の知を得て百姓を安んずるの命を受くるに至りては、此民を安んずるを以て孝とせん。若し仁君の命を廢し、假令億萬の財を積み一家の繁榮を以て十分の祭祀を盡すといへども、父祖の靈必ず不孝の子となさんこと明かなり。僅々たる一家を廢し、萬民の疾苦を除き、上君の心を安んじ、下百姓の經營を安んぜば、父祖の本懷何事か之に如んや。一家を全くせんとする時は、萬家を廢し、萬家を全くせんとして一家を廢す。豈是同日の論ならん。我心既に決せりと。直に祖先の墓に詣り、合掌して告ぐるに前言を以てし、家に歸り妻に謂ひて曰く、今明君上に在して予が不肖を棄てず、命ずるに廢邑を興し、衆民を安んずる事を以てす。之を辭する事既に三年に及ぶといへども君之を許し玉はず、止む事を得ずして其の命を受けたり。此の如き大業、平常の行を以て成就すべきに非ず。故に一家を廢し、相續の道を捨て、身命を抛ち勉勵せんとす。然れども是れ婦女子の解する所にあらず。予と共に千辛萬苦を盡し、君命を辱しめざることを思はゞ、共に野州に赴かん。若し平常の心を懷き、艱苦を厭ふの心あらば、今速かに去るべしと。妻曰く、異なる哉、良人の言や。夫れ女子一度嫁する時は二度歸るの道なし。是を以て世々嫁を謂ひて歸となすにあらずや。生家を一歩出づる時に當りて妾の心已に決せり。良人水火を蹈まば共に蹈まん。況や良人君命を受け大業を成さんとす。是卑人の幸に非ずや。身を捨てゝ艱苦に甘んずることは、何ぞ云ふに足らん。榮利に趨り身の安逸を願ふは、君命なしといへども欲せざる所なり。良人必ず勞すること勿れ共に與に野州に赴んと云ふ。先生笑ひて曰く、汝の言是なり。此に於て悉く田圃器財を沽却して若干の價を得たり。一子を彌太郎と云ふ。今年僅かに三歳之を携へ故郷を去り、東海道より江都に出で道程五十里數日にして野州芳賀郡櫻町に到着せり。于時文政五午年なり。始て至るの日、物井邑を去ること一里餘にして谷田貝驛あり、里正某なるもの兩三輩、同驛に迎へ、地に跪き、聲を柔げ、色を悅ばしくし先生に謂ひて曰く、君小田原侯より委任の命を受け玉ひ、敝邑の民を安撫せんとして、遙に此の地に來り玉ふと聞き、邑民の悦び嬰兒の父母に見ゆるが如し。因て某等昔日より此に出て君を待こと久し。遠路の行歩其の勞疲察す可し。爾來只願ふ所は慈愛を蒙らん而已。今聊か其の勞を慰せんが爲に少しく酒肴を設けたりと云ふ。先生欣然として曰く、汝等の厚意謝するに餘りあり。君命默止し難く、不肖を顧ず此の地に臨めり。早く櫻町に到らんとするの心而已にして途中の遲々を憂ふ。汝勞すること勿れと。直に谷田貝を過ぎて櫻町に到る。或人問ひて曰く、彼の里正遙に迎て子の勞を慰せり、懇志至れりといふべし。然るに子の彼を過するの麁なるは何ぞや。先生曰く、凡そ佞を以て先ずるものは必ず奸人なり。實直清潔のものは呼といへども輒く來らず。彼等は上を欺き、下を貪り、私曲を逞くする所の奸人なり、予の到るを聞き、其罪の顯れんことを恐れ、表に實意を餝りて人を欺き、裏に私意を働かんとの巧みなり。君命を受け此の土に來る者數人、皆彼等の佞奸に欺かれ、之を第一の善人と思ひ、到るの日より萬事之と共に謀れり。是の故に事は益々破れ善人は之を怨み、惡人は私曲を專らにす、何を以て衰廢を興すことを得んや。予は彼の表飾を取らずして彼の腹心を察せり。敢て彼を退るにもあらず又彼の術中に陥らず、善惡を明辨して善を擧げ、不能を憐むの政を布んとすと。或人大いに先生の明鑑を感じぬ。

【五】先生櫻町陣屋にありて艱難に素し興復の道を行ふ

文政五壬午年先生始めて櫻町に至る。陣屋あり。此の地元來小田原侯の領地なり。往年此の三邑四千石を分ち以て宇津家の采邑となす。櫻町陣屋は小田原領分の時の陣屋なり。屋根破れ柱腐朽し、四壁皆くづれ、軒下より草木生ひ繁り狐狸猪鹿此に居る、邑中も之に准じ田圃三分が二は茫々たる荒野となり、僅に民家近傍而已耕田存すと雖も、毎戸惰農にして百草其の上に蔓り、諸作は其の下に伏せり。元祿度に當り高四千石民家四百四十戸、租稅三千百苞餘を納む。然るに衰廢極り、方今の貢稅僅に八百苞、戸數百四拾軒餘に減少し、家々極貧にして衣食足らず、身に敝衣を纏ひ、口に糟糠を食ひ、耕耘の力なく徒に小利を爭ひ、公事訴訟止む時なく、男女酒を貪り、博奕に流れ、私欲の外他念あることなく、人の善事を惡み、人の惡事災難を喜び、他を苦しめ己を利せんことを計り、里正は役威を借り細民を虐げ、細民は之を憤り互に仇讐の思ひをなし、稍損益を爭ふに至ては忽ち相鬪ふに至れり。是より先小田原侯群臣に撰み此地再復の命を下し來りて宰たるもの四五輩に及べり。手を下す所なく或は奸民の爲に陷られ、又は衆民に逐はれ數月も此の地に留まること能はず。土地の衰廢、人氣の汚惡、民家の貧窮實に極れりと謂べし。先生斷然として此の如き難地に臨み、先づ民屋に住して陣屋の草萊を除き、大破を補理して之に移住し、三邑舊復の規畫を立て、鷄鳴より初夜に至るまで、日日廻り歩き、一戸毎に臨みて人民の艱難善惡を察し、農事の勤惰を辨じ田圃の經界を察し、荒蕪の廣狹を計り、土地の肥磽流水の便利を考へ、大雨暴風炎暑嚴寒といへども一日も廻歩を止めず。四千石の地、一戸尺地といへども胸中に了然たらざることなく、然る後善人を賞し、惡人を諭し、之を善に導き、貧窮を撫育し、用水を掘り、冷水を拔き勸農の道を敎へ荒蕪を開き、諸民安堵の良法を行ふ。自ら艱苦に處し、衣は綿衣身を掩ふに足るを期し、用ふべからざるに至らざれば別衣を製せず、食は一汁の外を食せず、邑中に出でて食するに冷飯に水を灑ぎ味噌を嘗て食するのみ。邑民の薦食一物も食せず。曰く汝等惰農の爲に此の如く困窮に及べり。予千辛萬苦を盡し、汝等を安んじ、汝等の衣食足る時に至らざれば、予も亦衣食を安んぜずと。終日聊か休まず夜に至り陣屋に歸り寢ること僅に二時に過ぎずして起き、前日に明日の爲すべき事を考へ、萬事の處置少しも遲留することなく流水の卑に下るが如し。其の神速なること衆皆常に驚歎せり。

此の如き艱難丹誠枚擧すること能はず、至誠の感ずる所天地も之が爲に動き、鬼神も感應を下し玉はん。然るに古より以來凡情の漂ふ所只目前に在りて遠きを見ることあたはず、眼前の損益を爭ひ、人の功を嫉み、善を防ぎ惡に流るゝは小人の常なるが故に、邑中の奸智佞惡のもの、表は先生の指揮に隨ふが如くにして內心之を妨げ、一事手を下す每に故障を訴へ、或は愚民を煽動し、其の事業の破壞に至らんことを謀り、荒蕪を開かんとすれば、在來の田圃猶耕耘の力足らず、何を以てか開田を耕すことを得んやと之を妨ぐ。加賀越後兩國の來民を撫し、家を作り、田を開き、器財農具衣食を與へ、邑人となせば、氓民と之を賤しめ、之を侮慢し、謂れなき難條を設け之を苦しめ、他邦に走らしめ、生國を去る無賴のものを此の村民となす。故に早くも又走れりと嘲る。經界を正さんとすれば古來の水帳既に失ひたりと奸人の家に隱し置き、之を出さずして經界を正すことを得ざらしむ。強者は弱者を凌ぎ、良田を聊かの貸金の爲に奪ひ、貧者終に氓民となる。荒蕪の田圃を開き私に之を耕し貢を納めずして其の實のりを我が物とし、貢を出せる田圃は糞培せずして不作せしめ、土地惡きが爲に斯の如し、貢を減し玉はずんば百姓離散に及ばんと訴ふ。里正は細民の無賴を訴へ、細民は里正の私曲を訴ふ。奸人表に正直を飾り、竊に愚民を誑し、種々の出訴を設け、日々陣屋に出でて紛冗動搖せり。此の如くすれば先生此の事に勞し、邑中舊復の實業に暇あらざるを計れば也。先生未明に之を諭し其の曲直を正し、夜に入て之を敎誨し、其の根元を察して其事を捌き、專ら勸善懲悪の道理を辨明し、敢て刑罰を用ゐずして終に訟なからしむるに歸せしむ。又之が爲に聊か實業を廢せず、豈大知と謂はざるべけんや。小田原侯此の地再興の事業を先生に任ずと雖も、一人の力限りありて舊復の事は限りなかるべしと、吏二三輩に命じて野州に至り其力を合せしむ。宇津家よりも横山周平を出して協力せしむ。横山周平性廉直にして文學あり。先生の道を信ずること厚く、共に一身を抛ち力を合せて舊復の道を行ふ。然れども常に多病にして性來虚弱なり。數年ならずして沒す。先生終身横山を惜み、言此の人に及ぶ時は必ず涕を流せり。

小田原の吏某なるもの性甚だ剛奸にして先生の德行を忌み其の事業を妨ぐ。先生の處置する所は悉く僻論を以て之を破り、邑中に出れば、此の件々を二宮命ぜりと雖も我之を許さず、速に之を止めよ、若し我言に從はずんば必ず汝等を罰せんと云ふ。邑民恐れて先生の指揮に從はず。某常に先生の功業を破るを以て心とす。故に奸民之に諂ひ、共に良法の不成を以て愉快とす。加之良民を退け佞人を賞し三邑を横行し大酒を飲み、口を極めて先生を嘲る。先生大に之を憂ひ、或は温言以て之を諭し、或は正言以て之を導き、仕法の妨無からしめんと心思を勞すと雖も、更に之を用ゐず、益々不平を懷き再興の道を妨ぐ。先生は日夜辛苦艱難して興復の事業を擧げんとす。某は日夜肝膽を碎き之を破らんとす。先生既に某をして善に歸せしめんとして力を盡すと雖も如何ともすべからざるに至り、大息して曰く、彼小田原十萬石の力を以て如何ともすること能はず、我に屬せば必ず善に歸すべしとして此の地に出せり。若し位格を去り然る後我に屬せば我之を善に導くこと難きに非ず。然るに位格我が右に居て此地に來らしむ。故に我を目下に見て事業を妨げ、下民も亦其の言に隨ひ共に方法を破らん事を謀れり。之を矯めんとして歳月を送らば我之が爲に業を廢せん、已む事を得ず彼の好む所に由て之を處するに如かざるなりと。私に婦人に命じて曰く、彼性大いに酒を好めり、朝起るを待て酒肴を備へ彼に告げて曰へ、子此の地に至るより以來實に邑中の爲に勞すること容易ならず、責めては一盃を飲みて其の勞を補ひ玉へと、金次郎妾に命じて邑中に至れりと。酒肴盡る時は別に備へ置き又之を出すべし。終日酒肴を絶つことなかれ、是も亦方法成業の一端なり、必ず過つことなかれと。婦人其の言の如くにして美酒佳肴を出す。某大に悅び、再三之を謝して飲食する終日息まず。爾來日々此の如くにして一日も酒肴を備へざることなし。某彌々悅び、其酒肴に飽事を樂となし敢て邑中に至らず。奸民屢來るといへども、某沈醉言語分明ならず、奸民之が爲に謀りごとを合するを得ず。先生此の時に當り、專ら邑中に力を盡し困民を撫し、荒蕪を開き、凡そ舊復の事業夜以て日に繼ぐ丹誠あり。數歲の後、某終に自ら省み自を責め、慚愧して前非を改め興復の道を勉勵するに至る。是に於て其の有益も亦少からず、實に德化の然らしむこと感ずべし。

【六】常人撫恤の深意を察せずして小田原侯に訴ふ

先生の櫻町衰邑を起し舊復せしむるの良法は、天地開闢の上古を察し、金銀を期せずして廢蕪の地を開くに一鍫より初め、水田一反步を起して其の出米一石、其の半數は耕作の用に充て、半數を以て來歲の開田料となし、連年此の如くすれば癈地を擧ぐるに癈地を以てし、年月を重ね力を盡す時は幾萬町の荒地も耕田となり、諸民撫育の用財も亦此の中に生ずるの大理を發明し、其の始小田原矦へ言上し矦の出財を止め、宇津家の分度を調べ、十年豐凶平均の分度千五苞を以て再興中の分限と定め、生家の田圃家財餘さず沽却なし、若干の金員を種として東沼物井横田の三邑舊復の道を行ひ頃刻も自ら安んぜず、千萬の勞を積み一途に小田原矦の命令を遂げ下百姓の困苦を除き永續の道を開んとするの誠心惣じて凡慮の及ぶ所にあらず、民戸を増さんが爲め來民を招き之を撫育するの道甚厚し。

或問ふて曰く、來民を安んずるは我子を育するが如くする歟。先生曰く、我子は骨肉分身の親みあり、來民は自然の親みあるにあらず。唯恩義の厚薄に依つて進退す。殊に生國を去り他國に來るもの往々無頼の民多し、之をして此の土に永住せしむる事、其の撫育我が子を育するに倍せずんば止るべからずと。先生撫恤の厚きこと推して知るべし。來民猶此の如し、況や在來の民をや。貧困に迫り一家を失はんとするもの、或は田を開き租をゆるし之を作らしめ、或は負債を償ひ、或は米粟を與へ、或は家を與へ農具を與へ衣類を與へ、一家を保ち活計をなす所以のもの手を盡さゞるはなし。然るに惠を加ふるの厚きに隨つて彼の艱難彌増し、恩澤を下すに隨つて彼に災害至り救はんとすれば却つて倒る。先生大いに之を憂ひ其の所以を考ふるに、枯木幾度糞培すといへども其再盛を得ることあたはず。新木に糞養すれば速に生長す、無賴の民積惡既に甚しく將に亡んとするの時到れり。然るを猶之に恩澤を與ふる時は彌々恩のために亡滅を促すの理あらん。助けんとして却つて其の亡を促すこと仁に似て不仁に當れり。然らば則ち敎ふるに改心勸前の道を以てし、彼舊染の汚惡を濯ひ改心勤農の道立つに及びて恩惠を施す時は、新木を培養するが如く災害を免れ永續の道に至らん。又敎を重ぬるといへども彼改心すること能はず、彌々無賴に流れ道に背く時は救助の道施すべき所なし。其の亡ぶるを待つて其の親族中實直なるものを選み其の家を繼がしむる時は、是亦新木に糞するが如く積惡の報既に盡て再盛疑ひなし。嗚呼今まで惠みたるは姑息に當れりと、深く慮り大いに教導を下し、改心の實業を見て以て厚く之を惠み、其の改めざる者は困窮極り他へ走るといへども之を惠まず。

此の時に當り小田原より出張の吏兩三輩何ぞ此の如き深慮を知らんや。困民の潰れんとするを見て救はず何を以て衰邑を復せんや、既に家を失ひ氓民となるものあり仕法の德何れの所にかあると激論す。先生答に前件を以てすと雖も深遠の道理何を以て解する事を得ん。彌々不平を懷き二宮の仕法なるものは貧村を再復するの道にあらずして之を傾覆せしむるの仕法也と揚言す。下民も亦大に之を怨めり。是に於て三輩竊に數箇條の文を綴る皆先生民を厲しむるの事となし、之を小田原に訴へ頗る讒を搆ふ。大久保侯之を聞玉ひ、汝が訴ふる所の如くならば二宮の非なるに似たりと雖も豈一方の言を以て事の是非を決す可けんや、早く二宮を招き其の曲直を糺すべしとの命あり。先生命に應じ都に出づ、卽ち尋問するに前件を以てす。先生曰く、臣の不肖を察し玉はず、君再々の命を以て彼の地の再興を任じ玉へり。臣彼の地に至るより寢食を安んぜず、惟君命を奉じ邑民を安んぜんとするのみ豈他あらんや。然れども、今其の事業半に至らずして此の訴あることは、臣の不幸に止らずして又君の不幸にあらずや。臣自ら是とし他を非とするの意念なし、何ぞ其の是非を辨ぜん、速に臣の任を解き彼の訴るものに任じ玉ひ、彼れ果して彼の地を再興せば誠に幸なり。元より臣の願ふ所なりと。君公素より先生の誠忠にして訴ふるもの丶私曲なることを察し、積年の勞を慰して曰く、些も汝を疑ふにあらず。曲直素より問を待つて後知るにあらず。汝の深慮凡庸の知る所に非ず。訴訟讒言は小人の常なり。速に讒者の罪を糺す可しと。先生對へて曰く、彼元より何の罪かあらん、是全く讒言には非ず、臣の規畫を察せずして民の憂とならん事を恐る丶而已。其の意も亦君へ忠を盡さんが爲なり。是を以て臣其の是非を論ぜず。君若し彼を罪せば、臣必ず野州の任を辭せん而已。冀くは君彼を慰勞し、永く野州の事を命じ玉へ、然らば終に臣の意中も彼自から解するに至らんと。賢公大いに稱歎し其の言に任せ玉ふ。是に於て訴へる者へ令して曰く、汝等目前の淺知を以て安んぞ二宮が遠大の心を知らんや。知らずして卒爾に事を訴ふ、其の罪輕きにあらず。直に其の罪に處すべしと雖も二宮汝等を憫み是非を一言せず、共に終を全くすることを請求するの奇特に因て今汝等を免すなり。再度此の如き事を訴へなば、必ず其の罪を免すべからずと。三輩案に相違し大いに戰慄し、始めて先生の寛仁深慮を察し、共に野州に至り仕法を行ひたりと云ふ。

【七】先生總州成田山へ祈誓す

于時某年某月先生歎じて曰く、予君の委任を受け此地に至るより以來、心力を勞し此の邑を興し此の民を安んぜんとして舊復の道を行ふこと既に數年、道理に於ては必定舊復疑ひなしといへども奸民之を妨げ、且我と事を共にする所の吏も亦各偏執疑惑を生じ終に讒訴に及べり。内には我が事を傷ふの妨あり、外には侫奸の民之と與して我が事業を破るの憂あり。此の如くして三邑を興復せんこと其期を計る可らず。嗚呼我能はずとして退かんことは易しと雖も君命を癈するを如何せん。顧ふに我が誠意の未だ至らざる所なり。苟も誠心の至るに及びては天下何事か成就せざらんやと。

是に於て竊に陣屋を出でて總州成田山に至り三七二十一日の斷食をなし、上君意を安んじ下百姓を救んことを祈誓し、日々數度の灌水を以て一身を清淨ならしめ祈念晝夜怠らず、二十一日滿願の日に至りて其の至誠感應志願成就の示現を得たりと云ふ。然れども先生終身此の事を言はず、是を以て人其の所以を知らず、滿願に及びて始て粥を食し、一日にして二十里の道程を歩行し櫻町に歸れり。衆人驚歎して曰く、如何なる剛强壯健の人なりと雖も三七日の斷食身體疲勞を以て僅かに數里の歩行も難かるべし。況んや二十里をや是平常の測り難き所なりと。是より以來邑民自然其の德行に感じ、小田原出張の吏も亦私念挫折良法の尊き所以を發明し內外の妨害解散實業始めて發達することを得たり。始め先生竊に成田へ至る、人之を知るものなし。江都へ登れるや將た何國へ往きたりやと陣屋內外心を勞し之を尋ぬれども其の在る處を知らず。先生成田へ至るの日旅宿某の家に着して曰く、予は心願ありて斷食祈誓する者也と。旅亭の主出でて其の容貌の常ならざるを訝り其の居所姓名を問ふ。小田原藩某なりと答へ、懷中より七十金を出して之を托す。某彌々怪み此の人衣服容貌甚だ麁なり。然るに此の大金を持すること何の故を知らず、止宿を拒まんには如ずと。曰く、今日當家混雜の事あり、願くは他へ宿し玉へと。先生曰く、止宿を斷らば前に斷るべし、一旦諾して又此の言を發するは何ぞや。予心願ありて祈念するものなり何をか疑ふやと、其の聲鐘の如く眼光人を射る。旅亭大いに恐れ之を謝す。退きて彌々心を安んぜず、私かに人をして江戸に至らしめ小田原侯の邸に往き、此の事を告げて如何なる人ぞと問ふ。小田原の臣某之を聞き二宮成田へ詣り祈誓することは必ず故あるべしと、此の者に告げて曰く、二宮は當藩にして常人にあらず、必ず輕易にすべからずと。時に君公天下の執權たり、威名諸國に震動せり。大いに怖れて成田に歸り之を告ぐ。旅亭始めて心を安んじ、待遇甚だ信切なり。櫻町に於て人を四方に趨らしめ、先生の至る所を求れども得ず、一人江都へ登り龍の口小田原侯の邸に至り、成田山へ往きて斷食祈念の事を聞き趨り歸りて之を告ぐ。是に於て誰をか迎に往しめん、若し迎へて歸らざる時は君公我輩の罪となし玉はんと。之を憂ひ一身を省み頗る先非を悔ゆるの色あり。小路只助なるもの陣屋を發し成田に至り先生に謂ひて曰く、三邑共に甚だ先生の不在を憂ひ向後萬事指揮に差はず勉勵せんことを請ふ。先生諸人の憂勞を憐み速に歸り給へと。是斷食祈誓二十一日滿願の日なり、先生快然として野州に歸れり。

或人此の事を聞き評して曰く、先生の高德を以て三邑を興し村民を感化せんとす、素より放逸無慙の汚俗一朝一夕の故にあらず、如何なる仁術を行ふと雖も速に感化す可らざるは知るべき也、然りと雖も佛に祈誓するに斷食を以てす、庸人尚其の不可を知る、然るに先生の高才を以て是の如きは何ぞや。是に由つて之を觀れば先生と雖も浮屠の說に蠱惑する所有るか。門人應へて曰く、君子の行ふ所豈一を執て以て論ずるを得んや。夫れ賞罰を以て國郡を治めんとするは世の常論なり。而して三邑の如きは累年風俗頽廢恰も禽獸の群居に似たり、將た之を賞せんとするか善行の者幾希也。將た之を罰せんとするか擧げて罰す可らず。夫れ先生の道を行ふや民を導くに躬行を以てし、之を教ふるに至誠を以てし、遂に舊染の汚俗を洗ひ、固有の善に歸せしめ、一民を刑せずして三邑を再興し其の民を安んず、是其の事業の難き所以也。此の時に當て特に奸民教に從はざるのみに非ず、同く再復の命を受け先生と協心戮力す可き所の吏と雖も其の功を媢疾し、日夜先生の事業を敗らんとし邑民を煽動し、加るに架空の讒言を行ふに至る。苟も此の中間に立ちて以て事を成さんとす、其の艱苦如何ぞや。初め君命を受くるに當り、若し再興安民の事業を遂ること能はざる時は、二たび故鄕に歸り君に面謁せずとの決意なる可し。先生度量濶大にして此の民を安んじ、之を教ふるの道盡さざる所無し。嘗て漢學者を招き聖經を講ぜしめ、又心學者流をして之を教示せしめ、僧侶をして因果應報の理を諭さしむ。而して補ふ所あらず。是に於て乎天を怨まず、人を咎めず、惟一身誠意の足らざるを責る而已。一身を責むるの至る所、遂に其の身を死地に置いて以て一心の不動を試みんとす。天地にも誓言す可く鬼神をも祈る可し。亦何ぞ獨り佛を避くるの隘心あらんや。是至誠の然らしむる所にして、素より常人の爲す能はざる所なり。古人曰く、誠心一到何事不レ成と。爾來果して同職の者大いに前非を悔悟し、頑民と雖も其の誠心を感じ、妨害消除遂に其の功を奏し、餘澤以て四方の民を安撫するに至る。君子の行ふ所君子に非ればしること能はず、何ぞ先生を議すの易々たるや。

或曰く、吾過てり。

巻之二

【一】先生墾田役夫を賞す

或時物井邑の荒蕪を開くこと數十町歩、此の地の荒野に歸すること七八十年、大木繁茂し恰も山林の如し。邑民のみの力に及ばず。是に於て他邦の者をも雇ひ、荊棘を拂ひ、高木を伐り之を開く。數月にして成る。此の時に當り、先生朝には役夫の未だ出でざるに出で之を待つて之を指揮し、夕には役夫の歸るを待つて然後陣屋に歸る。役夫を使ふこと恰も手足の心に隨ふが如し。是故に役夫五拾人なれば百人の働をなし、百人なれば二百人の用を爲す、人皆其の功の迅速なることを感ず。是民に先立つて艱苦を盡し、其ものゝ知愚を計り、知あるものは諸人の先となし、愚なるものをして分に應じて働かしめ、力を盡す者は之を賞し、怠る者は之を勵ます。昔名將の士卒を令することも實に此の如くなるべしと人々目を驚かせり。先生と共に此の場に出で指揮する吏三四輩あり。時に役夫一人衆に抽て勉力流汗力を極む。

小田原の吏之を見て大いに感じ、彼諸人に勝れ斯の如く力を盡すこと豈奇特に非ずや。定めて先生此の者を賞し、必ず衆役夫の勵みとなさん、早く賞せよかしと心に之を待ちたりしに、先生兩三度此ものゝ處に至り其の働を見ると雖も一言の賞詞なし、吏甚だ之を疑ひ惑へり。

暫ありて先生又此に來り聲を勵まして曰く、汝我を欺かんとして此の如きの働を爲す甚だ不屆也と云ふべし。我此處に來れば力を極め流汗して他に抽んづるの働をなす。我此場を去らば定めて怠るべし。人力各其の限あり、此の如く働き終日力を盡さば、汝一日にして斃れんこと疑なし。若し斯の如くして終日筋骨の續く者ならば我終日爰に在りて之を試さん、汝能く爲さんかと問ふ。役夫大いに驚き地に伏して答へず。先生曰く、汝の如き不直の者あれば衆人怠りを生ずるの基なり。人を欺き事を爲さんとする者は我之を容れず、速に去れ、二度來ること勿れと云ふ。邑の里正二人進み出でて其罪を謝せしむ。役夫大いに其の過を謝し慈愛を請ふ。先生之を許しぬ。人皆其の見る處明かにして、衆人の見る處と異なるを驚嘆せり。時に役夫一人年既に六十、日々此の場に來りて開墾す。終日木根を堀つて止まず。人休めども休まず。人之に休めよと云へば、老人答へて曰く、壯者は休むと雖も終日の働き餘あり。予既に年老い力衰へたり。若し壯者と共に休まば何の用を爲さんやと。小田原の吏之を見て、彼の老人日々木の根而已に心を用ゐるは開發の勞人と共にするを厭へばなり。日每の働き他の役夫の三分が一にも至らず。先生何の故に斯の如き無益の老人を退けざるや、明知の一失なりと云ひて竊に之を嘲る。後數日にして開墾成就せり。邑民の勞を慰し、他邦の役夫を歸村せしむ。時に此の老人夫を陣屋に呼び、先生自らこれに問ひて曰く、汝の生國何れぞや。老人答へて曰く、某常陸國笠間領某村の農民なり。家貧なれども我が子既に長ぜり。耕田の事は彼に任じ、少しく貧を補はんが爲に君の開墾し給ふを聞きて此の地に至れり、君此の老人を捨て玉はず壯者と共に役を命ず、又諸人と等しく賃銀を給ふ、其の惠み感ずるに餘りありと云ふ。先生是に於て金拾五兩を與へて曰く、汝衆人に抽んでて丹精の働を爲したるが故に聊か賞美として之を與ふる也と。老人大いに驚き金を頂き謹みて之を戻し、色を變じて曰く、君の恩惠身に餘れりと雖も、某何を以て此の賞に當らんや。前にも申せし如く老夫の力役夫に當るに足らず、然るを等しく賃銀を給ふ。是をも身に餘れりとせり。今其の實なくして大金の賞を得ること、某身を置くに處なし。何ぞ之を本意とせんや。某決して賞に應ぜずと云ふ。先生曰く、汝辭することなかれ。我此の地を再復せんが爲に多くの役夫を用う。豈其の人々の事實を察せずして猥に事を行はんや。汝數月の働きを見るに、曾て已の功の顯れんことを欲せず。衆皆起し易き地を撰み、爭ひて其の開田の多少を示さんとす。汝獨衆人惡む處の木根を穿ち、力を盡して怠らず。人休めども休まず。之を問へば老力足らざるが故に休まずと、終日力を勞して其の勞力も顯れざるに似たり。汝諸人の嫌ふ所に力を盡して木根を穿つこと數を知らず。平易の開墾に比せば其の勞倍せり。此の故に開田大いに速かなるを得たり。是全く汝正實の爲す所也。之をも賞せずして諸人と共に同視せば、爾來何を以て土功を擧んや。汝家貧なるが爲めに他邦に出で勞力すと云へり。然ども目前與ふる所の金だも辭す、其の廉直他人の及ぶ所にあらず。今與ふる所の財は、天汝の正實を憐み下し玉ふものなりと思ひ、速に持ち歸りて貧苦を免れ、老を養ふの一端ともせば、我も亦之を悦ぶなりと教へ再び之を與ふ。是に於て老人先生の言に感動し、流涕衣を沾し合掌拜伏して證辭を盡すこと能はず。再三金を戴いて故郷に歸れり。小田原の吏、邑民共に始めて老人の常人にあらざるを知り、先生の善人を賞すること厚くして、其の意中の明敏なることを驚歎せりと云ふ。

【三】先生横田村里正圓藏を教諭す

横田村衰貧尤も甚しく民戸中古の半を存す。古田荒蕪して原野の如し。貧民今日の活計術盡るに至る。先生之を惠み、之を撫すること百計皆悉く至誠ならざるはなし。里正圓藏なるもの、其の先由緒ある家筋にて連綿として此横田村に相續すること幾百年たるを知らず。細民と共に衰貧せりといへども、未だ活計道なきが如きに至らず。性才智あるにあらざれども、質直にして私曲なし。斯の如き舊家なるが故に、從來の家頗る破損し且傾きしかば、新に家作を計れども家貧にして作ることを得ず。多年心を用ゐ漸く材木を求め作らんとするに、入費二十金足らずして其の望を果すこと能はず。

是に於てこれを先生に乞ふ。先生喩して曰く、嗚呼汝の邑衰癈貧困既に極まれり。里正たるものこれが爲に痛歎して身を顧るに暇なからんとす。何の暇ありて己れの家作安居を計るや過てりと云ふべし。夫れ里正の任たるや一村の長となり、邑民を進退し能く之を治め、曲れるものは厚く敎へて直からしめ、邪なるものは之を戒めて正しからしめ、惰農なるもの之を勵まし、貧なるものは之を惠み、身に便りなきものをば之を憐み、細民をして法度を守り、汚俗に流れず、專ら勸農して貢を納め、一村の憂なからしむるもの之れ里正の任なり。汝祖先以來代々里正となり、一邑の盛衰安危皆汝の身にあり。而して下民怠惰に流れ、衰貧極り或は潰れ、或は離散し、土地荒蕪し、戸數漸く數十軒のみ。是も亦極貧にして永續の道なく、貢稅減少し、地頭の用足らず。野州廣しといへども、斯の如く亡村に等しき村も少なかるべし。今汝之をこれ憂となさずんば何を以て里正の任に勝んや。一邑能く治り、土地開け、細民優かならば、其の功里正に歸す。土地荒蕪し、細民潰れ、貧困迫り、人氣亂るゝ時は、里正の罪にあらずして誰にか歸せんや。地頭之を憂ひ、數年の力を盡し、舊復の方法を下し玉ふといへども其の驗しなく、遂に小田原へ歎願せられ、小田原侯より興復の道を盡されしも、彌々衰弊に流れ引立の色顯はれず。我れ命を奉じ出張せしより以來、癈れたるを興し、民を惠み、晝となく夜となく肝膽を碎き再復の道を施し、上君命を辱しめず、下邑民を安んぜんとするの外、他事なきことは汝も亦明かに知る所なり。君公の下民を憐み玉ふ高恩は斯の如くにして、邑の里正たる汝漠然と與からざるものの如くなるは又何の心ぞや。いやしくも汝誠の心あらば上君の仁澤を辨へ、舊來里正として民を憐み撫育するの行ひなく、亡村にも等しき衰癈に陷りし過を悔い、己の家產をも減じ節儉を盡し、細民に先立ち貧苦を甘んじ、有餘を生じ、荒地を開き、細民の飢寒をも救ひ、一邑再復の道に力を盡し、君の憂勞を安んじ、里正の本意を達せんとこそ願ふべきに、何ぞや祖先以來の家を癈し新に家作を爲し、一身の安居のみを計り、猶不足の財を借りて望を遂んとするは過の上の過にはあらずや。若し君より汝の行を見玉はゞ何ぞ忠義の心となし給はん。邑民之を見ば誰か怨みを生ぜざらん。誰か其の不可を誹らざらんや。上より不忠の咎めあり、邑民皆怨み誹らば、假令如何なる美屋を作るといへども何を以て其の家に安居することを得んや。今汝の家覆らば居住なきが故に已むことを得ざるなり。假令舊家にて損じ傾くといへども倒るゝにはあらず、何の居住しがたきことあらん。細民の家を見よ、一日も風雨を支ふることあたはざるものあり。豈汝の家の類ひならんや。然れども我に不足の金を借らんと求めざれば、我其の不可を敎ふるに暇あらず。我に求むるが故に其の過を諭すなり。汝我が言を是なりとせば速かにそれ之を止めよ。而して我に借らずして、假りに二十金を借りたりとして、今より五年の間に返金せよ。若し家作を止め、平生の處にて返金を難しとする時は、多分の費用を以て家を作り、其の後の返金は彌々難き事必せり。返金の能はざるを知りて借るは是れ我を欺くなり。家を作りて猶返金容易からば、作らずして返金する何の難きことかあらん。試に借らずして返納のみせよ。然する時は汝自から邑民を救ひ、廢蕪を興すこと能はずと雖も、我興し與ふるが故に、汝力を添へて興すに當れり。里正たるものは細民に先立ち艱難を嘗むべきの任なるが故に、細民安ずる事を得ば其の後に汝の望も爲し與ふべし。然らば邑民の怨望何に由つて生ぜん。誰か汝の行を非とせんや。若し此の言に隨はずんば人望を失ひ怨言起り、一家を保つことも難るべしと。圓藏大いに感激し速に家作を止め、先生の敎に隨ひ借らずして每年返金を納め、猶業を勤めて利足をも納め。加之邸内の竹木を伐り、之を鬻て價を納む。後、横田村全く興復し細民恩澤に浴し、一民も居住を安んぜざるものなきに至り、采邑四千石中に最第一の家を作り、之を圓藏に與ふ。入費百有餘金、里正大いに悦び、邑民も亦共に悦びて聊かも怨望の心なきものは、始め圓藏借らざるの返金を立たる殊勝の行ひあるが故なり。先生又新に家を作り、圓藏の子弟二人に與へ、分家二軒を立つ。圓藏感歎すること限なし。噫里正一度先生の敎に從って不朽の大幸を得たり。先生庸夫を導き感發せしめ、道を踏み過を改むるに至つて大いに仁惠を施し、諸人をして悉く其處を安んぜしむること往々斯の如し。

【三】物井村岸右衞門を導き善に歸せしむ

物井村農夫岸右衞門なるものあり。少しく才知あり、性吝嗇にして剛氣なるものなり。先生櫻町陣屋に至るより、日夜艱難苦行を盡し、衰邑を興し、百姓を安ぜんとするに、之を嘲り之を誹り、邑人をして先生の德に歸せざらしむ。自から大言を吐き三絃をひき謠をうたひ再復の仕法に相反するの行ひをなし、歲月を送ること七年に及べり。先生寬大を主としてこれを戒めざるは、其の自然に已が非を知り自から悔るの時を待つなるべし。然るに先生の丹誠實業月を重ね年を經るに及びて彌々厚く、功績次第に顯れ、良法の良法たる所以明白なるが故に、岸右衞門思へらく、前々小田原より此の地を再復せんが爲に出張するもの幾人、一年を待ずして或は退き或は走れり。二宮氏命令を受け來ると雖も、必ず前轍を踏まん而已。假令如何なる仕法を下せしも、此の地の再興成就すべき道ある可らずとせり。然るに七年に及び、其の丹誠益々厚く、功驗日々に著し。我斯の如き仕法に敵し、年を經ば三邑再興近年に成り、罪人に陷らんこと眼前なり。今速かに前非を謝し、共に興復の事に力を盡し、後榮を取らんには如ずと。是に於て人をして岸右衞門仕法に感じ力を盡さんことを願ふと言はしむ。先生其の舊惡を咎めず、悅びて其の請を許せり。岸右衞門陣屋に來り先生の指揮に隨ひ、丹精を盡さんと云ふ。先生之に敎ふるに仕法の大意、人倫の大道を以てす。岸右衞門始て廣大の道理を聞き大に感激し是より日々邑に出でて指揮に隨ひ、土功の卒先となり、專ら力を盡せり。然と雖も邑民其の人と爲りを賤みて其の言を用ゐず、岸右衞門甚之を憤悶せり。先生岸右衞門に諭して曰く、汝前非を改め上下の爲に盡力するといへども、諸民何ぞ其の本心の有る所を知らんや。夫れ人の難んずる所は私欲を去るにあり、汝私欲を去らずんば人之を信ぜず。岸右衞門曰く、敎に隨ひ欲を捨ること何をか先んぜん。曰く、汝の貯へ置きし金銀器財を出し窮民救助の用となせ、又田圃悉く之を鬻ぎ代金となし之をも出すべし。私欲を去り、私財を讓り、邑民の爲に力を盡すこと人事の善行豈是より大なるものあらん。人の人たる道、己を棄てゝ人を惠むより尊きものはあらず。然るに汝舊來の所行、只我を利せんとする外他念なし。已れを利せんとして他を顧みざるは禽獸の道なり。夫れ人と生れて一生鳥獸と行を等しくすること、豈悲むべきの至に非ずや。今我が言に隨ひ、禽獸の行を去り、人道の至善を行ふ時は、汝の心私欲の汚れを去りて清淨に歸し、諸民も亦これを見て其の行に感じ、汝を信ぜんこと何の疑かあらんと敎ふ。岸右衞門憂喜交々至り決することあたはず、一は此の善道を踏んことを欲し、一は一家の廢せんことを憂ふるが故なり。

先生又敎へて曰く、汝の心決せざる所以のものは、一家を失ひ、父母妻子を養ふの道なきを憂ふるにあらずや。汝一途に此の善道を踏まんとし、一家田圃ともに抛ち、非常の行を立るに及びては、我れ何ぞ其の飢渴を見て汝の斃るゝを待たんや。汝は汝の道あり、我は我の道あり、三邑の興廢我が一身に關せり。無賴のもの自ら一家を失ふに至れるだも敎育を盡して之を再復し、之を安んぜしむ。然るに今汝上君の爲め下民の爲に舊來の家株を抛ち、撫育の道を行ふ。此の如き奇特の者をして道路に飢しめば、我三邑興復の任それ何れの處にかあるや。唯汝の一心私欲を去ることあたはず、生涯鳥獸と伍を同くし、空しく腐んことを歎く而已なりと、愀然として愛愍の心面貌に溢る。岸右衞門此の一言に感じ、意を決し應へて曰く、先生某を憐み、教ふるに君子の行を以てす、恩義の大なること豈譬ふるに物あらんや。速かに教に隨ひ、此の人道を踏まんと。直に家に歸り、此の道を以て父母妻子に說く家族大いに驚き、爲す所を知らず。或は悲泣するに至れり。岸右衞門疑念發動し、婦女子諭すべからずと、人をして先生に告げしむ。先生歎じて曰く、是岸右衞門の一心にありて婦女子にあるにあらず。岸右衞門の心、目前の欲に掩はるゝにあるのみ、嗚呼小人元より君子の行を踏むべからず、我れ此の如き者に教へたるは我が過なりと大息す。人歸り岸右衞門に告ぐ。岸右衞門憮然として曰く 實に我心定らざるにあり、何ぞ家族にあらんやと。斷然として田圃を鬻ぎ、器財を沽却し、百餘金を持て陣屋に至り曰く、不肖何ぞ撫育の大道を行ふことを得んや。願くは之を君の撫恤の財に加へ撫育し玉へと云ふ。先生其の志を賞し、其の請に應ぜり。是に於て岸右衞門に謂ひて曰く、汝今日より力を盡し荒地を起すべしと命じ、開墾せしむ。先生も亦役夫をして開發せしめ、忽ち數町の田を開き、之を岸右衛門に與へて曰く、此の開田は汝是まで持する所の田に勝れり。今年より此の田を耕すべし。舊田は五公五民にして產粟百苞なれば租稅高掛り五拾苞を出す可し、此の開田は百苞を生ずれば百苞ともに汝の有となる。七八年を經ざれば貢をも出さず。汝貢稅の田を得て困民を救助し、無稅の田を得て之を耕さば、一家の生產以前に倍せん。此を之れ兩全の道と謂ふなりと敎ふ。岸右衛門始て先生の處置深遠なるに驚き、大いに悅びて力を盡せり。外には邑民の信を得、内には富以前に倍するの幸を得たるは皆先生の良法に依れりと云ふ。

【四】凶年に當り先生厚く救荒の道を行ふ

于時天保四癸巳年初夏時氣不順にして霖雨止まず。先生或時茄子を食するに其の味常に異なり恰も季秋の茄子の如し。箸を投じて歎じて曰く、今時初夏に當れり、然して此物既に季秋の味をなすこと豈唯ならんや。是を以て考ふるに陽發の氣薄くして陰氣既に盛なり。何を以てか米穀豐熟することを得ん。豫め非常に備へずんば百姓飢渴の憂に罹らん歟。是に於て三邑の民に令して曰く、今年五穀熟作を得ず豫め凶荒の備へを爲すべし。一戸毎に畠一反歩其の貢税を免すべし。速かに稗を蒔き飢渴を免るゝの種とせよ忽にすべからずと。諸民之を聞き笑ひて曰く、先生明知ありと雖も何ぞ豫め年の豐凶を知らんや。戸毎に一反歩の稗を作らば三邑夥多の稗なるべし。何れの處に之を貯へん、且稗なるもの舊來貧苦に迫れりといへども未だ之を食はず。今之を作りたりとも食ふことを得ず、然らば無用のものと云ふべし。假令人に與ふるといへども誰か之を受けん。詮なきことを令するものかなと嘲りたり。然れども貢を免るし作らしむ。之を背かば必ず令を用ゐざるの咎めあらんと、已むことを得ずして俄に稗を作り、無益の事をなせりと怨望する者あるに至る。然るに盛夏といへども降雨多くして冷氣行はれ終に凶歳となり、關東奥羽の飢民枚擧すべからず。此の時に至り三邑の民稗を以て食の不足を補ひ、一民飢に及ぶものなし。始て先生の明鑑豫め凶荒を計り、下民を安ずるの深意を知り、我が知の淺々たるを悟り、曾て無益の事となし活命の令を嘲たるを悔い、大いに其の徳を稱す。翌午年に至り再び令を下して曰く、天運數ありて飢饉となること、遲くして五六十年、早くして三四十年必ず凶荒至れり。天明度以來を考ふるに饑饉來るべし。去年の凶荒は甚しからず、未だ其の數に當るに足らず。必今一度大凶至らんこと近年にあり。汝等謹みて之に備へよ、今年より三年の間畠の貢を免すこと去年の如くすべし、家々心を用ゐ稗を植ゑて、豫め飢渴の憂を免るべし。若し怠るものあらば里正之を察し、我に告げよと命ず。三邑去年の前見明かなるに驚き、且飢渴の害を免れたれば、謹みて命に從ひ、糞養を盡して之を作れり。此の如くすること三年、三邑の稗數千石の備あり。同七丙申年に至り五月より八月まで冷氣雨天盛夏と雖も北風の寒きこと膚を切るが如し。常に衣を重ねたり。年大いに饑う。實に天明凶年よりも甚しき處あり。關八州奥羽餓民夥多餓莩道路に横はり、行人潸然として面を掩ひて過ぐるに至る。此の時に當り櫻町三邑の民而已此憂を免る。先生三邑を戶毎に廻り、無難のもの中難のもの極難のもの三段に分ち、老少男女を撰まず一人雜穀を交へ五苞づゝとなし、其の數に滿ざる者は之を補ひ、之を與へ、一戸五人なれば二十五苞、十人なれば五十苞、十五人なれば七十五苞を備へたり。貧者は豐年猶此の如く豐なることを得ず。先生諭して曰く、今年饑饉の爲に飢渴死亡を免れざるもの幾萬人、誠に悲痛の至に堪へざるなり。然るに汝等是の如く處置するが故に、一民も飢渴の憂なく、平年の如し。之に安んじ安坐して食する時は冥罰の程恐るべし。汝等世人の飢渴を察し、朝は未明に起きて繩を索ひ、日々田圃に力を盡し、明年培養の備を厚くし、夜は又繩をなひ筵を打ち、來歲十分の作を得ば每家彌々永續の根本となり、天災變じて大幸となる可し、必ず怠るべからずと敎ふ。三邑の民大いに感動し、專ら家業を勤め又一段の福を得たりと云ふ。

【五】　三邑十有餘年にして全く興復す

先生野州に至るより千慮百計興復安民の良法を布き、或は廢地を擧げ、或は絕家を起し、窮民を救ひ、家屋を與へ、衣食農具、器財を施し、善人を賞するに阜大の財を以てし、直を擧げて枉れるを措き、惡人不直のもの自然に己が非を改め善行を踏ましめ・敎ふるに人道を以てし、導くに勤農を以てす。處置各其の至當を得終に民戸を增し、農力大いに勸み、荒蕪數百町を開き、往昔四百有餘の家數を以て稼穡せし田圃、今は民力の勉勵に由り半數に滿ざる戸數を以て耕作し、猶田圃の少きを憂ふるに至り舊來の艱苦を免れ始て心を安んじ、其の業を樂むことを得たり。人心大いに和らぎ、人の憂を聞けば共に憂ひ、人の幸を聞けば共に悦び、憐恕の心發動して頗る人倫の道を辨へ、家々親み人々和睦せり。始め良法開業以來、之を破んとするの妨害百端七年の間尺を進む時は、尋を退くが如く、成功何れの時にか來らんと、心勞限りなかりしに、至誠の感ずる所鬼神の助くる所八年に及びて民心一變、大いに舊染の汚俗を灑ぎ、淳朴實直の風に化し、三四年の間に此の如きの功業成れりと云へり。是に於て先生百姓永續の道を計り、往古の盛時に當り四千石の貢稅三千餘苞を出せり。是薄地の貢に其の度を越たり。是を以て此の衰極に至れるを察し、田圃の位に應じ其の出粟の多少を試み、相當自然の租稅を定め、七分免の貢稅となし、二千苞を以て定額とし宇津家の分度を確立せり。是其の初め小田原侯の命令を受くるの時に當り、土地自然の貢稅を前知して言上せし員數なり。人々其の明知始に終を計ることの了然たるを驚感せり。宇津家倍數の貢を得て大に悅び、邑民も亦往昔の貢稅千苞餘を減じたる莫大の仁惠に感動し、益耕耘に力を盡し、家々足り人々給せるに至れり。先生積年の丹誠により三邑衰貧を免れ、里に破壞の家屋なく、田に草莽の殘れるなく、五穀繁生、經界正しく、道路砥の如く、水路の淺深其の宜しきを得たり。他邦の旅人此の邑に至れば粲然たる觀美に驚き、野常に類ひなき富優の善地なりと稱せり。功積四方に轟き、他境の人民皆之に法り、又衰邑再興の仕法を請ふもの其の數を知らず。隣國の諸侯も亦禮節を厚くして領中再興の道を求め給ふ。先生元より其の任にあらず、且暇あらざるを以て之を固辭せり。

【六】 物井村無賴の農夫を導き善に歸せしむ

物井村農夫某なるもの、其の性無賴にして大酒を好み、博奕に耽り、利欲に心を奪はれ、人と爭ひ、家業を怠り、貧困極れり。誠に諭すべからざるの惡人なり。一時先生陣屋に使ふ所の僕をして物井村百姓某の家に使はす。途中此者の厠に往く。腐柱傾き、薦を垂て壁に代へ、竹を以て其仆んとするを支ふ。僕卒忽として此の竹に觸れ、忽ち厠傾覆せり。某なるもの之を見て大いに怒り、何ものなれば我が便所を破れるや、不埒のものなりと罵る。僕謝して曰く、某二宮君の僕にして此の邑に使せり。子の便所を借り、過ちて之を倒せり。許し給はれと云ふ。某彌々怒り汝二宮の僕なるか　然らば猶以て免し難し。人の便所を破却せるは亂暴狼藉と云ふべし思ひ知らせんと六尺棒を擧げて之を打たんとす。僕驚き走り陣屋に歸る。某跡を追ひ、逃さじと大音に呼はり陣屋に來り、我が便所を破却せし狼藉ものを出すべしと罵る。衆人來會して之を諭し、其の過を詑ると雖も彌々憤り、彼是の別なく棒を振ひ打つて掛る。先生此の動搖を聞き何の故と問ふ。或者答へて曰く云々。先生曰く、其の者我れ面會せん、此處へ連來るべしと。

是に於て先生の前に出でたり怒氣益々盛にして曰く、某の便所貴君の僕に破られたり。農夫便所なくして一日も農業のなるべきか、無道の者をして邑民の便所を亂暴せしむること何の謂れかある。我に彼のものを渡さるべし。十分に此の憤りを散ぜんと云ふ。先生從容として問ひて曰く、汝の便所を破れるは僕の不屆なり。然れども彼何ぞ意有て之を破らんや。將に倒れんとするの便所なるが故に過りて倒せしならん。便所而已此の如くなるには有まじ。本屋も定めて破損有べし如何ん。某曰く、元來貧困なるを以て本屋も甚だ大破なれども之を修復するを得ず。斯の如き貧人便所を破られたれば憤恨に堪へずと。先生曰く、我が僕汝の便所を破れり、速に之を普請し與へん。其の序を以て家屋をも新に作り與ふべし如何。某愕然として驚き、怒氣忽ち消除し拜伏して曰く、君不肖の某を憐み、新に家作を給はらんと、何の幸か之に過ぎん。先生曰く、汝家に歸り、大破の家を除き、地形の手配を爲すべし。我速に工に命じて家作を與へん。然らば僕に恨はなかるべし。僕が破りし緣を以て此の幸に及べり。然らば僕も亦恩人ならんと云ひて笑ふ。某大いに慚愧して家に歸れり。是より先生自ら其の所に臨みて指揮し、大木良材を以て長八間横三間の新家を作り、外に小屋便所何れも作爲し之を與へたり。某大いに悦び、前非を悔ゆること骨髓に徹し、其の恩を感ずること甚だ深し。一生の間、人々に此の事を語りて涕を流せり。自ら大酒を戒め、博奕を止め、農業に力を盡し、數年の窮乏を免れ富優の良民と化せり。三邑之を聞き、之を見て大いに感じ、先生の寛仁なることを唱へ、汚風一變し、勸農の道行はれたり。先生の其の人物に應じ恩澤を布き、善に導くこと、往々此の如しと云ふ。

奥州標葉郡代官某なる者此の事を聞き大いに嘲りて曰く、二宮の道大道に非ずして小道と云ふべし。惡人に大恩を與ふる時は何を以てか勸善懲惡の道を行はんや。是一人に行ふべくして萬人に行ふべからざる也。聖賢の道は萬人に行ふべきの大道なり。故に此の如き小術を用ふるは聖人の道を知らざるが故也と云ふ。或人之を聞きて高論也と云ひて大いに感ぜり。後某博奕者に金五兩を貸して其の行を改めしめ美名を取れり。是陽に嘲り、陰に先生の行を眞似たりと云ふ。

高慶曰固哉郡宰之言也。夫聖人之於民使其去舊染之汚復固有之善如此而已矣。然而其去汚復善豈無變通之略哉。且夫導人者先之以教不從繼之以刑。然刑也者聖人藉以爲消惡之具而刑期于無刑。非用刑之善者乎。至於物井村農夫先生知其姦猾未可遽施以教。故且懷之以恩使其有所感觀而顧化化一惡而三邑之民皆歸於善。非大道而何。郡宰淺學固不足以知先生。至或者以其言爲善亦不足論也。

【七】先生辻門井二邑の里正を教諭す

常州眞壁郡辻村里正を源左衞門、同郡門井村里正を藤藏と云ふ。二村共に旗下齋藤某の采邑なり。齋藤氏經濟不如意にして負債多く、采邑に命じて今年に來年の租税を先納せしめ、加之時々用金と稱し下民の財を取ること度なし。之が爲に二邑の民困難貧苦に堪へずして氓民となり、戸數減少土地荒蕪し衰貧極れり。里正數々憐愍を地頭に請ふと雖も許さず。豐年尚菜色あり隣境之を見て爲に悲歎止ます。里正細民を倒して君の求めに應ずるに忍びず。自財を以て之を補ふと雖も、地頭の費用彌々足らずして饜なきの求め止む時なし。源左衛門藤藏大いに君の不仁無慈悲を怨み語て曰く、里正なるものは邑民を安ずるを以て主とす。故に屢細民の爲に憐愍を請ふ。然れども地頭不仁にして二邑に取ること限りなし。安んぞ衰村貧民の米金を以て限りなきの求めに應ずことを得んや。我等細民と共に亡滅に及ばんこと遠きにあらず。然るに二宮先生三邑の衰廢を起し、其の民を撫育する事父母の子を惠むが如し。速に櫻町に往て物井の民となれば後榮疑ひある可らず。早く苛酷の苦を免れ、仁人の民となるには如ざる也と。是に於て二人倶に櫻町に來り無道の下に立難きを歎き、物井の民たらん事を請ふ。先生深く之を愍み、二人を敎へて曰く、汝等今日の不幸は實に憐むべしと雖も、祖先以來居住の地を去り、此の土の民たらんことを求むるに至りては大いに道を失ひたり。今我臣民たるものゝ道を敎へん。凡そ上君となり下臣民となるもの、本來一物にして二物にはあらず。猶一木の根幹枝葉相離れざるが如し。故に本根朽つる時は枝葉獨り全からず、枝葉枯るゝ時は本根も亦全き事を得ず。汝等數百年來君となり、民となり、平穩無事に相續せしは一朝一夕の故にあらず。祖先以來の主恩を顧る時は、それ大となす歟小となす歟、果して大ならば汝一世の力を餘さず之に報ゆると雖も、何を以て百分の一も報ずる事を得ん。然るに今怨望の心を懷くものは他なし。君は君にして民は自から民なりとし利を主として義を忘れ、財のみを見て恩を顧みざるが爲なり。是の故に地頭の艱難に當り、君の憂を憂とせず。唯其の求責を遁れんことを謀る。豈是れ難に當りて臣民の義を盡すの道ならんや。且つ萬物皆悉く盛衰あり。天地間森羅萬象限りなしと雖も、一物も自然の盛衰存亡を免るゝものなし。國に盛衰あり、家に盛衰あり、人に盛衰あり、是故に盛んなるものは必ず衰へ、存ずるのは必ず亡し、生あるものは必ず死す。是れ天地自然の道なり。然らば則、汝の君家何ぞ獨り盛衰なき事を得ん。汝の邑のみ何ぞ盛衰なからん。汝の家而已何を以て盛衰を免れんや。汝の君家以前必ず盛ならん。故に今衰ふべきの時運至り用度足らず、是の故に已むを得ず采邑に取りて以て不足を補ふ。地頭の盛んなる時は采邑も亦盛んなり。地頭衰ふる時は邑も亦衰ふ。君富む時は恩澤下に及び、君窮する時は下其の憂を受くるもの猶枝葉枯槁して根も亦朽るが如し。故に忠臣良民は君の艱難に當りては、身命を拋ち其の憂を除き、祖先歷代の高恩に報いんとす。力足らざれば死して后止む。米粟家財何ぞ言ふに足らん。今君惠憐の心薄く多欲にして貪るといへども、其の采邑に求むるのみ、故に采邑の物を取盡すに及びては、其の求め必ず止まん事薪盡て火の滅するが如し。汝等時運を知らず、又祖先以來受くる所の大恩を顧みて之を報ぜんとするの心なく、薪を抱きて火に向ひ、火の滅するを求むるが如し。早く抱く所の薪を火中に投ぜば、薪盡て火燃る所なく、君の求め止まん事何の疑ひかあらん。是の故に家財田圃一物をも殘さず君に奉じて其の不足を補ふべし。然れども君の所行を怨むるの心ありて之を出す時は、是誠心の行に非ず。從來の報恩を主とし、君家の爲め而已に計り、所有の田圃、家屋、器財悉く之を鬻ぐに、其の價卑き時は君の益少なく、價高き時は君の益多し。故に心を盡し高價に鬻ぐ可し。是れ主家の衰ふる時に當り、正に臣民の行ふべき常道なり。家の存亡必ず自然の數ありて逃るべからず。汝等の家亡ぶる時至れり。然れば假令道理を知らず、知計を以て一旦君の求を免れたりと雖も、子孫無賴の者出づるに及びて必ず家を失ふべし。子孫無賴の爲に失はんよりは君の艱難の一助となし、良民報恩の道を行ふ可し。苟も是の如くならば神明も之を感じ、人之を憐み、後必ず廢家再興の時至らん。是亦自然の理なり。若し此の善行を爲さずして自亡を待つは、君と財を爭ひ、家を亡ぼし、恩を知らざる無道のものとなり、君も亦下民を虐するの汚名を顯すに至る可し。誠に歎ずべきの至にあらずや。汝等夫れ此の二者の内何れを是とし何れを非とするや。若し此の言を是とせば速に君に奉じ、然後地頭へ歎願すべし。其の言に曰く、目今君家の艱難に當り報恩の爲に力を盡し之を補ひ、君の苦心を安んぜん事を念願すと雖も、貧民の微力に能はず。聊か報恩の一端にも當るに足らずと雖も、衣類家財田地に至るまで餘す所なく之を鬻ぎ、猶些少たりとも價多くして君の小補あらん事を願ひ、四方に奔走し以て高價に販ぎ之を奉ず、然ども君の艱苦何ぞ此の微金を以て補ふに足らん。某等二村の里正として諸民に先んじ、君家の爲に家株を廢して之を獻ず。諸民も之に倣ひ、稍々家を廢して獻ぜんことと疑ひなし。君ありて民あり、民ありて君も亦安んじ玉ふ。故に二邑の民悉く退散するに至りては、田圃荒蕪し租税出づる所なく、君家の禍益深きに至らんか、是某等の悲歎止み難き所なり。仰ぎ願くは君の賢明を以て後榮の道を慮り先君への孝道を全くし玉はゞ、某等の大喜豈之に加ふるものあらんや。今一家を拋ち君命を奉ず。明日より道路に立たんか、素より某等の甘ずる所なり。然して君若し某等を憐み、釆邑中の居住を許し玉はゞ幸甚なり。極窮飢寒を免れ難しと雖も、數百年來世々君恩に浴し、相續せしを以て、拳々として故郷を去るに忍びず。是故に邑人の家を借り、其の餘田を耕して以て永く君の釆邑に居住せんことを願ふなりと。地頭之れを許さば君の善心自から發動して永安の道も生ぜん。然らば汝等も邑の餘田を耕し、或は荒地を開き、心力を盡して稼穡すべし。必ず天の惠を得て以て再び相續の道を生ぜん。能く勉め、能く愼み彌々以て君恩を忘る可らず。若し斯の如く歎願すと雖も、君許し玉はざる時は如何にせん。君民の道既に盡たり。是に於て已むことを得ずんば妻子と倶に當邑に來れ。元拾石を所有せば拾石の民となし、五拾石を所有せば五拾石の民となし、百石の所有なれば必ず百石の田圃を與へ、以前有する所の家財に至るまで悉く之を與ふべし。夫天下の人民各其の主に事へて田を耕し租を納め一家を經營す。其の主君假令道なしと雖も、下として之を怨むべきの道なし。然るに怨心を發し、家財を持ちて來るものを容れ、此の地の民と爲す時は、其の地頭へ對して信義の道立つ可らず。且衰運に會し、將に亡びんとするの原因を抱きて以て來る者は、假令如何なる多福を與ふと雖も原因盡きず。再災害並び至り、廢亡に及ぶこと天理自然にして疑ひなし。故に我は斯の如きものを受けざるなり。然して地頭の憂を憂ひ、報恩の爲に良民の道を盡し、一家一物も餘さず君に奉じ、一身を容るゝの地なくして來るに及びては將に亡びんとするの因緣爰に滅す。故に新に幸福を與ふる時は必ず再榮疑なし。其の主人も亦是の如き良民を廢棄し、采邑の居住をも許さゞる時は、此の地の民と爲すと雖も何の子細か有ん。汝等此の道理を了解し斷然私心を去り、此の道を行ふべし。若し我が言を疑ひ行ふことあたはずして主君と家財を爭ひ　君を怨みて己を是とし禍を免れんことを謀らば、數年を待たずし必ず亡びん。汝夫れ之を疑惑することなかれと。

二人之を聞きて感動し、其の教に從はんと云ふ。後源左衞門は私心去り難く、地頭を怨み、財を出さず、地頭之を放逐す。終に家を失ひ他邦に走る。藤藏此の教を尊信して君命至るあらば時刻を移さず殘らず家株を奉ぜんとす。時に某なる者用金督促の命を受けて門井村に至る。藤藏の誠意を聞き命を傳へずして歸る。後再び至ると雖も命を發することを得ず。一家亡滅の禍を免れ、今に至るまで一家を保全するに至る。或人先生に問ひて曰く、先生其の未發を察し、教を下し、毫毛の差ひなきものは何ぞや。先生曰く、夫れ大風の興るや木に觸れて以て動搖止まず、其の木を伐るに及びては暴風と雖も之に觸るゝことあたはざるは自然にあらずや。易曰同聲相應同氣相求水流レ濕火就レ燥と。主人多欲にして其の求め饜くことなし。源左衞門我が言を用ゐず、欲を以て之に應ず。故に亡滅を免れず。藤藏欲を伐りて更に私念なし、故に多欲も之に觸るゝこと能はずして全き事を得たり。自然の理、未發已發を論ぜずして自から明かなり。何の差ふこと歟之有んや。

【八】川副氏采邑青木邑の衰廢を興す

常陸國眞壁郡青木村高八百五十石餘、幕府の旗下川副某の采邑なり。往時公料にして野州芳賀郡眞岡縣令の管轄に屬す。元祿度民家百三十戸、頗る繁殖富饒と稱す。寶永年中に至りて川副氏の采邑となる。邑の西北川あり、櫻川と云ふ。此の川を堰き、青木高森二邑の田水となす。此の堰の左右水底皆細砂灰の如くにして、更に岩石無し。故に木石を遠所より運搬し、縱横大木を用ゐて建築すと雖も、大雨洪水至れば忽焉細砂と共に流失し、田水涸渇耕耘を得ず。公料の時に當りては破壞毎に役夫三千餘人を諸村に課し、入費數百金を以て造築せり。

寶永度以來は一邑の民力之を修築する能はず。耕田の道を失ひ、民心放肆、良田蕪萊、怠惰、博奕を常とし、戸々絶窮遂に四方に離散するに至り、民屋切近の田と雖も茫々たる原野に歸し、葭茅荻萩繁茂狐兎斯に住す。天明度野火茅を焼き、延いて民屋に及び、之が爲に三十一戸灰燼となる。是に於て益々窮し、僅に廿九戸を存す。是も亦貧困支ふ可からず。曾て遊歴の者此邑を過ぐるに茅中炊烟の起るを見て一句を吟ず曰く、家ありやすゝきの中の夕烟と。此の句を以て衰廢亡村に等しきを推知す可し。租税僅少、川副氏の窮も亦甚し。邑の里正を舘野勘右衛門と云ふ。性廉直篤實にして、大いに衰邑亡地に至らんとするを憂ひ、再復の事を謀ると雖も貧村の力如何とも爲すべからず。櫻町陣屋を去ること僅に三里、故に先生の良法三邑再興の事業を聞き、邑民を會し諭して曰く、我邑の衰頽既に極る。是獨り人民の力足らざるのみに非ず。櫻川の堰破壞、闔村の用水を失ひ、水田悉く蕪沒に歸し、戸戸耕耘を得ず。故に衣食缺乏、往々家産を破り流民となる。今にして衰廢、再興の道を謀らざれば、八百石の邑亡滅に至んこと必せり。然りと雖も、愚不肖貧弱の力を以て何事をか成し得んや。曾て聞く、物井村陣屋詰の二宮先生、相模小田原侯の命を以て櫻町に至り、數年にして三邑を興復し、邑民を安撫すること、父母の其の子を保するが如しと。其の事業誰か感動せざらんや。我輩物井に往て再興の方法を歎願せば、先生は仁者なり、憐愍の處置なしと謂ふべからず。果して許諾あらば是の廢堰も擧ぐべく、荒蕪も開くべく、邑民の困苦をも免るべし。然れども先生は他の誠、不誠を察觀すること明鏡の如しと。故に懇願のもの純誠にあらざれば、百度歎願すと雖も斷然許諾せず。故に此の願の成否は先生にあらずして、當邑一同の一心にあり。各の思慮如何んと。邑民應へて曰く、素より冀望する所なり、速に歎願せんと云ふ。勘右衛門曰く、我等の請願而已にては是相對の如くにして先生許容ある可らず。地頭よりの依賴に非れば不可也と。直に出都此の條を川副某へ具陳す。川副氏大いに悅び、時の用役並木柳助に命じ、直書を以て依賴せしむ。

柳助勘右衛門村民を率ゐて櫻町に到り、一邑再興の方法を請ふ。時に天保三年なり。先生暇なきを以て之を辭す。邑民屢請ひて止まず。先生曰く、汝の邑衰廢極まるもの、獨り田水を失ひ、農事を勤むること能はざるのみに非ず。何ぞ用水なくんば從前の田を畑と爲し、多く雜穀を得て活計をなさゞるや。豈人命を養ふもの、獨り稻粱耳ならん。百穀皆生命を養ふもの也。而して田水乏しきを口實となし、良田を蕪沒に歸して顧みず、博奕を事とし、他の財を借り、一時の窮を補はんとす。是家々絕窮、遂に離散する所以にあらずや。抑々博奕なるもの富家と雖も祖先傳來の家株を傾覆するに至る。況や貧人にして此の惡業を爲す、其の亡滅迅速ならざるを得ず。且田水なきを以て良田を荒し、衣食なきを憂ふ。夫れ田圃は衣食の本也。其の根本を棄てゝ以て他に求む。猶井を塞ぎて水を求るが如し。何れの時か之を得んや。農力勸み、糞培怠らざる時は、圃の有益たる田に勝れり。何ぞや田は一作に止まり、圃は兩毛作なればなり。汝等農を以て業とす、素より畑の有益を知らざるには非ず。知りて而して耕耘せざるは他無し、其の勞苦を厭ひ、怠惰を旨とし勞せずして米財を貪らんとするが爲め也。我が方法は節儉以て冗費を省き、有餘を生じ、他の艱苦を救ひ、各其の業を勉勵刻苦、終身善行を履み、惡業を爲さず、勤動以て一家を全するにあり。戶々此の如くならば貧村必ず富ますべく、廢亡の邑里と雖も必ず興復再盛に至るなり。然して汝の邑の如きは我が再興の道と反對せり。其の窮苦は憫然なりと雖も自業自得、他より如何ともなすべからざるもの也。汝ら再び來ること勿れと敎誨す。勘右衞門涕泣して曰く、邑民の無賴實に高諭の如し。然れども今一邑再興の大業を請願するに至りては、舊來の懶惰を改め、至教を得て以て粉骨の勞を盡し、艱苦に堪へ、再興の業に從事せんと誓約の上歎願せり。冀くは先生の許容あらんことを。先生曰く、無賴の習慣已に久矣、今一時の約言何ぞ永年を保つことを得んや。人情困苦に迫る時は艱苦の業も厭はずと雖も、少しく欲する所を得るに至りては、忽然惰心を發し、舊弊再び起るもの也。汝安んぞ後年の憂なきを保たんや。一旦再興の大業を擧げて後廢棄に至らば、寧ろ其の初より止むには如かざるなりと。邑民何等の苦行にも堪へんと云ひて歎願止まず。先生曰く、汝等衰村を興さんことは甚だ難し。目今其の易き事をも爲さずして、其の難きことを爲さんとするは惑にあらずや。今其の易き者を示さん。汝邑民目下の良田蕪薉し、葭茅茂盛し、冬に至れば野火茅を燒き、之が爲に民家を燒亡するもの數々なりと聞く、假令開田耕耘の力足らずと雖も、此の茅を刈る何の難きことか有らん。而して之を刈らず、家をも灰燼となし他邦に流離す何ぞ愚の甚しきや。一邑再興の事は暫く措き、先づ火災の本たる茅を刈るべし。刈り畢らば我れ用ゐる所あり、至當の代價を以て之を買ふべし。汝能くするや否や。

是に於て邑民悦びて歸村し、男女老若皆未明より出で、不日に千七百七十八駄を刈り終り、之を先生に告ぐ、先生人をして其の數を點撿せしめ、其の價を常價より増して之を與ふ。民許多の錢を得て大に悦び、從來之を刈らず燒亡に歸し、且大災に罹りたる事を悔ゆ。先生曰く、邑民の家屋全くして雨漏あるなきや。答へて曰く、戸々絶窮今日の衣食をも支ふ可らず。何を以て家屋を修葺する事を得んや。故に戸々の破漏甚し。降雨の時は晝夜安んずる能はず。先生曰く、吾今民屋の雨漏を除き與ふべし。村社堂寺は如何。答へて曰く、家々斯の如し。何の餘力か斯に及ばん、破漏特に甚し。先生曰く、村社堂寺は一邑保護の神佛安置する所也。然るに此の如くならば邑民何を以て繁榮するの道あらん。速かに屋敷を細記して來る可しと。民唯々として退き家屋の調べを持ちて來る。先生物井の里正其の他に命じ、行きて速かに修葺せしむ。數日にして社寺民屋盡く新葺畢れり。近隣の邑民、往來の者に至るまで目を驚かすに至る。青木の里正村民意外の恩惠を悦び、櫻町に來りて其の恩を謝す。先生曰く、邑中社寺民屋悉く新葺雨漏の憂なく、且火災を免れ安居を得たり。我が方法の如きは汝等の行ひ得べきに非ず、必ず止むぶしと。村民答へて曰く、廢亡に等しき難村再興の幸福を得るに至らば、永年の安堵何事か之に如んや。方法中の艱苦何んの堪へ難きことか之れ有らん。願くは邑中の困苦を憐み再復の方法を施行し玉へと懇請息まず。先生曰く、邑中の田盡く蕪す、之を開かずんば何を以て衣食を得ん。汝等之を開拓することを得るや否や。若し邑中憤發開墾する時は我も亦力を盡して難場の堰を堅築しい田水十分ならしむべしと。是に於て里正其の他大いに悦び、開拓の難きに非ず。惟用水無きを憂ふる而已。先生の深慮を以て彼の廢堰成就すること有らば、速かに斯に從事せんと踊躍して邑に歸り、此の事を告ぐ。男女老幼皆歡喜、直に開田に勉勵し、數月ならずして累年の荒蕪大半を開墾せり。是に於て先生始て青木村に至り、毎戶の勤惰風俗を察し、開田の成るを見て曰く、開拓の速なる實に邑中の憤發に由れり。前日の懶惰も汝等なり。今日の勉强も汝等なり。一人にして其の勤惰相反する黑白の如きものは、勤むると惰るとの二つにあり。善悪、貧富、盛衰、存亡皆此の如くならざる者無し。故に富道を行へば必ず富み、貧道を行へば必ず貧し。唯邑民の行に由りて禍福吉凶の差あり。今舊來の懶惰を改め斯の如く盡力し、永く勤動を失はざれば、邑の再興何の難きことか有らんや。我前日の約の如く難場の堰を築き、十分の田水を此の開田に漑ぎ與ふ可しと。里正村民雀躍欣喜其の高恩を謝す。先生邑の水理を熟見し、櫻川の水勢を察し、然る後東山に登り、山の中央を穿ち岩石を得たり。直に邑民隣邑の者を集め、速に木石を運搬せしむ。役夫に諭して曰く、建築迅速ならざれば出水計り難し。若し半途にして出水の爲に流失せば前功忽ち水泡に歸すべし。故に非常の盡力に非ざれば成すべからず。役夫の雇銀一日米一升二合錢二百を常とす。今日の役は常時と異なり、故に一日金貮朱を與ふべし。力足らざる者は半日の働きを以て一朱を與ふ。若し懶惰にして勤めざるものあれば勤働者の妨害たり。即時之を退かしむべし。半日の働も爲し難きものは役夫に加ふ可からずと。衆皆悦びて指揮に隨ひ大に勉勵、東山より岩石材木を櫻川の兩岸に運搬し、不日にして達す。

先生又命じて曰く、川幅に應じ茅屋を作り之を葺くべしと。衆人何の故を知らず。水上に屋を作りて堰を作らず亦異ならずやと、私に笑ふものあり。水上の屋既に成る。先生曰く、誰か屋上に登り繋ぐ所の繩を伐り水中に落す可しと。衆皆驚愕一人敢て應ずるものなし。先生曰く、何を憚りて上らざるや。衆同音答へて曰く、川上の屋、繩を以て繋げり。今之を斷ぜば屋と共に川中に陷り、死生計るべからずと。先生怫然として曰く、汝等危しとせば我上りて之を斷ぜんと、直に屋上に登り刀を振ひて數所の繩を斷ず。其の迅速飛ぶが如し。屋一震水中に落つ。衆皆愕然、先生屋上に立ちて曰く、汝等之を危殆とす我何ぞ汝等に危事を命ぜんやと。衆皆其の過ちを謝し、益〻先生の神知測るべからざるを感ず。先生曰く、汝等速に兩岸の木石を屋上に投ぜよと。衆協力大石、大木を投じ畢る。然して後工匠をして其の上に堰を作らしむ。大小二つの水門を設け、小水には小門を開き、大水には兩つながら開きて以て洪水の憂ひ無からしむ。茅屋を以て兩岸水底の細砂を閉塞するが故に水更に漏洩せず。古來此の如き堰を見ず。遠近來集し、大いに其の奇功且神速成功を驚歎し、凡智の及ばざる處を稱す。初め衆皆謂く此の役五旬に非ざれば功を竣ること能はずと。然るに事を擧ぐるより僅に旬日にして、全く成る。故に往年百餘金にあらざれば成すこと能はざるを、今用費其の半を費さずして堅固比無し。爾來數十年屢〻洪水ありと雖も些も動かず。或人先生に問ひて曰く、古今闔國の用水堰其の數幾千萬、未だ聞かず屋根を作り水を防ぐ者を、夫れ何の故ぞや。先生曰く、川底兩岸皆細砂、元より木石の保つ能はざる所也。夫れ水を防がんとして堤防を築くも、蟻穴猶破壞するに足る。我思ふに茅屋雨水を防ぎて洩さず、何ぞ流水を防がざらんや。是此の堰を作る所以なりと。先生事に臨みて其の術を施す神算窮り無し。初め此の役を擧るや、始終多く酒餅を設け、酒を好むものは之を飮め、酒を好まざるものは餅を食せよ。惟過酒す可からず。過酒すれば用を爲ず。半日働きて止めんとする者は、一朱を受けて家に歸りて休すべしと。役夫大に悅び其の勞を忘る。時人此の役を唱へて極樂普請と云ふ。是に於て溝洫を浚へ、新渠を穿ち、水を漑ぐ。闔邑の田に充滿、餘水隣邑高森村の田に及び旱魃に白雨を得るが如し。民大いに悅ぶ。

是に於て孝悌篤實善良の民を選み投票せしめ、大いに之を賞し、貧民を撫恤し、道を作り、橋を架し、農馬農具を給し、負債を償却し、人倫の道を教諭し、舊染の汚俗を洗ひ、淳厚の風に化し、奢侈懶惰を改め、專ら勤業節儉を行ひ、開墾に從事し、百年の廢蕪悉く開け、產粟許多、多年の絕窮を免れ、租稅從つて增倍し上下富饒を得たり。天保七申の大饑に及び男女老幼を別たず。一人に付雜穀共に五苞を與へ、民食平年よりも豊かならしむ。民大いに感銘し益勵業す。遠國の氓民來集し、之を撫育し、戸口を倍し、全く舊復せりと云ふ。先生良法の下る所、皆是の如し。素より拙文巨細を擧ぐる能はず。實に其の槪略を記するのみ。

【九】 先生青木邑の貧民を教諭す

青木村廢衰極り、再復の方法を先生に請ふ。先生之を辭すること三年、而して其の懇願止まず、其の艱難殆ど亡村に及ばんとするを悲み、已を得ずして、再興の方法を下す。一時貧民老幼を携へ他鄕に走らんとする者あり。先生之を察し問ひて曰く、汝將に此の地を去らんとするの意あり。夫れ人情故鄕を思念せざるものなし。暫時他鄕に至るも速かに家に歸らんことを思ひ晝夜安ぜず、遠路旅行の勞に厭はず歸村し始めて安眠するを得るにあらずや。且當邑の如きは幸福自在の地なり。然るを祖先以來の家株を棄て、故鄕を去らんとするものは何ぞや。應へて曰く、貧苦既に迫り負債償ふ能はず。且其の督責に堪へず。眞に已を得ざれば也。何ぞ家產を失ひ故鄕を去るを好まんや。先生曰く、實に汝の心情愍むべし。我今汝に唐鍫を與へん。此の鍫を以て貧苦を除き、負債を償ひ、富優を得よ。何ぞ此の地を去るに及ばんや。且當邑には家屋あり田圃あり、然して尙一家を保つことを得ず。他鄕に至らば家屋なく田圃あるなし。何を以て一日も生活の道あらん。徒に道路に飢餓して其の斃るゝを俟たん耳と。貧民曰く、僅に一挺の鍫を以て富を得、借財を返すことを得ば、何を以て是の如きの絶窮に至らんやと。先生諭して曰く、汝富を得るの道を知らざるが故に窮せり。夫れ天地の運動頃刻の間斷あるなし。是故に萬物生々息す。人之に法り、間斷なく勉勵する天の運動の如くならば、困窮を求むと雖も得べからす。汝種々の艱苦ありと雖も、畢竟農力足らず怠惰に流れ、終に窮乏に及べり。今我が教る所に從ひ、一の唐鍫を以て從來の廢地を開墾し、老幼に至りては開田の草根を振ふべし。是の如くして此の鍫の破るゝ迄に力を盡さば、必ず多數の開田を得可し。彌々黽勉、此の開田を耕耘せば、數年ならずして富に至らん。何ぞや今汝所有の田圃を鬻ぎ、代價を以て宿債殘らず返却せば負債頓に消す。而して開田を耕す時は十年乃至十五年も無稅也。是を以て產粟皆汝の有となる。夫れ生地の出穀、其の半は租となり、高掛りとなる。有稅の田を以て負債を償ひ、無稅の田を耕す時は、求めずと雖も必ず富を得ること疑ふ可からず。是唐鍫一つを以て富優を得る所以也。是の如き安心自在の村里に生れ、之を棄て他鄉に走り、安地を出て危地に入る、何ぞ愚の甚しきや。貧民良久しくして大に感悟し、悅びて曰く、高教に從ひて勉勵せんと。先生直に唐鍫を附與せり。是に於て生田を以て負債を償ひ、擧家開墾に盡力し、年々多分の產粟を有し、累年の貧苦を免れ、富饒を得たり。村民亦之を感じ、互に勉強し之が爲に開墾頗る速か也。先生の敎諭を下し、懶惰を改め、勉業と化し、貧人をして富を得せしむる者往々此の如しと云ふ。

高慶曰如青木村可謂衰頽極矣。非先生為是深慮遠計措置得宜何以得免於窮餓哉。然而先生能令此民淳厚此土墾闢則天下固無不可化之民無不可墾之地亦明矣。里正勘右衛門之在此邑譬如蓮之在於泥中若微勘右衛門則先生亦何得施良法自古事之成否要存乎其人。小邑猶然況大焉者乎。

巻之三

【一】野州烏山天性寺圓應先生へ面謁を請ふ

烏山の城主大久保侯の領地、民情遊惰に流れ、博奕を好み、村村衰廢、戸口減少、民甚だ窮し、荒蕪の地多く、貢税大いに減じ、上下の艱難他に超過せり。時に侯の菩提寺を天性寺と云ふ。住持圓應頗る博學にして、其の性剛邁なり。百姓の衰貧を歎き自ら之を諭し、開田に力を用ゐ、或は自財を出し、他邦の流民を招き開墾せしめ、許多の荒蕪を開き、國の有益を擧げんとす。

天保七丙申年天變凶饑となる。邑民飢渴を免れ難く、圓應の力に由りて此の地の農民となるもの猶微力にして衣食に乏し。是故に飢渴尤甚し。圓應之を救はんとすれども一寺の力何ぞ及ばん。之をして離散せしめば積勞一時に廢せんと、大いに之を憂ひ、自ら思慮に能はざることを悲歎せり。或人告げて曰く、此を距ること十有餘里芳賀郡物井邑あり、小田原侯の末葉某君の采地なり。土地荒蕪し、殆ど亡村に至らんとす。小田原侯二宮某を農間より擧げて以て此の邑の再興を命ず。以來既に二十年、事業大いに擧り、頗る舊復せりと聞く。加之凶荒の至らんことを前知して其の豫備をなし、三邑の民を撫育すること平年よりも饒なりと云ふ。若し此の人に就きて力を借らば、必ず撫恤の道を得んと。圓應大いに悦び時の大夫菅谷某に謀りて往んとす。菅谷も亦曾て此の事を聞けり。曰く、若し聞く所の如くならば方今の俊傑なるべし。豈僅々たる和尙の立つる處の民のみならん。領中人民撫育の道なし。和尙其の道を得ば速に我に告げよと。是に於て圓應獨歩櫻町に至り、先生に見んことを請ふ。先生許さず。人をして云はしめて曰く、釋氏は釋氏の道あり。我が行ふ處、廢邑を興し、民を安んぜんとす。何ぞ佛者に逢ふて談ずるに暇あらんや速に去るべしと。圓應自若として退ず。我佛者なりといへども其の志は民を撫するにあり。今烏山の民飢渇に迫れり、之を見るに忍ず。遙に先生の高德を聞き、來りて道を求め、敎を請ふ。先生之を許さず。故鄕に歸り手を束ねて民の飢渇に斃るゝを見るに忍んや。冀くは先生憐を垂よと云ふ。人之を以て先生に告ぐ。先生憤然として曰く、彼僧何をか言ふや。我は我が預る所の先務あり。烏山の民の安否其の君の職分にあり、我何ぞ之に與らんや。然るに僧の身として此處に推參し、強て面會を請ひ、我が事を妨ぐるは何ぞやと云ひて逢はず。圓應之を聞き、我が進退は烏山の民命にかゝれり。先生若し逢ふことを許さゞれば我も亦此處を去らず。飢ゑて以て民の死に先たんのみと云ふ。

或人あきれて又此の事を先生に告げず。圓應陣屋の門前なる芝原に袈裟衣のまゝにて伏し、晝夜更に動かず。或人今は歸りたらんと門に出で之を見れば以前の如く伏せり。翌日に至り此の由を先生に告ぐ。先生怒りて曰く、彼の僧理非に拘らず面會を請ひ、剰へ陣屋の門前に餓死せんとは比類なき曲者也。よし我逢ひて之を誡め退かしめん、速に連來たと大音に命ず。是に於て此の由を和尚に告ぐ。圓應油然と起返り案内せよと云ふ。既に先生の前に到る。先生聲を勵まして曰く、坊主何の爲に此の陣屋に來り、我が事務を妨げ、門前に臥して死せんと云ふ何の謂れかある。圓應答て曰く、他事あるにあらず。先生の教を受けて烏山の飢民を助けんとするのみ。

先生曰く、汝佛者にして佛の道を知らざるか。和尙、我愚なれども佛門に入ること久し、何ぞ佛の道を解せざらんや。先生曰く、佛の道に荒蕪を開き、民を撫し、又民の飢ゑるを救はんとするの道ある歟。和尙曰く、事異なるが如しといへども、佛の本意衆生を濟度するにあり。民を憐み飢を免れしめんと欲する事、何ぞ佛の願にあらざらんや。先生曰く、汝安んぞ其の道を知ることを得ん。事各職分ありて相奪はず。領主は領主の道あり。臣下は臣下の道あり。僧は僧の道あり。領主にして臣下の道を行はゞ、人君の道癈し國家を保つ事能はず。臣として君の行を行はば僭上暴賊の行となりて國の亂是より大なるはなし。又領主として佛者の行をなさば、何を以て國民を治めんや。佛者にして國君の道を行はんとす、獨り何ぞ之を道といはん。今汝僧にして國君の道を奪ひ、之を行はんとするか。所謂民を治め、荒蕪を擧げ、百姓の飢渴を救はんこと是人君の職にあらずや。人君此の職を去りて他に何の職かある。然るに烏山の君臣之を憂ふるの心なく、坐して國民の飢渴を見んとするか將之を救はんとするか。元より汝の與るべきものにあらず。與るべからざることを以て己れの任となし他邦まで來り我に談ぜんとす。豈道を失ふの大なるものに非ずや。抑々汝の道とする處は凶歳未だ至らざるに當り、天地に祈り、佛に誓ひ、國民の平穏を禱り五穀豐にして上下の安泰なるを願ひ、是の如く凶歳の憂を免れしめ、國土の平安を祈念するこそ是佛者の先務濟度の大なるものと謂べし。汝が勤行すべきことを怠り、此の凶年に當り國君の道を私し、飢民を救はんとの念を發し、力足らずして又我に其の道を求めんとす。是佛道には非ずして汝の意を立て名を釣り、譽を求むるに當れり。其の志不善に出でずと雖も、其の行ひ大いに道を失ひたり。汝誠に民の飢渇を歎かば何ぞ國君に告げて之を救はしめざる。告ぐるといへども、國君愚にして救ふことあたはずんば是も亦命なり。如何ともすべからず。責めて佛に祈り、我が門前に飢ゑんとするの所行を汝が寺にて行はゞ是にて汝の職は遂たりと云はん。此の如く行ふべき道を廢し、汝の任に非る事を計り、佛意に叶へりと云ふ、豈之を佛の道を知れりといはんや。猶言ふべき道あらば速に答へよと、天地に響ける大音にて説示され、圓應慨然として自ら其の非を悟り、頭を垂れて默然たり。先生曰く、汝言ふことなくんば速に歸るべし。我撫育の道に暇あらずと坐を立ちたり。圓應、先生の陰を三拜して大いに感激し其の過を謝し、烏山に歸れり。是烏山仕法の發端なり。

【三】烏山大夫菅谷某同藩某をして櫻町に使す

天性寺圓應始て先生に見え、其の言論を聞き、意表に出で、大息して曰く、嗚呼思はざりき今の世に當りて斯の如き大人有らんとは。我幸にして此の人に見ゆることを得たり。民の飢渴を救はんとするの心切にして、殆ど領主を不仁の君に陷らしむ。其の罪是より大なるものあらんや。先生の敎を得ずんば何を以て我が過を知らんやと。自ら慚愧し、晝夜兼行烏山に歸り、菅谷某に語りて曰く、拙僧櫻町に至れり。先生逢ふことを許さず。門前に臥し、之を請ひて去らず。

先生拙僧の愚誠を憐み、遂に面謁を許し、大理高論、僧が過を諭し、國家の大躰を示すこと云々なりと告ぐ。菅谷大いに感じ、嗟乎賢なる哉二宮、我速に往いて救助の道を求めん。然れども主命を以て往かずんば其の論和尙に類せん。今一たび某なるものを遣り、我近日至らんことを云はしめ、然る後往かんとす。和尙先づ休せよと云ふ。某なるものを呼びて曰く、今凶荒の憂旣に甚し。而して倉廩空乏百計民を救ふに術なし。櫻町二宮なるもの非常の英才なりと聞く。近日我往きて道を問はんとす。子先づ往きて某の至らんことを二宮に告げよ。是も亦二宮を敬するの一事なりと。某諾して直に櫻町に來り、此の條を告ぐ。先生又他邦の臣に面會するの暇なきを以て之を辭す。

某大いに心を苦しめ、先生大夫に逢はんとの言を聞かずして歸らば、菅谷來るの道なからんか。我此の地に來り、面會を許さゞるの斷を得ずして退かば、來りたる甲斐は無るべしと、再三面會を請ひて止まず。先生止む事を得ず某を呼びて曰く、烏山の大夫當地に來らんとする何の爲ぞや。我主命を受けて此の地の民を撫せり。元より寸暇あらず。豈他邦の臣と閑談するの暇あらんや。菅谷某は烏山の大夫にあらずや。夫れ大夫の任は上君を補佐して仁君の道を蹈しめ、下國民を安撫して其の所を得せしめ、國富み民豊かなるを以て大夫の職とせり。然るに今饑歲に當り、倉廩空虛にして救荒の道なく、國民の飢渇を救ふことあたはず、坐ながら民の餓死するを見るか。是平生の政其の至當を得ざるが故なり。禮に言はずや、國三年の蓄なきは國其の國に非ずと、三年の蓄なきすら是の如く戒めたり。今烏山の儲蓄豈三年を論ぜんや、一年の饑饉だも國民をして飢渇に陷らしむ。何れの處に仁政かある。夫れ諸侯の任は天民を預り、之を養ひ、之を撫し、之を安ずるにあり。今其の預かる所の天民を飢亡に落さば、何を以て諸侯の道有らんや。君も是の如く、大夫も之を知らずして人の上に立ち、專ら衣食に飽き、安逸を以て自ら諸侯大夫の任と思へるか。是の如き人物我が門前にも至ることを欲せず。況や何の爲に面會せんや。子速に歸り、其の來ることを必ず止めよと、大音にて之を戒め、直に立ちて再び見えず。某なるもの流汗肩背に溢れ、茫々然として烏山に歸り、菅谷に告げて曰く、大夫の言に隨ひ、櫻町に至りて二宮に面會を請ふこと再三再四に及び見ゆることを得たり。然るに妄言是の如し。一歲の饑饉にだも國民を飢に陷らしむ。君も君の道を失ひ、大夫も大夫の道を知らず。自ら安逸遊惰を以て人の上に立ち、大夫の任と思へる歟。饑歲に至り民を救ふことさへ知らずんば、何を以て一日も其の職に安んずるや。是の如き者に逢ふことは我が欲せざる所なり。汝速に歸り、其の來ることを止めよと、大いに罵る其の聲雷の如し。彼本心にはよもあらじ、定めて狂人ならん。大夫必ず往くことなかれと、顏色を變じて之を告げたり。

菅谷某頗る文才あり。此の言を聞き益〻感激して曰く、果して賢人なり。子之を妄言と云ふもの何ぞや。誠に君は君の道を盡し、某は某の職を盡さば、何ぞ一歲の饑饉に窮し、民を飢渴せしむることあらんや。君臣共に道を失ひたりと云ふべし。然れども今の世に當り、誰か君臣道を失ひたるを公然として教誨するの英傑あらんや。二宮の言直にして其の理明白也。我此の人に道を問はずして誰にか問はんと。是に於て衣服を改め君前に出て曰く、今年大いに饑う。領中人民の飢渴旦夕に迫れり。臣、百方撫育の道を求むるといへども、更に其の道を得ず。平年猶君の用度足らずして商賈の財を借り、之を補ふ。今大凶に當れり。金銀融通の道絕たり。如何ともすべからず。然るに櫻町二宮なるもの、其の先小田原侯の撰擧を以て、彼の地の廢亡を再興することを任ぜり。十年にして功業歴然、加之饑歳の至らんことを前知し豫め其の備へをなし、三邑の民を救ふこと平年に倍せりと。先づ某なる者をして往きて之を試みしむ。其の確言的論是の如し云々。是不凡の人物にして、當時に難き賢才なるべし。臣直に彼の地に至り、救荒の道を求めんとすれども臣の意に出づるとせば必ず面會だも許す可からず。君の賢慮を以て懇切の直書を二宮に賜ひ、臣之を奉じて彼の地に至り、君命の厚き所以を陳述せば、君の民を惠み玉ふ仁心の忝きを以て、必ず救荒安民の道を教へんか、事の成否は君の心慮にありと言上す。烏山侯大いに之を感じ玉ひ、汝の言是なり、我直書を以て之を依賴せんと。

是に於て筆を執り一章を認め、菅谷に渡し玉ふ。菅谷大いに悅び、君前を退き直に櫻町に至り君命を述べ、直書を出して頻に救荒の道を請ふ。先生歎じて曰く、烏山の民、元より我が與る所にあらず。今飢渴に及べるもの、君臣共に其の道を失ひたるが故なり、其の國にありて其の道を失ふが故に、國民飢亡に及ぶもの諸國擧げて數ふるに暇あらず。然るに君臣其の非を知り、其の道を我に求む。今は烏山民命の存亡我一人の言下に決せり。嗚呼如何せん。之を救ふに如ず。殊に烏山侯は小田原侯の親族也。之を救助するの緣故なしと云ふ可らずと。是に於て菅谷に面會し、治亂盛衰の根元、禍福吉凶存亡の由りて起る所、衰廢興復の道、富國安民の大道を諭すこと流水の止まざるが如し。菅谷某彌々驚き益々感動す。先生曰く、烏山侯仁心厚くして此の飢民を救はんことを某に求め玉ふと雖も、某諸侯邦內の事務敢て預かる可きにあらず固辭せんのみ。然れども我が主君の緣者なり。烏山侯より主君へ此の條を以て告げ玉はゞ、主君より臣に命ぜんか、又某よりも言上すべし。君命あるにあらざれば我が私に烏山侯の命には應じ難し。然れども此の順路を踏まんこと日數を經ずんば辨ず可らず。飢民を目前に置きて此の順序を追はゞ、所謂轍魚を市に求むるの憂なしといふべからず。其の中先づ之を以て切迫の救荒に當よと、懷中より金二百兩を出して菅谷に與ふ。菅谷其の寬仁にして道を踏み、時を計りて處置其の宜を得ることを感じ、三拜厚謝して烏山に歸れり。今年一金の融通も絕えたるに一面の間に二百金を與へられ、菅子夢の如くにして歸りたりと云ふ。

【三】先生烏山の飢民を撫育し國家再興の基本を立つ

于時天保七丙申年大に饑す。諸國の民飢渇に苦しみ、草根を食ひ、木皮を食ふといへども、食既に盡きて四方に離散す。往く處食を得るの道なく、道路に叫び哀めども、人も亦是の如くなれば、慈ある者と雖も之を救ふことあたはず、遂に途に餓莩累々たるに至れり。野州烏山領中の民も亦飢渇に苦しみ、群起して城下市中の富家を破却し、動搖すること夥し。城中の群臣之を聞き、若し彼等城内に亂入することあらんも計り難し。然らば是非に及ばず大炮を以て之を拂ふに如ずと、大炮を備へて之を待つ。代官郡奉行をして之を諭し、其の動搖を鎭靜せしむ。是より先、菅谷某二宮先生に至りて救荒の道を請ひ、實情を以て小田原侯に言上し、先生も烏山侯より依頼の條を以て聞す。小田原侯深く之を憐み、烏山は親族也、之を救ふの道有れば、夫れ我に代りて撫育せよと命ず。是に於て先生其の價二千餘金の米粟を烏山に送り、十餘里の間運輸の米粟絡繹たり。諸人目を驚かさゞるものなし。菩提寺天性寺境内に於て十一棟の小屋を補理し、領中の飢民を集め、粥を炊ぎて之を撫育す。其の處置規則皆先生の深慮に出たれば私曲の憂なく、均しからざるの憂なく晝夜火の元を嚴にし、小屋の汚穢を去り、疫疾の憂を防ぎ、厚く之を養ふ。圓應和尙嘗て先生に見えしより終に其の志願を遂るを以て大いに喜び、自ら飢民の安危を計り、日となく夜となく撫恤に心力を盡せり。是を以て、必死を免れ難き數千人の飢民、一人の過ちなく生命を全くすることを得たり。先生の仁術に依らずんば何を以て此の大饑を無事に凌ぐことを得んやと、上下之を感嘆す。

是に於て領中興復の道を依頼せんとし、侯の直書且大夫以下小吏に至る迄連印の依賴書を以て再び厚く先生に請ふ。先生曰く、下民の露命旦夕に迫れり。我救荒の施さずんば、數千人の民罪なくして死亡に陷らん。之を見るに忍びず。君臣の懇望に任せ、之を救助せり。國家再興の道、豈我が知る所ならんやと、固辭して受けず。烏山の君臣再三請ひて止まず。先生曰く、夫れ國を興さんとする事誠に大業なり。天命に安んじ、衰貧の時に隨ひ、天理自然の分度を守り、其の艱難に素して艱難に行ひ、下民の安堵を見て然る後共に安堵し、未だ一民と雖も困苦を免れざる時は、人君以下一藩皆以て安堵の思を爲さず。民の憂に先立ちて憂ひ、民の樂に後れて樂み、民を惠む事子を育するが如くならざれば、何を以て衰國を興ことを得ん。各の求むる所は左に非ず。君の用度足らず一藩の恩祿其の十が三をも米粟を受くる事を得ず。此の不足を補はんとして他の財を借り、年々君の增借利倍幾萬金となり、如何ともすべからざるに至り、領民に上金せしめて之を補はんとし、猶足らず。今年に來歲の貢稅を命じて出さしむ。下の艱難既に極り、遂に凶歲となりて飢亡に瀕せるに非ずや。是の如くにして歲月を送らば、國の亡ぶるに至らざれば止まず。天地間大小各其の分限あり。其の分に應じ、其の用度を制せんに何の不足といふ事かあらんや。若し分限を破り、徒に財寶を費し、不足而已を憂ふる時は百萬石を得るとも何ぞ足る事あらん。五石十石のものだも一家を保ち、永く此の世に立てり。然るに烏山三萬石ありて用足らざるものは如何ん。夫れ三萬石なるものは何の名ぞや。米粟の三萬石を出せる土地と云ふことにあらずや、三萬石の米粟の中に居て米金なきを憂ひ、下民の飢渇を憂ふる時は、天下何ものか足るものあらん。譬ば米飰の中に坐して飢を呼び歎くが如し。豈坐する所悉く食物なることを知らんや。今三萬石の中に居り、米金なき事を憂ふ。何を以て之に異らん。唯用財節なく國の分度を知らざるが故なり。其の本原を明にし、當時の命に安んじ、國家再盛の時至るまでは此の艱難を常とするの覺悟あらざれば國の廢衰を擧ぐることあたはず。其の本立たずして徒に我をして其の不足を補はしめんとならば、我何を以て之に應ずることを得んや。何となれば、舊來の負債我之を倒すことあたはず。他領の貢稅を取りて、烏山の不足を補ふことあたはず。今各の求る所、一として我之を能せず。我が道を以て興復せんとならば、別に道あるにあらず。此の地の廢亡を擧げたる道を移さん而已。此の道他なし、唯烏山は烏山の分を守り、艱難の地に安んじ、國民を惠み、其の廢亡を興さん而已。然して各の欲する處に異なれば、假令我が方法を授けたりとも安んぞ其の成功を遂ることを得ん。之を止むるには如ざるなりと云ふ。菅谷某を始め的然たる明敎を感じ、彌々上下同心協力此の道を行はんとす。唯先生之を指揮せよと請ふ。先生止む事を得ず、烏山分度の基礎を定めんとして曰く、然らば先づ天分の基本を明にすべし。語に曰く、温レ故而知レ新と云へり。烏山領中の租税、豐凶十年を調べ、之を平均し、其の天命のある處を察し、向後の分度を定むべし。各古帳簿を持ち來りて速に調ぶべし。我亦其の至當を示さんと云ふ。大夫以下大いに悦び、直に烏山に歸り、再び櫻町に至る。先生烏山の有司數十人を陣屋に居らしめ、飮食衣服に至るまで心を盡し之を給し、數月にして豐凶十年の調べ成る。而して衰時天命のある處、自然の分度を確立して曰く、向後君臣共に之を守らば、必ず廢衰再復せん事疑なし。凡そ世の盛衰存亡興廢一として此より生ぜざるはなし。早く烏山に歸り君に言上し、群臣と共に之を決せよと敎ふ。大夫以下烏山に至り之を評議し、數日にして一決す。是に於て再三先生に興復の道を請ふ。先生再び米財を出し、烏山領邑の廢地を興さしむ。下民飢渴を免れ、大いに感激して開墾に力を盡し、一兩年にして舊來の廢地を開く事二百二十四町、出粟二千苞に及べり、先生曰く、烏山何萬の癈田、幾萬の借債ありと雖も、分外の産粟年々二千を得ば舊復の道難きにあらず。唯上下其の分度を守るの有無に由れりと、人々先生の仁心大智を驚歎せざるはなし。

【四】天性寺圓應和尚先生に鮎を贈る

天性寺住僧圓應和尚、先生の大德良法を仰ぎ、萱谷某と力を合せて百姓を諭し、勸農の道を說き、永安の道は先生の良法に止れりと、心を盡して之を導き、領民の安堵を求めて他念ある事なし。此の故に志を勵まし、力を仕法に盡すもの頗る多きに至れり。一時川流に網を張り、自ら川に入りて鮎を取る。人々之を怪み、殺生は佛の大に戒むる處なり。然るに菩提寺の僧として自ら此の殺生を爲すこと、豈本心ならん。和尚發狂せるもの歟と、大いに嘲り笑ふ。

或人問ひて曰く、貴僧自ら殺生をなす。何の謂れかあるや。圓應曰く、佛經に說く所大いに殺生を禁戒す。然れども愚僧の行ふ所は佛意に合へり。或人曰く、佛の戒を破りて其の意に合へりとは何ぞや。曰く、我が君凶年に當り數千の民命を失はん事を歎き玉ひ、二宮先生に救荒の道を求め、以て數千人を活せり。先生なくんば無罪の人民、空しく命を失はんこと必せり。我此の人の勞を聊か謝せんとすれども其の道を得ず。此の鮎を取りて先生に贈らば、先生僧の微志を賞して之を食し、少しく其の氣力を補はんか。彼の大人の氣力を補ふ時は、此の國の民必ず困窮を免るのみにあらず。君公以下其の心を安んじ玉ふべし。然らば其の功德豈大ならずや。此の鮎も大人の腹中に入り、其の元氣を補ひ、萬民の苦を除く時は、僅々たる生物身を殺して成佛せんこと疑ひなし。是の如くにして餘りあらば之を市に鬻ぎ代錢となし、窮民撫育の資金に加へん而已。是亦廣大の功德にあらずや。鮎の力何を以て人の艱苦を救ふことを得ん。今我に依りて無量の功德をなし、成佛する事を得。釋尊之を見玉はゞ、必ず手を拍ちて歎賞あらん。元より俗人の知る處にあらずと云ふ。他を省ずして許多の鮎を捕り、寺に歸り、僕に此の鮎を荷はせ自ら櫻町に至る。路人之を怪み、彼の僧鮎を多分に持ち往くは何事ぞやと誹る。圓應自若として聞かざるが如し。櫻町に至り、鮎を出して曰く、野僧自ら先生に呈せんとして此の鮎を取り持ち來れり。先生それ之を受けよ。先生其の意を察し悅び之を食せり。一二日櫻町にありて默然たり。卒忽として暇を乞ふ。先生曰く、和尙來ること豈啻ならんや。今一言なくして歸るは何ぞや。圓應謹みて答へて曰く、初來る時は我思慮の當否を問はんとす。先生の目前に在ること二日、胸中既に了然たり。先生を煩はすに足らず。烏山の處置既に決せり。必ず勞し玉ふことなかれと云ひて去る。先生歎じて曰く、圓應烏山に在りて國事を憂ひ、國家の大事を問はんとして此の地に來る。二日にして言語を待たず、其の事胸中に了然たり。今の時に當り、彼の僧の如きものは多く得難しと歎賞せり。和尙烏山に歸り、屢鮎を捕り、殘らず市に鬻て代銀となし、之を安民仕法入用の財に加へたり。後諸人も其の意を悟り、得難き知識なりと感ぜりと云ふ。

【五】先生烏山天性寺圓應和尙の寂するを歎ず

或時圓應和尙菅谷と共に櫻町に來り、先生に告げて曰く、先生の高德良法に依り衰廢極りたる烏山領中再興の道備はり、一藩は艱難に安んじ、面扶持を以て天命とし、飢民は必死の飢渇を免れ、大いに人氣一變し、積年の惰農頗る勤農に赴きたり。是の如くにして仕法を守らば興復の期も亦遠きに非ず。然るに相州厚木は烏山の領地にて一萬石なり。奉行代官をして此の地を治めしむ。元來土地柄野州に比すれば遙に上地にして五穀の實のり多し。是故に彼の地頗る富優のものあり。今烏山君臣共に先生の良法を行ふと雖も、未だ厚木領分に及ばず。一體の領分にして、其の一方は良法に依り興復の道を勤め、一方は其の仕法如何なる事とも辨へず。歳月を經ば是君德の領内に洽からずして、後日の憂たらんか。今兩人彼の地に至り、奉行代官は勿論領民一同へ、君惠民の志厚く、先生に依りて領邑を安んぜんが爲に舊復の道を行ふことを諭さば、彼必ず大いに悅びて仕法に力を盡さん。然らば烏山厚木共に人氣一變して興復の道速なるべし。又有志の者ども此の良法を聞き感發せば、窮民潤助の爲に資財をも出すことあらんと云ふ。

先生默然として良久しくて曰く、不可也。必ず其の往く事を止めよ。夫れ萬物自然の時あり其の時にあらざれば、其の事を爲すあたはず。百穀を生々を欲すといへども、春陽至らざれば蒔くことあたはず。若し寒中之を蒔く時は勞して益なし。豈益なきのみならん、却つて其の種を失へり。烏山時ありて今仕法行はる。厚木之を聞かば、必ず烏山に至りて之を問はん。然るに國君仁を施し民を安ずるの道を行ふ事を聞きて、未だ其の仁を慕はざるものは、彼の地興起の時至らざればなり。彼より來りて道を聞く時は之を諭すべし。是より往きて說くこと自然の道にあらず。强て彼の地に往く時は後日の憂たるべしと、道理を盡して之を止む。二人肯ぜずして曰く、先生の敎其の理至當なり。然れども如何せん兩人既に此の事を君に告げ、君命じて往かしむ。今止むべからず。只彼の地に至り、烏山領中再復の道を行ふ事のみを告げ直に歸るべしと云ふ。先生曰く、時を待たずして事を爲さんとせば必ず害あり。後、悔るとも追ふべからず。兩人唯々として退き、終に厚木に至り、數日彼の地に在りて烏山に歸る。時に厚木領疫癘流行し、人民の憂少からず。圓應菅谷兩人共に疫氣に感じ、烏山に歸るより大いに苦惱す、菅谷危しといへども快氣を得たり圓應和尙此の疾の爲めに沒す。

先生之を聞きて大に歎じて曰く、噫乎、烏山の事廢せる歟。圓應誠心を盡して、烏山一國の不幸なり。國家再復の道起れり。今我が言を用ゐずして沒せり。豈一人の不幸ならん。國の不幸なり。始め厚木に至らんとする時、我頻に之を止めたり。兩人の意厚木の富人に說諭し、財を出さしめんとするにあり。彼等國君の仁に感じ、貧民救助の志を發し、烏山に來りて其の道を求めば、是其の時を得たるなり。未だ其の時節に至らずして、是より往きて說諭するもの、豈是仕法の仁術ならんや。我が言に隨ひ彼地に往ずんば、此の憂なからん歟。然りといへども、烏山興復の時至らざるの爲す所か。一人の進退に依りて大道興廢す。如何ともすべからず。菅谷猶存せり。興復の道絕えたるに非ず。然して圓應と菅谷とは車輪の如し、今忽然として其の一輪を缺く、奚ぞ仕法の盛行を望まんやと、愁歎止まず。

【六】烏山仕法中廢菅谷放逐せらる

烏山領中の衰廢上下の艱難極まれり。先生の丹誠良法を以て、中の大饑に當り飢渇の民を救ふこと數千人、百年の廢地を擧ぐること壹百貳拾四町步、餘分外の米粟を生ずること貳千苞、兩三年にして是の如く國益顯然たれば、上下艱難の時に隨ひ國家の再興を待たば、舊復の道成就せんこと十年の內にあり。然るに天性寺圓應忽然として寂し、菅谷一臂を失ひたるが如く大息せり。仕法の道是より衰弱に趣けり。凡そ奸人たるもの、善道盛んなる時は其の意に阿諛して力を盡すが如し。少しく其の隙あるを見れば、之に投じて善道を破り、忠臣を妨害すること至らざる所なし。是和漢古今小人の常なり。圓應既に沒し、菅谷一人の指揮足らざる所あるを見て讒言を入れ、上君の心を惑はし、下國民の目を暗まし、仕法の爲に一藩艱難に迫れりと唱へ、藩士を煽動し、遂に仕法を廢し、開田貳百貳拾四町の出粟貳千苞を分內へ入れ、目前の艱苦を補はんことを謀り、突然として菅谷某を放逐し、分度を破り、良法を廢せり。

烏山仕法の初めに當り、先生菅谷に諭して曰く、古より國の爲に力を盡すもの、往々其の事を遂ぐるあたはず、中道にして讒人の爲に廢せらる、豈讒人のみの罪ならんや。忠臣も亦其の身を處すること至らざるが故なり。何となれば、國の衰廢艱難に當りて之を興し、之を安んぜんとするもの、何ぞ平常のものと共に其の祿を食み、其の身を安んじて國を興すの理あらんや。自ら祿位を抛ち、之を國家再興の入費に加へ其の身國中第一の貧者となり、終身の苦を盡し、上下の爲に千萬の勳勞を盡す時は、一藩之を視て恩祿を不足なりとするの卑心忽ち消し、領民之を見て飢寒の苦をも當然なりと覺悟し、唯自ら國の爲に力を盡すことの足らざるをのみ憂ふるに至らん。一國の人情是の如くならば、何の大業か成らざらんや。假令其の身の智足らずして過ちありと雖も、無祿にして萬人に先立ち、國の爲に心力を盡せるの勳勞は、讒人と雖も之を廢することあたはず。是大業を成し其の終りを遂ぐるの本原なり。惜哉、古人といへども此の道を踏まず。是を以て奸人の讒言を免れざるなり。子今國家の興復を遂んとせば必ず其の祿を辭し、無位無祿にて忠義を盡すべし。然らざれば賢人猶あたはざるの大業を平人にして成さんとす。其の成功の難き知る可きのみ。然りといへども家族あり、俄に恩祿を辭せば飢亡を免れ難し、烏山の出納に與らざる米粟、我より之を贈り、子の活計を爲さん。此の道を踏むことあたはざる時は、良法を發するも何の詮かあらんやと諭せり。菅谷大いに感じ烏山に歸り、祖先以來の祿百五十石を辭したり。君之を領中再復の用度に加ふ。先生之を聞き、其の祿に換はるの米粟を送り、菅谷奉仕の入費に充つ。而して常人何ぞ此の如き深理を知らん、知らずして人を誹るは凡庸の常也。是に於て人々菅谷を誹謗して曰く、笑ふべし、大夫菅谷恩祿を辭して二宮の扶助を受けたり。大夫は一國の仰ぎて其の指揮に隨ふ所なり。君祿を受くればこそ大夫なり、臣なり。其の祿なくんば流浪人と何ぞ異ならん。今、二宮の扶助を以て一家を立つ、是二宮の家來なるべしと嘲る。菅谷之を聞き歎じて曰く、恩祿を辭し興復の道を行ふ時は人之を感じ、人も亦之に則り、一藩皆祿を辭すること能はずと雖も、祿扶持の不足を憂ふるの卑心を消し、良法其の終りを遂んと思ひ先生の敎に隨ひたり。豈圖らんや人情此の如くにして、却つて誹謗談笑して我を輕侮せんとは。此の如くなる時は、祿を辭して仕法に益なきのみに非ず、其の害少からず、止るには如ざる也と、先生に問はずして又其の祿を受け、先生の贈米を辭せり。是菅谷一世の過にして、烏山の仕法中廢するの根元なり。

先生遙に櫻町に在りて此の事を聞き、大息して曰く、嗚呼烏山興復の時未だ至らざる歟、圓應既に沒し、今菅谷を殘せり。此の人辭恩の道を全くせば、興復の道此の人に依りて存すべし。辭恩の道を行はざるときは人菅谷を進退せん。何ぞ大業を遂ることを得んや。世人の毀譽に由りて心を動かし、行を變ずるもの、共に道を行ひ難しと云へり。果して天保某年に至り仕法を廢し、分度を破り、開墾撫育の用度たる二千苞を取りて之を國事の當用に費し、菅谷を放逐して他邦に退かしめ、領中に令して諸民櫻町に至ることを禁じたり、菅谷妻子を具し、他領鴻の山村里正十郎右衛門なるものゝ家に移り、之に寓して讒者の無道を怨みたり。翌年二月菅子忽然として櫻町に至り、先生に請ひて曰く、余不幸にして放たれたり。國家の道なきを如何にせん。忠を盡して讒者の爲に放たるゝもの古今少からず、又何をか悔んや。我が身は鴻の山の里正某舊識あり。故に食客となれば道路に立つの憂なし。唯歎くべきは我が弟某なるもの盲人にして江都にあり。琴瑟を敎ふるを以て業とし、活計の憂なかりしが、幕府天下の侈奢を制し、善政を布かせ玉ふより以來、琴瑟を學ぶもの少くして活計頓に窮す。我其の費用を與へて生養せしめたり。豈圖んや今罪なくして放逐せられ浪々の身となり、盲弟を補助するの力なし。我助けざれば彼生養の術盡ん。斯の如く窮するもの僅に二十金の借債あるが故なり。此の借債なき時は技藝の門人少しといへども、君より受くる所の扶持を以て活計を爲すべし。冀くは先生我が弟を憐み二十金を貸し給はらば、厚意の恩賚忘るべからずと云ふ。

先生默然良久して曰く、子當然の道を失ひたり。我今其の道を告げん。道理を聞きて然る後金を借らん歟。先づ金を借りて後に道理を聞かん歟如何ん。菅子曰く、某先生の敎を受くること久し。何ぞ金を得て然る後道を求んや。願くは夫れ至敎を聞かん。先生曰く、嗟乎子過てり古語に曰く、進而思レ盡レ忠退而思レ補レ過と、是れ人臣の常道にあらずや。子重恩の君に逐はれ、自から過ちなしとして其の過を國に歸し、更に悔ゆるの色なし。夫れ忠臣の行ひ國に幸福あれば其の幸福を共にし、憂患あれば又其の憂患を同くし、國家を憂ひ、下民を憐むこと何ぞ身の進退に由らんや。進みて憂ふるもの退く時は、其の憂必ず十倍するもの忠臣の心なり。子烏山の大夫となり、其の政を執りて其の國の憂を除くことあたはず。又其の民を安んずる事あたはず。申の大凶に至り、飢民罪なくして死亡を免れざるもの數千人、子百計之を救ふの道を得ず。何の緣由もなき我に救荒の道を請ふといへども、我之を救ふべきの職にあらず、故に再三辭すれども、子强て歎談止まず。誠に民を憐み、國を憂ふるなりと思ひ、肺肝を碎き、救荒の道を施し、繼いで國家興復の道を求るが故に萬苦を盡し興復の政を示したり。是何の爲ぞや、子の忠心を感じ共に心力を盡せしにあらずや。祖先以來幾百年君となり、臣となり又大夫となり、君恩を受くること泰山の高きも比し難き子の身として、用ゐらるゝ時は國を憂ひ、用ゐられざる時は漠然として顧みず、君を非とし、臣下を怨み、他邦にありて其の國の危難を度外に置かば、何の恩もなく緣もなき我等何の爲に數千金を抛ち烏山の民を救ひ、其の土地を開き、上下永安の道を施すの理あらんや。恩もなく緣もなき我をして烏山の爲に心力を盡させ、大恩を受けたる君臣の義深き子は身退くが爲に國家の憂を顧みざるものは亦何の心ぞや。今烏山不幸にして國家再盛疑なきの道を廢し子を退けたりと聞しより以來、烏山上下の爲に憂勞して更に寢食を安んぜず日夜烏山侯の過を悔い再び國民を憫み衰廢の憂を除き、上は忠孝を全くし下は國人を安んじたまはんことを祈るの外他念なし。且思らく我猶斯の如し、況や子に於てをや。子退られ定めて國家の道を失ひし事を憂ひ、君の仁心を遂玉ふことのあたはざるを歎き、臣下の忠義ならざるを憐み、下民の困苦を免かれざるを哀れみ、上を怨みず、人を咎めず、興復の道中廢せしは皆我が一身の誠心足らずして行ひ缺たるが爲なり。仰ぎて君恩を報ずることなく、伏して困民を救ふことあたはず誠忠足らずして退けられ一家祖先への不孝亦輕からず、假令退らるゝといへども日夜過を補ひ、一身こそ退去すと雖も心は頃刻も烏山を離れず。君若し再び仁政を布かせ給ふ時至らば、不忠の罪を謝し、身命を抛ち精忠を盡し、發願の志を遂げ君の苦心を安んじ、其の仁心を擴め、國民の窮苦を除き仁澤に浴せしめ、永く國家の憂なからしめんと、起ては肺肝を碎き臥しては思慮を盡し、暫時も過を補ふの念慮を失はざるならんと思ひしに、豈計らんや今日漠然として人臣の大義を忘れ區々たる親族の姑息に惑ひ、盲弟を助力せよとの請を聞かんとは。子斯の如き淺々たる心なればこそ興復の道廢し、身も亦退けらるゝに至る。是烏山諸臣の罪にはあらず、皆自ら之を招きしにあらずや。此の時に當り、子苟も忠義の心あらば自ら責め自ら悔い、一身の艱難深からざるを憂ひ、道路に立つも猶罪を贖ふに足らずとせんか、然らば妻子一族も共に子と同じく困苦を甞め、烏山一國上下の貧困を救ふことあたはざるが故に、我等飢渇に及び道路に斃るるも當然なりとせば、身退けられたりといへども其の忠心の馨ばしき事誰か感ぜざらん。誰か此の志を憐まざらん。烏山道なしといへども子を退けしを悔ゆるの時あらん歟。然らば盲弟活計便りなしといへども、子の志を聞かば假令食せずして斃るるとも何をか求め何をか怨みん。斃れながらも烏山再盛の道生じ、兄の忠義再び立たんことを祈らん。何の暇ありて己の補助を流浪の兄に求めんや。假令愚蒙にして求むるとも此の正理を以て厚く敎へ、共に艱苦を蹈ましむることそ兄たるものゝ道にあらずや。然るに國家を憂ひ過ちを悔ることは一言もなくして盲弟而已を助けんとし、其の費用を我に求むるは本末輕重を失ひ、姑息に流れ、人臣の大義を忘れたるにあらずして何ぞや。一人の心は誠に僅々たるが如しといへども其の至誠に至りては鬼神之が爲に感じ、天地の大なるも之が爲に感動す。夫れ烏山の大饑に當り國民飢亡の憂ひ旦夕に迫れり。然して上下の窮厄既に極り、倉廩空虚にして千慮百計之を救ふの道なし。子斷然として救荒の志を發し心に誠に之を求めしかば、我應じて以て數千人の飢者を救ひ、續いて荒蕪を擧げ撫恤の道を施し、禍を轉じて國家の大幸を開きしは、全く子の誠心より發りしにあらずや。然らば此の誠心を益瑳き、我が言に差はず恩祿を辭し、我が贈りし米粟を食みて以て忠勤怠らざる時は、君の擧用彌々盛んに、功業も亦日々に顯はる。奸人ありといへども何れの處に言語を費すことを得ん。假令讒者言を放つといへども誰か之を信ぜんや。此れをこれ行はずして一旦辭せし祿を食み、身の進退を優かにして事を爲んとせし過ちより終に國家の大幸を失ひ、上下の大患を生ぜし事なれば子の退けらるゝもの亦宜ならずや。退けらるゝといへども未だその過を顧みず、罪を國家に託して悔ゆるの心なく、又憂ふるの誠なし。斯の如くにして歳月を送らば烏山再盛の道彌々絶せんこと疑ひなし。子一旦誠を發する時は興國の惠政行はれ、誠を廢する時は再盛の道も亦廢せり。烏山の安危は子の誠不誠にありて他にあらざること之を以て見るべし。子は國の臣下を咎むといへども彼何の罪かあらん。若し彼此の言を以て子を詰らば、子何の言を以て辨ずるや。且子聊かも我が辛勞を察せば專ら過を改め、烏山の再興を祈り、至誠を顯はし、再び道行はれ積勞空しからざる時至らば當方にも來るべし。左なき内は我が面を見るも忍びざる心あるべし。何ぞ計らん、我の苦心、子の忠孝も共に廢し、又來りて盲弟を我に救へよと請はんとは、假令姑息の愛を以て子の弟を救ひ與ふるとも、何を以て盲弟獨り全き事を得ん。是れ我が痛歎する處なりと。

菅子漸汗衣を沾し再拜して曰く、嗟乎過てり嗟乎過てり、某愚なりといへども嘗て道を聞けり。是何の心ぞや、思はざりき道を失ふの斯に至らんとは。今先生の至教を得て姑息の惑盡く開散せり。愚蒙なりといへども豈服膺せざらんや。劣弟窮するは固より其の分なり。何ぞ之を憂ふるの暇あらんや。願くは先生某の失言を恕し玉へ。是に於て先生二十金を出して曰く、子の志差ふが故に烏山の道の絶んことを歎き、當然の道を告ぐる也、今子發明せば幸なり。則ち二十金を持ちて去れ。管子驚き辭して曰く、是れ何の事ぞや。某愚にして大義を失せり。先生の至教に因りて過を知り改めんとす。何ぞ過を遂ぐることをなさんや。先生曰く、子の惑ひ散ずといへども盲弟何を以て解せん。且子我が言を聞かざるの前に當り盲弟を諭さば可なり。既に心を同くし、相約して共に我に借らんとす。江都に於て日々に之を期して待たんこと明かなり。今子大義を知るといへども何を以て俄かに弟の惑を解かんや。惑解せざる時は兄弟の約變じて怨の心を生ぜん。是も亦不可なり。それ速かに盲弟に送れ。

管子止むことを得ずして之に隨ひ金を持ちて去る。先生門下に告げて曰く、嗚呼歎くべし、菅谷の過今其の惑開けたりといへども、盲弟を諭すに金を持ちて教へざれば艱難に迫りし弟何を以て道理を解せん、我是を以て金を贈れり。然れども管子能く大義を諭すや否や、將再び姑息に流れ道を失ふの處置なきを必し難し。人々道を蹈むの難きこと斯くの如し。二三子夫れ之を鑑み、一身の進退を過つこと勿れ。一身過つ時は一國の憂ひとなり、一身道を蹈む時は一國の幸となる。一身の進退亦大ならずやと。先生人に接する每に其の誠心斯の如し。

烏山良法を廢し、菅谷を放ち、謀を得たりとし、専ら負債を以て目前の不足を補はんとす。國民之を怨み、人氣亦大いに衰へ、荒蕪の地再び生じ、貢税も亦減ぜり。上下の困窮彌迫り如何ともすべからず。某の年に至り烏山侯仕法を廢し菅谷を放ちたることを悔い玉ひ、大夫大久保某を以て再び仕法を先生に請はしむ。先生曰く、烏山の仕法菅谷に始れり、今何國にか在るや。大久保某答へて曰く、彼罪ありて放たれたり。先生曰く、君其の初に菅谷をして道を請はしむ。予之に道を傳へて以て君意を達せんとせり。其の人罪あらば何ぞ某に一言を通じて然る後放たざるや、道の爲に力を盡せしものを如何に家臣なればとて某に告げずして進退し玉ふこと、其の意を得ざる處置といふべし。加之今又國家の仕法を再び興さんとするに、方法の本末を知らざる人に談ずるとも何を以て其の事を擧ぐるを得んや。先づ仕法を再び興さんとせば菅谷より始むべし。我其の他を知らざる也と、大いに之を誡む。某唯唯として退き、先生の言を以て君に言上す。君曰く、誠に然り。速かに夫れ菅谷を歸參せしめよと。是に於て衆吏之を議し歸參せしむるに月俸十口を以てせんとす、大久保某來り先生に告げて曰く、我が君先生の言を聞き速かに菅谷を歸參せしめ、之に與ふるに俸十口を以てせんとす。先生曰く、是我が聞くべき言にあらず。眞に罪ありて菅谷を放たば、本より歸參の道あるべからず。罪なくして之を放たば、今歸參せしむるは君自ら過を改め玉ふにあらずや。君過を改めて菅谷を呼ばんに、何ぞ十口の扶助を以てするや。元百五十石なる者は世祿なり。申の大凶に當り、一身を抛ちて我に撫育の道を求め、飢民を救ひ、爾來仕法を以て國益を擧ぐること少からず。是皆菅谷なくんば我之に應ぜんや。然らば菅谷の功豈淺少ならん。罪なくして功あり。之を放てるは烏山君臣の過なり。今其の過を悔い、之を返さんとならば、前功を賞して別に加祿あるべし。左もなくば菅谷烏山に歸るも何の益かあらん。歸參を止め、仕法の再興を廢するに如ざる也との理解あり。某大いに感じ、此の言を以て君に告ぐ。是に於て五十石の祿を加へ舊祿に合せ、貳百石を以て歸參せしめたり。菅谷國に歸り、再たび良法を開かんとす。時に天保十三壬寅年幕府命ありて先生を登用す。公用繁多にして諸侯の國家興復のことに心力を勞するの暇あらず。弘化某年菅谷疾に罹りて歿せり。遂に烏山再興の道廢せり。國人其の時を失ひたることを歎きたりと云ふ。

高慶曰人主勤於爲政而厚於恤民雖遇凶歉民未有遽陷於死亡之禍先生之於三邑當凶年饑歲民之饒於奉養有過平時無他以惠政浹洽而貯蓄有餘也。如烏山則不然平居猶無救其窮一旦遇凶荒窮厄亦極矣。於是圓應發憤與菅谷謀造櫻町從先生問救荒之道執志甚固。先生亦愍民無罪而罹飢亡之災投以撫恤之方。由是存活者數千百人更定分度償負債闢荒蕪生財於國計之外復廢頽之業立矣。然一不從先生之教而圓應殞レ命再不レ從二先生之敎一而菅谷擯黜。其后更由二先生至誠一將二復擧レ之而菅谷亡歿。於レ是乎良法廢棄不レ得二復擧一也。嗚呼自レ古國之盛衰存亡要二存乎其人一。有レ若二圓應菅谷一則其政擧二人斯亡遂不レ能レ全二其終一命也夫。

【七】相州伊勢原驛加藤宗兵衞先生の敎を受け一家を治む

斯に相州大住郡伊勢原宿宗兵衞なるものあり。茶を賣りて、渡世とせり。田圃數町歩を有し、之を農夫に耕作せしめ其の田德を得頗る家富めり。其の性柔和にして慈愛の心あり。是を以て驛內も宗兵衞の言を信ず、曾つて心學を好めり。心學の友たる駿州御厨竈新田村平兵衞なるものあり。善人にして人の憂ひを聞く時は身を顧ず之に赴き信義を盡せり。平兵衞以前小田原に於て先生に見え敎示を受け、大いに感動して益々人の爲に心を盡し、善を行はんことを欲す。

一時宗兵衞平兵衞に語りて曰く、我兄弟三人あり兄を芳助と云ふ。故ありて他家を繼ぐ。弟を爲藏と云ふ。篤實にして能く父母に事へ、某にも悌たるの行ひあり。

老父甚だ之を愛す。某父の意を察し、弟をして此の家を繼しめんことを請ふといへども父之を許さず。分家となし永く本末の親みを厚くせよと云ふ。是に由て我家財金銀悉く其の半を分ち、又田圃も均しく之を別ち與へ、新に家を作り之を分家せんと欲す、可ならん歟、平兵衞之を聞き沈吟すること良久うして曰く、父の愛せるを以て家を讓らんとすれども父之を許さず。故に一家を中分し其一を與へんとするは至當の道に似たりといへども全一家の大事なり。余が如き不才のもの〻可不可を決すべきにあらず。子未だ知らずや野州櫻町に二宮先生あり。既往を考へ未發を悟り身に仁義の道を行ひ口に聖賢の大道を說き衰廢再興の道を以て舊復安堵を得たる者幾千萬家なるを知らず。予曾て敎へを受たり。子此の先生に就て其の是非を問はば必ず兄弟共に道に至らんこと必せり、若し予が言に隨はんと欲せば予と共に野州に往き敎へを受けよと云ふ。宗兵衞聞きて大いに悅び父に告げて野州櫻町に來れり。先づ平兵衞此の由を以て先生に問ふ。先生曰く、宗兵衞なる者來れるか。曰く然り。是に於て宗兵衞先生に見ゆ。先生曰く嗚呼汝過れり、父の末子を愛して之に財を分たんとするは、是目前の愛情而已にして後年の憂ひを知らざるが故なり。今は父子なり兄弟なり。一家を譲りたりとも、家財を分ちたりとも父子兄弟何の子細かあらんや。後世子孫に至る時は本末の名而已にて他人の情に彷彿たるべし。世上の本末小利の争ひより事を生じ、互に仇讐の思ひをなすもの少からず。今宗兵衛家財田地を分ち与へ、弟為蔵の家貧にして分ちたるものをも子孫に存することあたはざる時は無事なるに近し、然るに為蔵の人となりを聞くに篤實にして財を費さず賣買の才は却て兄に増れりと。左あれば彼必ず一家を富さんか、若し宗兵衛の子なるもの為蔵に如ずして家事窮することあらば、家の財を分ち分家せし故に此の家衰へたりと叔父を怨るの心を生ぜん。為蔵の子たる者之を聞かば從弟の所行の足らざる事を云ひて、其の怨望を憤るの心あらん。然らば其の憂ひ遠きにあらず。一易互に怨心を發することあらば、子孫代代怨望の心而已増長し本末の好みを失ひ、祖先までも非とするに及ばんか。是凡情取るに足らざる事と雖も、賣利を以て主とする商家何ぞ代々互ひに相讓るの賢人を生ぜんや。凡夫にして凡夫の情に隨ひ一方困窮に及ばゞ是より怨望相爭ふに至らん、甚しきは之が爲に本末共に家を覆へすに及ばんか、今汝の意の如くして必ず世々此憂ひなき時は幸ならん。若し斯くの如き禍となならば今の慈愛は子孫の大害にあらずや。子孫の害を防がんと欲せば必ず家財を分つ事なかれ。爲藏なる者に一金をも與へずして、獨手に家を起さしむるとも一身の丹誠を以て之を爲さんこと難きに非ず。一人の力を以て家を興さば、本末何の憂ひをか生ぜんや。自力に事を爲すべき爲藏に一家を分ち與へ、代々の憂ひを殘さんとするは目前の愛に泥みて慮り足らざるの過ちなり。然れども今分家せんとするに働きありといへども爲藏一金を得ずして物の元資とすべきものあるべからず是故に我二十金か三十金を無利息にて貸與へ、一家を興さしむべし。必ず一物も生家の財を分つべからず、汝の父愛情により財を分てと云はゞ予が言を以て之を諭すべし、必ず其の心を安んぜんこと疑ひあらずと教誨す。宗兵衞平兵衞大いに感じ、先生の深慮且恩惠の厚きを謝し家に歸り具さに父に告ぐ。父も亦大いに感動して爲藏に告ぐ。爲藏大いに悅び此も道を以て一家平安を得たりと云ふ。

巻之四

【一】先生大礒驛川崎屋孫右衛門を教諭し廢家を再復す

茲に東海道大礒宿川崎屋孫右衛門なる者あり。先祖より穀商賣を以て渡世とし、頗る豪富の名あり。性吝嗇にして慈仁の心薄く、專ら利益のみに心を盡せり。人之を呼びて仙臺通寶と云ふ。其の所行一僻にして他の言を用ゐず、財優かなりといへども他を憐まざるを以て、世上不通用なりと譬へしなるべし。

于時天保七申年夏冷氣大いに行はれ、日々曇天にして晴日稀なり。是を以て五穀實らず、歳大いに饑う。關東奥州尤も甚し。諸民百計食を求むといへども得る處なく、或は離散し或は道路に斃る。生民の悲歎何ぞ之に加ふるものあらんや。幕府深く萬民の飢渇を憐み、巨多の米財を散じ、江都の飢者を救ひ玉ふ。諸國有志のものも多少各其の分に應じ、飢民救助をなすもの少からず。然れども救ひを出すもの限りあり、飢を病むもの益々多く月を經るに隨ひ飢亡彌々多し。平生無賴の者共衆を煽動して曰く、此の如くにして日を送らば、空しく飢亡に及ばんこと言語を待つべからず。夫れ富家多分の米財を握り一家の憂ひなきを以て、他の困迫死亡を憐むの心なく安坐して傍觀す、惡む可きの至りにあらずや。徒に死を待たんよりは寧ろ彼が不仁の家を破却し、其の握る所の粟と財とを蹈散し、一旦の愉快を取つて死せんには如ざる也と。素より死亡に瀕するもの往々之に雷同し群起して、富豪を毀ち其の器財米粟を微塵になすもの數ふるに暇あらず。大磯宿は平年猶貧困を免れざるもの多し。況や此大饑をや。或もの孫右衛門に請うて曰く、計らざりき饑饉の患此の如きに至らんとは。冀くは宿内の困苦を憐み、當年の相場定めより壹斗丈の價を減じ賣給らば、其の惠少からずと云ふ。

此時に當り孫右衛門江都に出で穀價を尋ね、其高下に隨ひ諸人の爲に價を減じ之を賣り出さんか、將救助の爲に粟を散ぜんかと、思慮未だ決せずして家に歸らず、番頭伊三郎なるもの答へて曰く、今主人江戸にあり、某の得て處する所にあらず。近日主人必ず歸らん、然らば其の望に應ずべしと云ふ。或もの去り、別人又來りて再三之を請ふ。伊三郎答ふるに前言を以てす。驛内彌々憤怒し、彼平生貪吝にして曾て慈悲を知らず。今家にあらずして江都に出るは、利を貪らんが爲なり。哀を請ふと雖も何の益あらん。彼を始め宿内の富家を悉く破却して、彼等が膽を冷さしめん。何ぞ是非を論ずるに及ばんやと。一人之を唱ふれば諸人之に同じ、數百人耒耜又は鳶口と唱ふる物を振ひ、夜に入り一時に亂入し、同音に怨恨の情を呼はり、力を極めて家藏を破り器財を碎き米粟金錢を散亂す。道路之が爲に壅塞し、往來のもの通行することを得ざるに至れり。器として破らざるはなく、物として毀さるはなし。妻は子を負ふて逃れ、伊三郎も大いに驚き走り去る。諸人毀ち終り、又他に往きて富家一二戸を破り、愉快を呼びて各家に歸れり。

孫右衛門卒忽として家に到れば、家屋悉く毀たれ米粟器財土泥に散亂せり。愕然として其の無道を怒り憤怨骨髓に徹し、速に官に訴へ亂暴の者を罪し、此の怨恨を散ぜんとするの外他事なし。既に此事官に聞せり。官屬吏を遣り、驛人を諭し或は戒め、然後孫右衛門を捕へて之を禁獄し、詰るに饑饉の憂ひに罹り驛人危亡に瀕せり、汝財に富み粟を積み曾て憐愍の心なく、遂に此亂暴を起せり。汝聊か慈心有らば何を以て此の動亂を開かんや、其の罪皆汝の身にありと云ふを以てす。孫右衛門救助の道を行はんとせしに、其發するを待たずして破毀の亂暴に及べりと言上すれども、官益々其の等閑の罪を責めて之を許さず。同年某月暴風砂石を卷き、一天之が爲に暗し。時に驛内失火忽然として火盛に風烈しく、孫右衛門破家散亂の米粟器財盡く燒亡す。妻子の悲歎既に極る。妻歎じて曰く、嗚呼如何せん家屋は人の爲に毀たれ、良人之が爲に罪人と爲りて獄屋の苦を受け、今又大風烈火殘物を燒く、災害の頻りに至ること何ぞ此の如きや。二子を抱て曰く、以後何を以て此の子を育せんやと、大いに涕泣す。伊三郎言を盡して之を慰し、主人罪なきが故に今歸り給はん、然らば諸事共に談じて、必ず憂ひなからしめんと云ふ。妻が心何を以て解せん、憂心の餘り遂に病に臥して食進まず、二兒枕上に在りて泣く。伊三郎夫妻共に心を盡し、醫を招き之を療すれども遂に起ず。病こと數月にして死す。孫右衛門獄中に在り此災害を聞く每に憤悶甚しく益々驛人の暴を怒り、且官の亂人を捕へずして破却の禍を受くるものを禁獄すること豈公平の處置といふべけんや。今に我此の獄を出でなば、身を粉に碎くといへども怨を驛人に報ぜざるべけんやと。日夜憤涙を流して切齒すること殆ど狂人の如し。官彌々之を許さず入獄三年に及べり。

伊勢原驛宗兵衛なるもの曾て先生の至教を得て其の家を全くせり。孫右衛門の妹某を娶り妻となす。宗兵衛性溫柔にして慈心あり。孫右衛門の家破却禁獄三年、禍災並び至ることを歎き、百計之を救はんと欲すれども其の道を得ず。遙に野州櫻町に來りて、困難を陳述し涕泣して教へを請ふ。先生歎じて曰く、豈是一朝一夕の故ならんや、其の禍由て來る所遠し。世上富家の滅亡すること往々斯の如し何ぞ人力を以て之を存することを得ん。予孫右衛門一家の事跡を知らずと雖も、其富を致すに必ず自然の道を失ひたることあらん。凶荒の年に及び破却の禍に遇ふ者往々有りと雖も、此の如き災難輻輳するもの稀なり。是に由て之を觀るに、其の禍の根元も亦必ず深し。彼代々米穀を以て渡世とすと、然らば天明卯辰兩年の凶荒に當り、多分の米粟を高價に鬻ぎ大利を得て以て家を富し、計策を得たりとして積善の行なかりしが、人の禍を得る時は之を憐み之を助くるの道あるを以て人道とせり。人の憂ひある時に當り我獨り利を貪るものは、天の廢する所なり。鳥獸といへども其の類の悲鳴を聞けば、之を哀むの心あり、況や人に於てをや。果して然らば、則ち孫右衞門の家廢亡速なるべし。然して凡そ六十年を保ち此の凶年に至りて廢するもの久しといふべし。其の久しきものも亦其の由來あり。祖先必ず陰德あらん。是を以て保てるのみ。今陰德既に盡き、天明度他の憂ひを憐まず獨り己れが利を得たるの禍、此の時に發し、家產悉く他人の爲に破られ、加ふるに火災病難共に來れり。是に於て孫右衞門猶其の身の罪を知らず、人を怨み身を亡すの道に走り、一家人物共に盡く廢亡せざれば止むべからず、獨り孫右衞門の罪のみにあらず。其の禍福吉凶必ず其の根元ありて生ず、何の疑かあらんや。孫右衞門自ら責るの道を知らず。專ら我を善とし驛人の破れるものを怨む。官其の罪を知らしめんとして之を戒め玉ふの仁心をも察せず。偏頗の處置なりと是をも怨望するの念あり。此の如くならざれば滅亡に至らざるが爲也。夫れ天地間萬物一理、瓜を植うる時は必ず瓜熟せり、何ぞ瓜を植ゑて茄子の實のる事あらんや。五穀各其の人の植うるに隨て熟せり。往古以來一草と雖も、其の種を變じて生ずるものを聞かず。何ぞ孫右衛門獨り善を植ゑて惡の實のりあらん。必ず一家廢亡の種を蒔き、今其の實のりを得たるにあらずや。汝親族の故を以て之を救はんと欲するは人情の當然也と雖も、此の如き禍に乘じ以何なる救助を盡さんとするも、豈之を救ふことを得ん。實に憐む可きの至りと雖も、如何ともす可からずと諭さる。

宗兵衛大いに此の至敎を感じ、且禍福吉凶存亡の由て起る處歷然たるに驚き、大息して曰く、先生既往の事を說き玉ふ、何を以て此の如く著名なるや。孫右衛門の家天明度凶荒の時より興り富を保てり。原因此の如くにして廢亡を免れ難きは的然也と雖も、今之を救ふの道なしと宣ふものは、我誠心足らざるが故にあらずや。曾て敎へを聞けり、廢家を擧げ禍を福に轉ぜんもの只一の至誠而已、知謀術計の及ぶ所に非ずと。今彼を救ふの道あらば、一身の力を盡して辭する所あらず。先生愚蒙の悲歎を憐み、一教を示し玉へと再三請うて止まず。先生其痛歎の情甚だ切なるを愍み、再び教へて曰く、汝一身に換て彼を救はんとすること殊勝なりといへども、非常の災害を除かんとするに微力を以てす。是大石を動さんとして細縄を用るが如し。然れども再三の哀みを告ぐ、予之を見るに忍びず。今爰に一道あり、汝それ能くせんか。宗兵衞答へて曰く、必ず之を行はん。先生曰く、汝が妻は孫右衞門が妹なり、親族是より近きはなし。兄の捕はれを哀み、生家の危きを悲むや否や。對へて曰く、悲痛某に倍せり。曰く、然らば身に麁衣を着し、口に麁食を喰ふか。曰く敢て然するにあらず。曰く、誠に哀む者食味を甘せず、衣觀美を爲すに忍びず、伏して寢ぬることあたはず。今實兄獄中に困しみ、生家の滅亡旦夕にあり、然るに憂心の薄きは如何。宗兵衞答ふる能はず。先生曰く、假令憂心切なりと雖も、一の女子何ぞ其の至當の道理を知らんや。汝彼に教ふべし。生家の癈亡近きにあり、之を救ひ共に艱苦を同じくせんか、骨肉の兄此の如きの艱難に及べり、假令救助の成不成は測り難しと雖も、今斯に於て艱苦を共にすべし。兄寒しといへども之を凌ぐことあたはず。飢ゑたりといへども飽食を得ず。汝今より口に麁食を食ひ身に悪衣を着し、生家より持ち來る所の衣類器物悉くこれを鬻ぎ、これを以て生家再復の一助となすべし。此の代銀些少なりと雖も、汝兄と共に艱苦を盡し、生家を安ぜんとするの誠心斯に立つ時は、是よりして兄の禍を免るべきの道を生ぜんと諭すべし。若し汝の妻之を聞き速に其の所行を立つる時は、彼を助くるの種とならんか。夫れ僅々たる一粒、之を蒔く時は年を經て高木となる。人の誠心一旦感發して止まざる時は至誠天を感ず。豈一婦人の誠心兄を救ふの道なからんや。汝妻に道を示し其の誠を立しむることあたはずんば、餘事亦何をか論ぜん。是汝が分量の及ぶ所を以て告ぐる而已。速かに之を行ふべしと教ふ。宗兵衛再拜して大いに悦び、速かに家に歸り此の事を行はしめんとす。

其の歸るに臨みて先生又告げて曰く、汝の妻能く此の事を行ふ時は直に人をして汝の妻實兄孫右衛門が災害を歎き、寢食を安んぜず。此の如きの所行を爲して、再たび兄の安堵に至らん事を心願の外他事なきよしを孫右衛門に告げしむべしと云ふ。宗兵衛三拜して家に歸り、妻に告ぐるに先生の教へを以てす。妻素より貞順、一たび此の道を聞き大いに感じ且悦びて曰く、妾が一身の所行より遂に兄の禍を免るべき道あらば、一命を拋つも尙言ふに足らず。況や此の事をや。速かに衣類器財一物をも餘さず沽却して代金と爲す。是に於て宗兵衛の兄芳助なる者をして官の獄に走らしめ、竊かに孫右衞門に告ぐるに先生の至教且妹の所行を以てす。怨憤盛怒の孫右衞門之を聞き慚愧の心始めて生じ自ら悔い、自ら我身の罪を知り、覺えずして淚袖を沾せり。是禍源此に轉じて良善に歸するの始なり。是より後日々に其の身を省み、官を怨み驛人を憤るの心消し、朝夕往々我身を責むるの言語を發す。官之を聞いて孫右衞門既に已れの非を知れり、罪を免し家に返すと雖も後難ある可からずとなし、猶厚く敎諭を下し其の罪を免ず。是に於て入獄以來三年にして家に歸ることを得たり。先生の深慮慈仁遠大也と云ふべし。孫右衞門家に歸り見れば、二兒亡母を慕ふて涕泣し、伊三郎嗟歎して火災以來の艱難を告ぐ。孫右衞門一旦先非を悔ゆるといへども、目前此の有形を見るに及んで怒氣再たび胸を焦し、嗚呼予此の如きの災に罹ること誰の爲ぞや。驛人等が無道を以て我が家屋を毀ち、我をして此の極に至らしめ、彼等安然として坐せり。豈此の儘に手を束ねんや。如何にもして此の怨を散じ家を再盛し、此の恥辱を雪がずんば、何の面目ありて世に立つことを得んと、憤怒に堪へず。

孫右衛門の妻は相州三浦郡浦賀宮原屋與右衛門の娘なり。是も亦豪富にして浦賀に一二を爭へり。與右衛門縁者宮原屋清兵衛なるもの頗る才智あり。二人共に大磯に至り、共に力を合せて恨を報い家を興さんことを謀れり。宗兵衛此の計を聞き意中大いに悲しみ妻の誠心も無に歸せんことを歎くといへども、一人の力足らずして之を諭すことあたはざるを知り、一計を設けて孫右衛門宮原二人に告げて曰く、驛人に怨を返し且大破の家を再盛せんとするは中々尋常の事にあらず。何を以て此の大事を遂げんか。我が輩の知らざる所なり。夫れ野州二宮先生は其の人となり凡庸の議すべきにあらずと雖も、今其の大略をいはん。小田原の太守賢明にして先生の徳行を聞き玉ひ、田間より之を擧げて末葉宇津某君の采邑衰廢再興の仕法を任じ給ふ。先生命を受け野州に至るより以來身命をも顧みず、日夜力を盡して百姓を撫育し其の廢地を開き、十年餘の丹誠により彼の地殘らず舊復せり。隣國の諸侯之を聞き郡邑の再興を依賴す。其の性仁恕にして自他となく人を惠むこと子の如く、加之良法を以て、如何なる廢家亡邑たりとも厚へ仁術を請ふ時は、其の艱難を見るに忍びず。多分の無理息金を賑貸し再復の道を立つること、是まで幾千家なるを知らず。誠に無双の仁者といふべし。今彼の地に行きて此の艱難を具陳し、再復の道を請はゞ、先生深く慈心の心を發し、請に應じて必ず道を敎へ、再興資金千兩を貸與へん。然らば無利息金を元となし、何れの賣買をもなすべし。必ず家を復せんこと疑ひ無からん。此の如き名人あるを知らずして、平常の計を以て此の廢家を再盛せんこと余が知らざる所なり。若し各先生に道を求めんとならば、予曾て敎へを受け師弟の緣あり。故に予先立つて歎願せんと云ふ。

孫右衛門笑ふて曰く、世人己れの利を計る者と雖も、猶予の絕窮を見ば高利の金も貸すべからず。然るに無利息の財を以て人を救ふものあらんや。果して之あらば必ず別に利とする處あらん。子の言に從ひ此の如く危地に近附くべきやと云ふ。浦賀の二人も大いに先生を疑ひ決せず。宗兵衛再言して曰く、先生不凡の大人何ぞ平常の事を以て疑はん。若し各の察する如きの人ならば速かに止めん而已。若し請うて先生許容あり、千金を借り家を興すことあらば大幸にあらずや。未だ其の人に逢はずして之を疑ふ何の詮かある。各予に誑かされたりとして試みに往き之を求めよ、何ぞ一往來の爲に大幸を廢せんやと。孫右衛門猶疑ふて決せず。浦賀の二人可なりと答ふ。然れども未だ果さず。時に某年小田原公の命に由て、先生相州足柄上郡竹松村に至り貧邑再復の道を行ふ。大磯宿より道程十餘里、宗兵衛此の事を聞き、時至れりと悦び、再び孫右衛門に往き敎へを受けんことを告ぐ。浦賀二人も共にこれを勸む。孫右衛門思へらく、一度往きて無利息金を借ることを得ば、忽ち家を興し驛人の目を驚かし、彼等が無道を報ゆるの道あらんか。先生如何なる人なりとも、無緣のものに大金を貸さんこと思ひもよらず。然れども緣者の言も棄難し。行きて之を試みるには如かずと。始めて之に同じ共に竹松村に至れり。

邑の里正を幸内と云ふ。先生は此の家に在りて道を行ふ。日既に西山に迫れり。先生浴室に入りて沐浴す。時に孫右衞門緣者と共に來り、艱難に陷り已むを得ずして一家再復の良法を請はんが爲に來れりと云ふ。里正答へて曰く、今先生入浴し玉ふ。後刻閑を得ば此の事を告げんと。先生浴室に在りて之を聞き、思へらく、孫右衞門なるものは容易に道に入る可き者にあらず、何ぞ直ちに彼を來らしむるや。定めて宗兵衞凡情に漂ひ、前後の思慮なく同道せるならんと意中甚だ不平、潜に浴室より外面へ出で、獨歩して二里餘を隔てたる下新田村小八なるものゝ家に至る。夜已に三更なり。小八大いに驚き先生を迎へて曰く、夜中獨歩此に來り玉ふ何の故ぞや。先生曰く、大磯孫右衞門緣者と共に來れり。彼は甚だ難物也。予之に逢ふことを欲せず、故に來るなりと遂に小八の家に宿す。府松村幸內、先生の入浴久しきを訝り、往きて之を見れば先生浴室にあらず。愕然として近傍を求むれども得ず。時に村民多く幸內の家にあり、皆驚き邑中に走り求むれども、先生の所在を知らず。幸內曰く、此の邑の衰貧を救はんとして先生日夜勞し玉ふ。今故なくして去り玉ふの道なし、孫右衛門の來るを察し、他へ往き玉ふなるべし。夜中尋ぬるとも益なからん。明日他の邑に往きて尋ねんと云ふ。

宗兵衛孫右衛門浦賀緣者愕然として心に思へらく、我等先生を試みんとして表に誠實を飾り來れり。早くも我が虚なることを察し去り玉ふ者か。明智の程懼るべしと。是に於て先生何を爲して此の邑を導き給ふと問ふ。里正答へて曰く、邑中善人は之を賞し困民は之を撫育し、或は家を造り或は屋を葺き、田圃を開き道を作り橋を掛け、用水を便にし惡水を流し、凡そ邑民の困苦する所除かざるはなく、邑民安息する所以のもの擧げざるはなし。朝には星を戴きて出で、夕には星を見て入り、邑中を安んずるの道を行ひ聊かも其の勞を厭はず。故に村民之を仰ぐこと父母の如し。是其の大略なりと云ふ。孫右衛門之を聞きて再び驚き、彌々慚愧の心を發す。夜已に明け、里正人をして隣邑或は遠村に走しめ先生のある所を求む。一人來りて曰く、先生下新田村に宿せりと。幸内之を聞き直ちに小八の家に至る。孫右衛門宗兵衛與右衛門淸兵衛も竊かに來れり。幸内頻りに竹松村へ戻らんことを請ふ。先生許さず。是に宿する事數日、小八幸内從容として孫右衛門の歎願を先生に告ぐ。先生面會を許さず。

又數日にして其の求め彌々切なることを察し、已むを得ずして宗兵衛孫右衛門與右衛門清兵衛を呼びて曰く、汝等何の爲に來りて、予が衰邑を興すの妨げを爲すや。予私に此の事を行ふにあらず、小田原君の命に依り默止難きが故なり。汝等の願ひ素より予が預り知る所にあらず、速かに歸るべしと。其の聲大鐘を撞くが如く聞くもの耳を驚かせり。四人畏縮して敢て言を發せず。良久くして宗兵衛曰く、孫右衛門災害並び至り、禁獄三年其の出づる所を知らず。前に先生予が悲歎の願ひを捨て玉はず。教ふるに至道を以てせり。某教へに隨ひ遂に孫右衛門が禁獄を許されたり。願くは今一度明教を示し、彼が一家を復するの道を教へ給へと切りに請うて止まず。先生聲を勵して曰く、孫右衛門自己の多罪を知らず、なほ他を怨み己を是とするの色あり。汝が妻予が一言を聞き、速かに兄の爲に艱苦を盡せり。然るに其の本人たる孫右衛門は一婦人にだも如かず。我意を張り他の力を以て己の廢家を興し、怨みに報ゆるに怨みを以てせんとす。一家彌々永く斷絶し、其の身をも失はずんば止むべからず。何の故に來りて我に道を求るの心あらんや。我は身を捨て諸人の憂ひを除かんとす。汝は非を飾り他を苦めんとす。其の行ふ所相反せり。速かに退き汝は汝の滅亡の道を行ふべし。何ぞ我が國民を安ずるの道を汚さんやと。其の聲恰も雷の如し、威風凜然として其の面を仰ぎ見る者なし。孫右衛門流汗衣を沾すを覺えず、宗兵衛と共に慈仁の教へを請ふこと前の如し。先生少しく色を和らげて曰く、嗚乎積善不積善に由て禍福吉凶を生ずること聖人の確言何ぞ疑はんや。今已むを得ず一言を教ふべし。愚蒙なりといへども、心あらば私欲の念を去り、以て之を聞け。夫れ孫右衛門の家天明度の凶饑に當り命を失ふもの幾萬人なるを知らず、汝が家財に富めるを以て彌々救助の心なく、高價に粟を鬻ぎて獨り利を專らにし、益々富をなせり。天之を惡み鬼神之を捨てん。一家の廢絶此の時に作れり。天運循環して遂に汝が代に至り饑饉に當れり。汝若し慈仁の心あらば、家産を盡して人命を救助し、一人も助命の多きを願ふべし。假令其の心ありと雖も、速かに其の事を行はず、遅々として江都にあるは何ぞや。誰か汝の心救助にありと思はんや。驛人敢へて汝の家を破り國法を犯し、罪に陷ることを好むに非ざれども、危亡旦夕に迫り不仁を怨むるの暴行を發せり。其の惡事は彼にありといへども、之を生ずるの根本は汝にあり。何となれば汝救助の行ひ立たば、彼等何に由て此の亂暴を生ぜんや。夫れ慈仁の道は人の大道なり。今汝之れを行はずして災害となる。書曰禍福無レ門惟人所レ招也と云へり。然らば此の如き災害汝の一心に起れり。是れを以て之れを觀る時は、汝一身を責むるに暇無かるべし。何れの所に驛人を怨みんや。驛人罪なし、天驛人の手をして破却せしめ、又火の力を借りて汝の餘財を燒く、其の事異なるが如しといへども、不仁を罪するの道は一なり。汝之を察せずして、己を善とし人を惡とし、大いに憤怒して其の讐を報ぜんことを思ふ。汝は一身の力なり、破るものは衆多なり。寡以て衆を害せんとすれども、何ぞ害することを得ん。假令官の力を借りて此の怨を返し得るとも、驛人衆多の子孫又時を待て汝の子孫を害し、其の報いを爲すべし。何れの時に安堵の道を得んとするや。官明かに此の道をしらしめんとして、汝を捕へ禁獄して、自ら罪を省みんことを欲す。是汝滅亡の憂ひを脫し、驛人と共に平和に歸せしめんとの仁惠なり。然らば汝の身に取り皁大の高恩にあらずや。是をも察せずして、官の處置偏頗なりと怨むる心あり。自ら瓜を植ゑて瓜の實れるを怒ること淺ましからずや。汝今家の再復を求むれども、家の再復は汝の心にありて他にあるにあらず。若し己の非を知り大いに天を恐れ、一身を艱難の地に置き他人の困苦を除かんとするの所行を立つる時は、禍忽ち變じて福となり、求めずして一家再興の道も亦其の中に生ぜんと敎ふ。

孫右衛門外三輩大いに感じ、憤怒の心消し、專ら敎へに隨はんと請ふ。先生曰く、然らば汝の家破られ猶餘財燒亡せりといへども、元來舊年の富商たり。殘れるものなきにあらず、之を集むる時は其の價幾許なるや。答へて曰く、悉皆之を集めば、猶五百金あらんか。曰く、之を家に置く時は一物と雖も其の家の禍を殘せるなり。凡そ一家を毀つ時に當り、其場にあるものは皆悉く禍の物にして、汝の身に害あるもの也。何となれば此の物あるが故に此の大災に及べり。若し之を我が物なりとして其の殘れるを悅ぶの心あらば、災害の根を殘して二度家を滅するもの也。之を悉く去らざれば全きことあたはず。汝の餘財は汝の家の病毒なり。夫れ速かに之を去るべし。此の事を爲すあたはざれば汝の家亡ぶべしと。四人且感じ且驚き互に面を見て答へず。其の意如何となれば餘財猶不足とし、無利息の金銀を借りて、一時に家を富さん事を計り、先生に其の道を求めんとするに、今餘財悉く去らずんば立つべからざるの言を聞き、心中甚だ惑ふが故なり。

宗兵衞獨り意中大いに悅べり。如何となれば始めより孫右衞門をして先生の教導を得、善心に歸せしめんとするの外他事なし。然れども其の隨はざるに及び、無利息金を借りて其の志願を達せよと利を以て誘ひ、先生の許に導きたるが故なり。先生又曰く、予が教ふる所は君子の蹈む所、小人の忌む所なり。汝輩元より目前の損益得失にのみ心を奪はれたれば、豈君子の道を行ふことを得んや。速かに退き汝の意を行ふべしと云ふ。孫右衞門曰く、今先生不肖の某を憐み、此の如き尊き教へを示し玉ふ。何ぞ教へに隨はざらんや。餘財を去ること何の處にか去らん。先生曰く、敢へて河海に投ぜよと云ふにはあらず。汝の家屋を破れる驛人は仇にはあらずして汝の欲心を碎き祖先以來の惡因を破り、汝をして善心を發し永續せしめんが爲に、身の罪科をも省みず一身を抛ちて汝の家を破却せり。是豈恩人といはざるべけんや。然れども彼等が心此の理を知りて爲したるにはあらず。一旦の渇命に迫りし故なりといへども、心眼を開きて此の事を見る時は自然の道理此の如し。汝の家驛人破ざる時は、之に倍々せる災害必ず至らん。其の時に至らば天意豈人力の救ふべき所ならんや。何をか怨み誰をか咎めん。然るに驛人之を破りたるが故に、汝大なる善業を行ひ、子孫繁榮の善種を植うることを得ば、是驛人の禍は全く汝の得難き幸なり。速かに一心を改め此の理を明辨し、餘財五百金を驛内へ出して云ふべし。非常の凶年に當り互に艱難相救ふべき時に至り、某不肖にして其の期を過ち、各々をして大いに勞苦せしむるは皆某一人の過なり。先非を悔ゆるとも詮なし。破却の餘財火災の爲に燒かれ、猶殘れるものを集むるに僅かに金五百兩を得たり。一物も殘さず驛内貧苦助成の爲に差出したれば、其の處置は各々の意に任すべし。僅々たるもの其の補ふ所少なしといへども、餘財なきを如何にせん。各々配當して一助となさんか又は別に潤助の道あらんか、宜しく計ひ給ふべし。是我が先非を悔い、過を改めんが爲なり。各々不肖の志を憐み此の望を許し玉はゞ幸甚なりと云ひて出すべし。一毫も之を惜むの念あるべからず。又他を怨むるの念一切生ず可らず。是の如くにして治らざる者は古より以來未だ之あらず。然して汝衣食なくして命を存することあたはずんば、汝常に船を以て江都へ通船し其の運賃を得たり。是は家破却の禍に與らざるものゝ如し。故に之を以て今日の露命を繋ぐべし。此の時に當つては大いに身を屈し艱難を盡すを以て、汝の福根とす。若し我が言に隨ひて此の道を行ひ、驛人益々不平を生じ、汝が家も彌々危きに至ることあらば、我速かに五百金を與へん。必ず憂ふることなかれと敎示す。

四人大いに驚き始めて夢の覺たるが如く、甚だ悅びて其の至敎を三拜し、速かに此の事を行はんと云ひて大磯に歸り、四人談合するに、先生の前にありて敎へを受くる時は、卑心消除し大道了然たるが如しといへども、今家に歸り案ずれば、再び凡情の疑惑なきことあたはず。浦賀二人先づ家に歸り、縁者にも此の事を談じ、然る後決すべしと云ひて浦賀へ歸る。途中鎌倉に至り日既に暮たり。時に降雨前路咫尺を辨ぜず。某寺の淡海和尚は時の名僧なりと唱へ、博學多識にして遠近其の德を稱す。宮原一族之に師とし事ふること久し。此の寺に宿し、明日歸らんことを談じ二人至る。和尚出て曰く、汝等日暮に及びて斯に至る事何の故ぞや。二人答へて曰く、大磯宿孫右衞門一家再復の道を二宮先生に請ふ。先生教ふる所是の如しと具さに淡海に告ぐ。和尚大いに感歎すること良久くして曰く、誠に尊き教へにして其の理無量なり。汝が心何と決するや。二人曰く、未だ決せず。家に歸りて親族に談じ、然る後決せんとす。言未だ畢らず。和尚聲を勵して曰く、汝等を教ふる久しと雖も、今此の如き至教を得て其の深理を了解する能はず。嗚呼愚なりと云ふべし。大なる善道を聞きて速かに其の道に進むことあたはず、家に歸りて談ぜんとは何の事ぞや。汝等に於て猶其の大理を辨ぜず。俗人何を以て知ることを得ん。嗟今の世に當りて此の如き大道理を以て人を教へ、至善を行はしむる大德の人有らんとは思はざりき。

止宿せよと云はば汝の心に叶はん。然れども予一宿を許さず。早く家に歸り事を決し、頃刻をも爭ひ大磯に至り其の道を行ふべし。我多年の好みを以て、今夜の止宿を斷るなり。是汝をして道に至らしめん事を願ふが故なりと。二人大いに畏れ、雨中の夜行艱難して家に歸れり。

流石名高き淡海の一言を以て、彌々二人意を決し、速かに親族に告げて再び大磯に至り、和尚の敎へを以て孫右衛門に告ぐ。是に於て一同意を決し、殘れる器財一物も餘さず之を鬻ぎ五百金を得たり。卽ち驛の長たる者に告ぐるに先生の示す所を以てす。驛長之を聞きて大いに驚き爲す所を知らず。暫く之を預り衆人と談ず。諸人皆慚愧して昔時の憤怒消散して曰く、我等愚蒙にして道を知らず。飢渇に苦しみて暴行を爲し、其の罪償ふに道なし。孫右衛門の如何なる怨を得るとも辭するに言葉なし。然るに今其の餘財を盡して我等が困苦を除くの一助とせんとす、彼此の如きの誠心有りとも、我等何の面目有りて此の財を受くるを得んやと云ふ。驛長曰く、各々の言は是なりといへども孫右衛門非常の決心を以て此の金を出せり。受けずと云ふとも何ぞ再び之を入れんや。彼の信義に任せ處置せんにしかず。予思ふに宿の爲めに出す所の財なれば、面々受けて無益に散ぜば彌々其の誠意を失はん。仍りて之を無利息年賦に貸渡し、貧窮のもの一家を安んずるの用に充てん。然すれば年を經て驛內の艱苦を免れ、家々を保つことを得ん。然る後孫右衛門に恩を報ぜんことも難きにあらず如何。衆人之を聞き大いに悅び、驛長の言に隨ふ。是よりして積年の怨憤氷解し、驛人の孫右衛門を信ずること父母の如く、爭心消じて一家の親睦するが如し、孫右衛門も大いに悅び、彌々艱難に安んじ節儉を守り、分に應じ賣買す。又頗る餘財を生ず。後官大磯宿引立方の策あらば驛人一人每に封書を以て告げよと命ず。先生之を聞きて曰く、孫右衛門禍轉じて福となるの時至れり。速かに又餘財を出し、驛內を引立てんと請ふべし。此の時を失ふことなかれ。孫右衛門悅びて再び許多の財を出して官に告ぐ。官大いに之を感じ、孫右衛門を呼びて褒詞を賜ふ。是より美名遠近に響き人其の名を聞き、其の人を慕はざるはなし。是皆先生高德風化の致す所至れりと云ふべし。後數年を經て孫右衛門漸々倦心を生じ、敎へを廢し我意に流る。終に昔年出す所の財を我家業の用となし、速かに家を興さんとす。先生人をして之を再教すれども隨はず。遂に多分の金銀を失ひ極貧に至れり。嗚呼先生の教へに隨ふ時は如何なる紛紜爭亂も忽然として安穩平和となり、如何なる災害も幸福に轉じ、一度其の教へに背く時は又忽然として積功一時に廢す。此の事小事に似たりといへども深遠なる大道此の中に存せり、察せざるべけんや。

高慶曰凡以レ賈爲レ業者常汲々于求レ利不四復知三積レ善以爲二長久之計一及二于災害並臻一徒怨レ天咎レ人而已安得レ免二於敗亡一。如二孫右衞門一是也。先生之救二其窮一明二於既往一而察二乎將來一變レ亡爲レ存轉レ禍爲レ福其深謀遠慮一期二於至仁一非三人之所二企及一也。蓋先生復二一戸一邑之廢頽一如レ此者又後不レ遑二枚擧一。姑記二一二一亦以見乙其利レ世濟レ物無レ細無レ大無甲レ不レ出二於至誠一也。

【三】中村玄順先生に見え教へを受く

野州芳賀郡中里村玄順なるもの世々農民なりしが、頗る世才ありて辯佞なり。

農事を好まず、醫を學び或は撃劔を學び世に出でんとするの志あり。然れども其の業に達せずして人之を信ぜず。或時妻に云ふて曰く、凡そ邊鄙に身を置く時は、藝術ありといへども名を爲すに足らず。凡そ名を揚げ福を得んとすれば、其の居所を撰ぶにあり。是故に我江都に出でて、醫術を以て名を顯さんとす、汝共に往かんか。妻此の言の信じ難きを知ると雖も、夫命已むことを得ず往かんと云ふ。

玄順是に於て田圃を邑民に託し、妻子と共に江都に登り、下谷御成街道に卜居して、黒川玄順と門札を掛け、醫業を以て渡世とせり。元より其の術拙きが故に人之を用ゐず。歳月を經るに隨ひ貧困既に極まり、其の日の煙りを立難きに至れり。玄順活計の道百計を盡すと雖も、故なくして生財の道あらざれば、妻子の衣類を典じ其の日の食に當つるに至れり。妻歎息して玄順に謂うて曰く、良人の醫術元より拙し、野州の邊土といへども猶業を立つるに足らず。況や大都良醫博學のもの軒を並べたるの地に出でて、福を求めんことを計る。妾素より其の不可なることを知れり。然れども夫命に隨はざる時は婦道立たず。已む事を得ずして共に此の地に至れり。果して貧窮如何ともす可らず。猶此の如くにして歳月を送らば、共に飢渴に及ばん而已。願くば妾に暇を給るべし。女子二人の内一人は妾之を携へ故鄕に歸り、人の田を耕やすも尚二人の口は養ふべしと怨みを含みて離別の書を請ふ。玄順愕然之を止むと雖も肯はず、已むことを得ずして其の求めに應ぜり。妻一女子を携へて故鄕に歸り、玄順彌々貧苦に堪へず。曾て細川侯の藩醫中村某なるものと懇意なり。故に往きて愛憐を請ふ。中村曰く、子負債多くして貧窮甚し、微力の救ふべきにあらず。速かに家財を借財に當て、門戶を廢し我が方に來るべし。我子を扶助せん而已、他の術なしと云ふ。玄順其の言に隨ひ家を廢し、中村の長屋に至り食客となり、或は藥種を刻み代脉をなし歲を經たり。

然るに中村某俄かに疾に罹りて死せり。子なし。家斷絕に及ばんとす。細川侯之を憐み、數年中村が懇意の玄順なれば、之を養子として家を繼しむ。是に於て中村が不幸は玄順の幸となり、君の扶持を食む事を得たり。然れども元より其の業拙きが故に、利を得ること少なく財を費すこと多きが故に、忽ち借債二十五兩となる。

之を償はんとすれども其の道を得ず。或人告げて曰く、野州櫻町陣屋に在りて、廢邑再興の道を行ふ二宮先生なる人あり。常に無利息金を貸して人の艱難を救ふといへり。當時西久保宇津家の邸内にあり。子此の人に就いて無利息金を借り、負債を償はゞ大幸なるべしと。玄順大いに悦び直ちに西久保に至り、横山周平に逢ふて先生に見えんことを請ふ。横山之を告ぐ。先生曰く、我が業あり、何ぞ醫に逢ふて談ずるの暇あらんやと之を許さず。玄順退き再三來て止まず。横山其の貧なるを憐み先生に請ふこと甚だ切なり。先生横山の爲に已むことを得ずして玄順に面會せり。是細川侯仕法の發端なり。

【三】先生中村玄順に忠義の道を教諭す

于時天保某年某月中村玄順西久保に於て先生に見え、二十五金の恩借を請ふ。先生曰く、當時負債の爲に心苦するもの豈子のみならんや。子の君政事正くして國富み民豊かなる歟。中村答へて曰く、何ぞ然らんや。領邑大いに衰廢し土地荒蕪し民窮せり。是を以て貢税も亦三分が二を減ぜり。主人の艱難は勿論一藩の扶助も屆き難く、天下廣しと雖も是の如き貧窮は實に諸侯に冠たるべし。某の扶持若干名のみにして其の實なし。是故に此の如く窮せり。願くは先生某の窮乏を憐み玉へと云ふ。先生顏色を正しくして曰く、嗟乎子過てり。夫れ人臣たるの道豈士と醫との別有らんや。皆以て己の身を顧みずして君家の爲に忠義を盡さん而已。今君艱難に迫り公務を廢し、國民撫育の道を失ひ進退共に窮し玉ふにあらずや。人臣たるもの身を抛ち命を棄て、君の艱苦を除き其の憂心を安んじ、國民をして困苦を免れしむるの仁政に浴せしめんと心力を盡さんこと此れ臣たるものゝ本意にあらずや。然るに上下の大患を度外に置き、唯一身の貧苦を免れ安心せんが爲に我に就いて此の事を求む、何ぞ之を忠と云はん、豈之を義といはんや。我は小田原君の命を受け二十年間萬苦を盡し、祖先以來の廢家を再復せしを殘らず沽却し、之を種として野州の采邑廢亡を興し、其民を安ぜんとして日夜心力を盡せり。猶行ひ足らずして未だ君の心を安んじ、民を救ふ事のあたはざるを戰兢せり。然るに子數々來て面會を求るものは君家上下の艱難を憂ひ、其の道を問はんが爲ならんと思へり。我は我が勤務ありて寸隙なし。何ぞ外諸侯の事を談ずるの遑あらんや。是を以て再三子の請を許さず。横山某頻りに一面會を求めて止まず。今子に逢ふことは子の請に應ずるにあらず、横山の求め默止がたく面會せしなり。豈圖んや人臣として君家の憂ひを顧みず、一己の安心を求むるの言を聞かんとは。子の求むる處僅々たる金員といへども、其の志我が心に反せり。何ぞ其の求めに應ずることを得ん、子夫れ速かに去れ、請ふ再び來ることなかれと。玄順大いに慚愧し、自ら大義を辨へずして先生の教誡を聞き、憮然として失ふ處あるが如く茫然として醉へるが如く、沈默良久くして謝して曰く、嗟乎過てり、某不肖なりと雖も曾て少しく道を聞けり。君家の艱難を憂ひざるにはあらずと雖も、不肖の及ばざる所となし、一己の憐みを請ひたるは誠に淺ましといはんか愚也と謂はん歟。今先生の至教を聞くに及びて慚悔身を容るゝの地なし。某愚なりといへども今より卑心を洗ひ、聊か上下の爲に心力を盡さんとす。先生某の失言を棄て爾來教導を下し玉へと云つて再拜す。先生笑ふて曰く、子の志人臣の道にあらず。我是を以て一言する而已。何ぞ子を教ふるの道を知らんやと云ふ。中村彌々耻ぢ、再會の時を請ひ柳原の邸に歸れり。

【四】細川侯中村玄順をして先生に領中再興の事を依頼せしむ

細川侯齡既に耳順を越え玉へども男子なし。故に有馬侯の次子辰十郎君を養子となす。時に辰十郎君未だ世を繼がず。此の君頗る英才あり。國家の衰弱上下の艱難を憂ひ、一度經濟の道を行ひ再興せんと心を盡すと雖も其の道を得ず。一時玄順君前に在りて、古今其の人に由て國家の盛衰することを談ず。辰十郎君慨然として沈默此の事を聞き、近習の人を退かしめ、竊かに玄順に謂て曰く、余有馬の家に生長し曾て艱難の事を知らず。此の家に養はるゝに及びて上下の困窮比類なきことを知る。此の如くして歲月を送らば負債山の如く、遂に亡國に類せん。一度家政を改革し一家を再興し、養父の心を安んじ領民の困苦をも除かんと欲すれども、不肖にして其の道を得ず。汝若し思慮する所あらば國家の爲に其の言を盡すべし。我私かに之を參考せんと問ひ玉ふ。

玄順兼て先生良法の事を言上し、君家を興し功業を立て一身の榮利をも取らんことを謀り其の時を窺ひしに、今是の如きの問を得て心中大いに悦び、時至れりと平伏して言上して曰く、誠に君の憂ひ玉ふ所の如く、連年此の如くにして年月を經ば、如何とも爲すべからざるに至らん。微臣醫を以て業とす、何ぞ國家の政に與らんや。然るに君群臣に問はずして獨り愚臣に問ひ玉ふは、臣兼て其の職にあらざれども國事を憂ふるの微忠を察し玉ふの故なるべし。然るに意中を殘さず言上せずんば、必ず不忠の罪を免れず。因て言上し奉るの一事あり。國家の廢衰を擧げんとすること非常の俊傑にあらざればあたはず。況んや臣の愚蒙の如き何を以て國家の有益を知らん。斯に希世の英才あり、名を二宮某と云ふ。元相州小田原民間に人となり、非常の行ひを立て知略德行萬人に超過す。小田原侯之を擧げ分家宇津家の采地廢衰再興を任じ、數年にして功業成就し、三邑の民危急の艱苦を脱し、平安の地を得貢稅往時に倍し、宇津家積年の艱難之が爲に免れたり。小田原侯其の功を賞賛し玉ひ十一萬石の領地再盛の事を任ぜんと欲し玉ふ。其の事業徳行の巨細に至ては一言の盡すべきにあらず。實に希世の人傑なり。臣故ありて二宮に一面することを得其の高論を聞くに、滔々として洪河の如く、治亂盛衰存亡吉凶の生ずる處其の根元を談ずるに、混々として其の盡くる所を知らず。君若し此の人に國家再興の道を委任し、其の指揮に應じ改政仁術を施し玉はゞ、十年を出でずして上下の艱難を免れ、大いに國家の大幸を開かんこと疑ひあるべからず。其の良法を行ひ玉はゞ、臣愚なりと雖も其の教示を受け、上下の爲に一身を抛ち再興の事業に心力を盡すべし。君は興復の大體を守り給ひ、臣は其の正業に力を盡さば何事か成らざらんやと辯をふるひて言上しければ、辰十郎君大いに悦び、誠に汝の言の如くならば、無双の英傑といふべし。二宮の力を借り、其の指揮に隨ひ、汝と心を合せ勉勵せば志願必ず成就せんか。斯に一つの難事あり。群臣數年の困苦に迫り頗る仁義の風を失ひ、自ら功を立てんことを好み、人の功を妨げ他の善を忌むの心盛んにして、國家の爲に私心を去り忠を盡さんとするもの鮮し。今大業を汝と共に擧げんとせば、之を聞き其の是非を論ぜずして徒に之を拒まんこと必せり。我未だ部屋住たり、専ら令することあたはず。此の事を公然として發せば必ず成すことあたはず。汝竊かに余が辛苦する所以と、二宮の道を行ひ國家を再興せんとするの意中を、二宮に往きて具さに告げ、當時の處置を問ふべし。二宮余が辛苦を察せば、必ず之を憐み大知を以て處置の宜しきを示さんか。然らば又之に應じて爲す可きの道を得ん。汝此の事を過つ勿れと命じ玉ふ。玄順悦びて曰く、君勞し玉ふことなかれ。臣宰我子貢の辯を振ひ君意を貫通せしめ、二宮の良策を得て再び言上し奉らんと云ひて退き、再び先生の許に至れり。

【五】 中村玄順細川侯の内命を以て野州櫻町に至る

于時天保某年中村玄順君の内命に依り西久保に至り先生を訊ふ。横山曰く、先生既に野州に歸れり。某も亦近日彼の地に至らんと云ふ。中村大いに望を失ひ柳原に歸り、此の旨を言上す。辰十郎君之を聞き、然らば汝速かに野州に往きて余が心意を達せよ。此事父君にも私かに言上せり。父君大いに悦び玉ひ、群臣に漏さず穏便に事を整へよと宣ふ。若し汝をして野州に往かしめば諸臣必ず之を疑ひ、是より事の破れを生ぜんか。汝野州に至り人之を疑はざるの道を案ぜよ。玄順曰く、臣既に其の道を得たり。今君の內君懐妊し給ふ既に五月に及べり。群臣の皆知る所なり。然るに野州櫻町を去ること數里地藏あり。延の地藏と唱ふ。是安産を守るとて貴賤必ず之に安産を祈れり。今大夫以下へ令す可し。野州延の地藏を祈る時は平産疑なしと聞く。然れども國を隔てて諸臣の內を遣らば、人の耳目に觸れんも如何なり。玄順は醫なれば何國に往くも人之を怪しまず。彼に此の事を命じ、彼の地に至り平産を祈らしめよと。群臣之を聞かば何ぞ其の事を疑はんや。君曰く、妙策と云ふべし。

是に於て此の由を令す。大夫其の命を受け、玄順を呼びて之を命ず。玄順悦びて直ちに野州櫻町に至り、先生に見えて曰く、某不肖にして國の大事を措き一己の細事を請ふ。先生某を憐み教ふるに大義を以てす。某自ら悔い志を立て以て君に忠を盡さんとす。內に誠あれば外に形るゝの古言宜なる哉。我君既に某の志願を察し尋問するに國事を以てす。某對ふるに云云を以てせり。主君大いに先生の高德を慕ひ之を仰ぎ、速に國家を委ね興復の政を任ぜんと欲す。然りと雖も一藩の人心放肆士風を失ひ、公事を後にし私曲を先にし、偶々忠義に志あるものは速かにこれを黜け、日々他の財を借りて目前の費用に充てんとするのみ、君家の借債既に十萬金を超え、領地の租税は年々に減ず。宗家細川家本末の由緒を以て、連年財を出し、之を助力すること其員數已に八萬金也と云へり。然して貧困年每に迫れり。宗家も之を救ふの術なしとし、柳原の大土浮と唱ふ。其の意何萬を入るゝといへども更に益なきことを比したりといへり。人情次第に輕薄に陷り、人の善事を妨げ人の惡事を悅ぶ。今弊政を改め國家を再盛するの大業を發せんとせば、群臣異議囂々其の道を疑ひ諸人の心を惑はし、之を妨げんこと必せり。當君既に老いたり。養君頗る仁心ありて且才智ありと雖も未だ家を繼がず。政令一人に出づることあたはず。然して卒爾に此の大業を發せば、群臣不服の爲に敗に及ばんことを憂ふ。是に由て此の憂ひを生ぜず自然諸臣の心を服せしめ、此の道を開かんことの良策を私かに往きて先生に請ふべしと命ぜり。先生主人の心勞を照察し、一言の敎へを施し玉はば、主家上下の大幸何事か之に如かんやと辯を振ひて演舌す。先生細川侯の憂慮を察し、其の艱難の情を憐み玄順に謂て曰く、我小田原の臣として外諸侯の政事を談ずる事あたはず、況んや何の由來ありてか其の委任に當らんや。然りと雖も君明らかにして仁心あり、而して民其の澤を蒙ることあたはず。遂に上下の極窮に至る豈歎ぜざる可んや。已むを得ずんば我一言を呈せん。夫れ國の衰亂に瀕するもの其の國の分度明らかならずして入るものを貪り、出財制なく用費度なきが爲に多分の不足を生ず。猶自ら省みず節儉を守ること能はず。他の財を借り或は領民を絞り先納を奪ひて以て其の不足を足す。連年是の如くして益々窮し、國民其の君の不足を怨み、或は離散し或は農事を廢し末利に走り、國土之が爲に荒蕪となり、租稅彌々減じ上下の艱難窮る。是に於て奉仕の道を失ひ一藩を扶助するの米財無し。士風卑陋薄情に流れ、毛弗の利を爭ひ曾て忠義の何物たるを知らざるに至り、上下危きこと累卵の如し。此の禍何に由て生ずるや、唯國に分度立たざるの過なり。國に分度なき時は幾萬の財を入るゝといへども、破桶に水を入るゝが如く一滴も保つことと能はず。今子の君家極難なりと雖も明に分度を立て節度を守り仁術を行ふ時は、國の興復難しとせず。我朝神代の昔豐葦原たりし時何ぞ開田米粟あらん、何ぞ金銀財寶あらんや。天祖の御丹誠を以て此の葦原を開き玉ふより、海内是の如く豐饒繁榮の國と成れり。然らば此の大道を以て國の廢衰を擧げんに、何ぞ開闢以來葦原を開き玉ふが如きの難きことかあらんや。今四海豐富の時に生れ、古の艱難を顧みず專ら奢侈に流れ節儉の道を廢し安逸を主とするが故に、衰弊立どころに至る也、世の弊風を革め本原の道に立歸らざれば百計を盡すと雖も、何ぞ國の衰亡を補ふに足らん。却りて其の廢亡を促すのみ。我が此の土地を興復せしは則ち此の大道を以てせり。子君臣心を斯に用ゐ力を盡さば、何ぞ衰國の興らざることか之あらんや。然して諸臣下の妨あらんことを憂ふ。是も亦其の道明らかならざるが故なり。今國家再復永安の道を明かに調べ是の如くする時は、國盛に民安く、是の如くせざれば國益々窮し亡滅に至らんと。兩道を以て明かに群臣に示し、何の道に随はんと問ふ時は如何なる佞臣邪曲の者ありとも、坐ながら國家の滅亡を待たんと云ふものはあるべからず。必ず一同再盛安堵の道に依らんと云ふべし。其の時に當り群臣の言に任せ改正して仁術を行はゞ、其の本君意に出づるといへども其の行はんとするは群臣の望に應じたるが故に、内心仁政を忌むの族ありとも一旦此の道を行はんと云ふて直ちに其の妨害をなさば、徒に其の身の刑罰を招かんのみ。至愚のものと雖も豈之を爲さんや。是れ君意に出づればことを成し難き時は、君意をして群臣の冀望に歸し、其のことを遂ぐるの道なり。何の憂ふることか之あらんやと教ふ。

玄順大いに感じ此の道を行はんと云ふ。先生曰く、國の本原たる分度を定め、盛衰存亡を明かにするは、子の及ぶ所にあらず。國の貢税十年の古帳を持ち來れ。我其の道を明かにして子に與へん。是國家再興の本體なりと。玄順大いに悦び歸府し、具さに先生の深慮良法を言上す。兩君大いに喜び豐凶十年の租税簿を齎し、再び玄順を野州櫻町に赴かしむ。

巻之五

【一】先生細川侯の分度を定め本末の道理を論ず

中村玄順租税の簿を持ち櫻町に至り、兩君大悦の旨を陳述す。是に於て先生筆算者を集め、夜以て日に繼ぎ既往の租税を調べ、豐凶平均の度を立て其の中を執り、國家衰時の天分を明かにし、盛衰存亡の理を辯じ、度外の財を生じ、廢地を開き、民を愛撫し上下の艱難を除き、永安の道を明かにするに圓相の圖を以てして、國家の安危一目了然たらしむ。數十日にして數卷の書成る。玄順に謂て曰く、國家興復の道是の如し。予此の書を以て君の惑ひを解き、明かに群臣に示し、以て可否を決せよ。今新古の負債を算するに十二萬金を超ゆ。領邑谷田部茂木の貢を以て之に當るに、其の利を償ふに足らず。是の如くにして國を保つこと豈危からずや。然れども分度を守り仁政を布かば、阜大の米粟を生じ、幾十萬の借債と雖も皆濟し、何千の困民と雖も之を安んずるに足れり。唯憂ふる所は上下此の分度を守ること能はず、目前の利に惑ひ、遂に仁術の行を遂ぐること能はざるにあり。宗家細川侯世々仁心ありて子の君家を補助し玉ふこと八萬餘金、實に信義憐恕の道至れりと云ふべし。子君に言上し改正興復を行はんとすることを具さに宗家へ達し、此の書を出すべし。是宗家年來の憂勞をも安んずるの一端となり、益々仁恕の道も生ぜんか、過つ事勿れと教ふ。

玄順色を變じて曰く、本末とは名のみにて、實事は和熟の親みなし。數年來音信を絶し、臣下の往來もあらず。今何を以て此の事を本家に通ずるの道を得んや。先生怪みて曰く、本末の親みなくば、何ぞ八萬の助力あるや。玄順曰く、本家頗る我君家を親まんとして此の如し。然れども二百有餘年以來本家を怨むの原因ありて之に應ぜず。八萬の助力は受けたりと雖も答謝の禮を爲さず。近年本家も遂に其の如何ともなすべからざることを察し、助力の事を止め往來の道絶えたり。抑々怨恨の根元なるものは、細川三齋君は主家の祖先興元君の實兄なり。興元君幼にして剛邁不羈猛勇にして父兄の言を用ゐず。父兄之を怒り叡山に登せ僧となす。大阪戰争の時に至り、獨歩山を下り大阪城中に忍び入り、敵を伐ちて其の武具を着し進みて苦戰し、敵の首を携へ神君の本陣に至り事實を言上す。神君大いに其の武勇を賞し一方の將たらしむ。後數々軍功あり、天下治平に至りて群臣の功を賞し玉ふ。興元君の功を賞するに十萬石を以てせんと宣ふ。三齋君之を聞き言上して曰く、彼は我弟なりと雖も我父彼の所行を怒り一旦僧となせり。子を見ること父にしかず。佛門に入りて再び武士の道を慕ひ、父命に悖り自ら戰場に出でて一旦の功はありと雖も道を失ひたりと云ふべし。賞すべきものにあらず。若し之に大祿を與へ玉はば後難計る可らず。必ず恩賜を加へ玉ふこと勿れと諫言せり。

是に於て神君一萬六千石を以て、之を賞し玉ふ。君臣共に此の事を聞き三齋君を怨望し、爾來代々の君臣此の事を憤り、本家の爲に軍賞を妨られ僅かの祿を以て封ぜられたりと專ら怨望の心絶ゆることなく今に至りて音信せず。數萬の助成ありと雖も當然の事となして、之を謝するの心なし。本家一言の下に十萬石を失ひたりとの怨み何の世にか解することを得ん。此の如き因緣一朝の故に非ず。某何を以て此の書を本家に出だすの道を得んやと。先生曰く嗚呼何ぞ過てるの甚しきや。三齋君の大仁大慈の大恩を察せずして徒に祿の減少を以て怨みと爲す者、恩に報ずるに怨みを以てするに非ずや。中村曰く、十萬石を失ひて何の所に大恩かある。先生大息して曰く、子の知る所にあらず。夫れ細川三齋君は天下の英俊にして加ふるに寛仁謹敬を以てす。天下大亂の時に當り、敵に當るに軍略を盡し、臣下を愛すること子の如く、國民其の澤を蒙り士卒其の令に隨ふ事父母に歸するが如し。大國を領して終に他邦の侮りを受けず。神君を補佐して天下の亂を撥し太平を開き玉へり。豈之を傑出の明將と云はざる可んや。其の志天下萬世の太平にありて、親族姑息の道にあらず。故に子弟誠に賢にして、天下の爲とならば骨肉といへども之を薦めて、以て國家の補佐となさん。若し其の心に安からざる所ありて天下の爲ならざる事を知らば、弟といへども之を退くべし。何ぞ此の間に疎親の情を用ゐんや。心公のみにありて私にあらざるは、忠の大なるものにあらずや。興元君の賢否は元より知るべからずと雖も、年幼にして父兄に隨はず、僭と爲て其の道を遂げず、是父兄の心に差ひたり。孝の道全しとは云ひ難かるべし。僧の身として命令あるにあらず、自ら大阪數十萬騎の敵城に入ること人なき地に入るが如く、敵を伐ち悠然として武具を奪ひ之を着し、奮戰城を出でて神君の前に至る。城中之を支へざる者希世の大勇と云ふべきか。是の如き勇猛を以て何をか恐るべきものあらんや。若し之に加るに謹愼仁恕を以てせば、希世の明君なるべし。然れども其の進退を見るに驍勇に出でて仁者の事にあらず。三齋君の度量を以て之を照さば、甚だ危しと見玉ふも亦宜ならずや。且此の君一旦の軍功を以て十萬石を賜ふ事は、頗る其の賞の過ぎたるに似たり。神君何ぞ其の賞の過ぐることを知り玉はざらん。三齋君の實弟なり、賞の功に過ぐるも三齋君への報にあらずや。若し賞其の功に過ぐる時は、三河國以來の忠臣義士神君七十二度の危戰に隨ひ、粉骨を盡せし諸侯の恩賞施し玉ふ所なく、且其の賞の均しからずして人心不平を生ぜば、豈天下の大事に非ずや。且賞其の功に過ぐる時は其の君必ず驕心生ず。一旦驕心生ずることあらば、必ず家を亡すの禍起らん。然らば賞の多きは幸にあらずして其の人の不幸に非ずや。故に三齋君第一には天下の爲を思ひ、第二には興元君の終りを全くすることを慮り大賞を辭して相當の恩賞を受けしむ。其の遠慮衆人の及ぶ所に非ずして、復其の深意を知ること能はざる也。是を以て本末共に榮え、今に至りて連綿たるは、豈是れ三齋君深慮の大恩に非ずや。然るに後年に至り是の如き深慮を知らず、徒に祿の減少を怨むること何ぞや。一時の功を以て萬石餘を賜ふ、是猶過ぎたるにあらずや。興元君何ぞ此の理を解せずして怨みんや。是全く後世の凡情怨望の心生ぜしなり。本家の大恩を察せずして、却りて之を怨むるが如き人情に陷りたれば、自然此の如き衰廢の憂ひを生ぜしなるべし。後年に至れば祖先の時を省みず終に疎遠の情に流る。其の本を省みる時は父子なり兄弟なり、實に骨肉同胞にあらずや。天下廣しと雖も本末の緣より親しきものあらず。是をも顧みずして其の悅ぶべきを怨み、本家を疎んじ大恩を忘れ音信不通の憂をなす、國の禍是より大なるものあらんや。是をこれ改めずして獨り國家を再興せむとせば、其の本根を棄て其の枝葉を盛んにせんとするが如く何事か成就せんや。父子兄弟は天然の親しみ人倫の大道、是を第一とせり。然るに人倫の道立たずして其の他何をか論ぜん。速かに祖先父子兄弟の親しみに立戻り三齋君の大仁を顧み二百年來の過ちを改め、本末の道を正くし其の本を重んじ、多年疎遠の非を謝し玉はゞ、元より八萬金の助力をなし玉ふ寛厚の宗家なれば、當君の志を盛賞し玉ひ、從來の疎意忽然として氷解し、祖先父子兄弟たる時の親睦に至らん事必せり。是本末萬代不朽の大幸にあらずや。若し此の理を具陳し積年の過ちを謝し恩義を報ずる事あたはずんば、唯毎月本家に至り目禮而已をなし玉へ。大夫以下も連綿行きて以て目禮を爲すべし。是のみにても心に前非を悔悟し尊敬の道を怠らざる時は、忽ち親睦せんこと疑ひなし。本末親しみの道立ちて然て後の方法なり。若し此の大義を廢して他に道を行はんとせば、我が知る所にあらざるなり。

子速かに歸り具さに之を兩君に言上し、大義を開くべしと教へたり。

玄順愕然先生の深知遠慮を感じ、速かに言上せんと云ひて江都に歸り、先生日夜の丹誠を以て國家再盛の基本を立て、爲政鑑と題せる數卷の書を兩君に奉じ、盛衰興廢の理皆此の書に具せる事を先生の教への如く演舌す。兩君此の書を熟覽し大いに歎賞して悦び玉ふ。是に於て、玄順本末和順の大義先生の深慮的論を言上す。兩君悚然として先生の大才敏達古今に貫徹せる確言を感じ、祖先以來一百餘年の疑惑怨恨一夕の夢の如く解散し、速かに前非を革め本家に舊恩の大なるを謝し、厚く信義を通ぜんとし玉ふ。玄順の勞を慰し、日を選み群臣を呼びて曰く、我等不肖にして家政其の處置を失ひ、每年に艱難甚しく群臣困窮領民も飢寒を免れ難し。是皆我等不德の致す所なり、借債十萬金を越え領分年々流蕪せり。此の如くにして歲月を送らば亡國に瀕せんか。是寢食を安んぜざる所以なり。是を以て一度弊政を改革し、一藩をして扶助其の所を得、領民をして安堵の地を蹈ましめんとし心を勞すと雖も、此の如き困窮何の道を以て其の望を達せんことを知らず。然るに小田原の藩二宮某なるもの國家再興の道を行ひ、其の成功顯然たる事を告ぐるものあり、其の人となり篤實誠意にして、德行古賢も及び難しと云ふ。われ甚だ之を欣慕し其の道を問はんと欲すれども、遠境にして問ふことを得ず。然るに玄順をして野州延の地藏へ代參せしむ。其の序を以て二宮に至らしめ我等が苦心の情實を述べ改政の道を問しめしに、深く艱難の實事を察し、再興安堵の基本を立て數卷の書を贈りたり。誠に爲政的然の良法感ずるに餘りあり。然れども此の大業を行はんこと諸臣の力にあらざればあたはず、汝等之を閱し可ならば行はんか不可ならば止まん而已。又外に國家再盛の良策あらば、速かに我に告げよと命じ玉ふ。群臣初めて此の事を聞き且驚き且疑ひ數卷の書を熟覽するに、國家再興の道了然たり。是に於て同音に言上して曰く、我君國事を憂ひ玉ふこと深くして此良法を得玉ふ事、實に一國上下の大幸也。速に之を發し玉へと云ふ。兩君曰く、汝等の言我が心に應ぜり。然らば異議なきや退きて後言ある可らずと戒め玉ふ。群臣共に言を誓ひて退きたり。是に於て君宗家に至り、舊來の恩義を謝し親睦の道を盡し、猶大夫以下に先生の至教を示し、本家に至らしめ懇切を顯し、玄順をして改正の書を本家へ出だし、具さに其の意を演述せしむ。本家細川侯大いに悅び玉ひ、末家代々の跡意を悔い、信義を通じ且非常の改革良法を行ひ、上下の憂ひを除かんとす。何の幸か之に如かんや。二宮なる者緣由あるに非ずして、尙是の如く末家の爲に誠意を盡せり、況んや本末の親しみ何ぞ其の義を盡さざらん。良法を行はんとせば、必ず許多の用財なくんばあるべからず。我之を補助せんと宣ふ。是に於て積年の怨一時に散じ、大いに親睦の道を開き兩君一藩の歡喜限りなし。人々先生の深慮風化の大なることを感歎せり。

高慶曰大哉先生論父子昆弟之道也。一言而本支二百有餘年之憤怨渙然氷釋其相親睦有過於往昔之同氣連枝。蓋其言正大而有深得於人倫之義、聞之誰得不感歎而服佩哉。後世苟有監于此則父子昆弟之愛益厚而視利忘親之殃可弭也。嗚呼一言而天下之爲昆弟者定矣。非至賢而能如此哉。然余非親聞此言要出于傳聞、亦恐有未能盡其旨者也。

【三】細川侯の領邑を再復し負債を償ふ

細川侯舊來本末の圭角怨望先生の教へに依て一時に解散し、初めて親族の好みを厚くし心意快然、彌々先生の高德を信じ、懇切の手書を以て領民撫育上下の艱難を除き、富國安民の仕法を先生に請ふ。中村玄順其の命を奉じて櫻町に至り、主君の自書を出だし、其の懇切の命を演舌す。先生其の自書を閲するに、忠孝の二ツを全くせんが爲め此の大業を依頼せんと云々の誠心、章表に顯然たり。先生思らく此の君にして此の志を立て、何事か成らざらん。然りと雖も諸侯の封内を興復せんこと尋常の事に非ず。殊に我が君の命に非ざれば他の請に應ず可きの道なしと。玄順に謂ひて曰く、子の君將に安民の大業を行はんとし、其の事を某に依頼すと雖も、吾何ぞ諸侯の封内再興の道に與らん。唯之を固辭せん而已。豈其の依頼を受くるの道あらん。然れども子の君今將に仁政を行ひ百姓其の澤を蒙らんとす。而して之を固辭せば、之を擴充すること能はず。我君仁心ありて目今天下の執權たり。天下の民を安んずるを以て心を勞す、何ぞ自他の別あらん。必ず此の事を聞かば一諸侯たりとも其國民を安んぜんとし玉ふを悦ばんこと必せり。吾家臣の身として君命を受けず、竊かに諸侯の託を受く豈人臣の道ならん。子の君何ぞ此の事を我が君に請はずして直ちに我に需むるやと。玄順驚き答へて曰く、嗚呼過てり。事卒爾に出でて此の義を失せり。速かに君に告げて小田原侯に歎願せん。先生曰く、我然せよと謂ふにはあらず、其の失序を告ぐるのみ。我も亦此の依頼あることを言上せんと云ふ。玄順江都に歸り此の事を君に告ぐ。君曰く、誠に然り、我が心領中再興の發業に急にして、遂に此の道を失せりと。

是に於て大夫某に命じ小田原侯に至り、巨細に其の旨趣を述べしむ。小田原侯其の志を感じ、其の請ひを許容し人をして言はしめて曰く、領邑再興の道を以て二宮に依頼し玉ふ事某に於て別意あらず。然れども二宮に宇津家の采邑再復の事を命ぜり。加之外諸侯の封内を再興せよとは命じ難し。彼は當家の臣なりといへども非常の人物にして、其の義にあらず其の道にあらざれば主命といへども肯はざる也。若し誠意を以て再三依頼の信義を盡し給はゞ、彼其の誠心を感じ、其の請ひに應ずる事も有るべしと答へしむ。先生も亦人をして前條を君に聞す。小田原侯曰く、天下の民を安んぜんこと自他何の區別あらんや。二宮若し事業の寸隙を以て之を救助する事を得ば、予が悦び何ぞ之に加へんやと宣ふ。某野州に歸り君の言を先生に告ぐ。玄順再び櫻町に至り小田原侯の厚意を述べ、專ら再復の道を請ふて止まず。

是に於て先生已む事を得ず、櫻町撫育の餘財數千金を贈り、數年隨身修行の大島某なるものをして役夫數十人を率ゐ、常州谷田部野州茂木兩所に行かしめ、廢亡の地を擧げ用水路を掘り冷水堀を鑿ち、乾地を卑くし濕地を高くし、其の土地の宜しきに隨ひ或は水田となし或は白田となし、大いに仁術を布き窮民を惠み、善者を賞し惡人を導き善に歸せしめ、勤農を賞譽し惰農を振起し、邑民の負債を償ひ大破の居宅を修復し、或は新家を與へ衣食を與へ農具種穀を與へ、凡そ民の安んずる所以を盡し再興の道を行ふ。民大いに悅び其の仁澤に感じ、舊染の汚俗を改め大いに勤農に趣き、數百町の開田をなし興復の用財たる分度外の米粟千五百苞を出せり。是を以て彌々開田撫育の道を行ひ積年の負債を贖ふこと數萬、隣國其の仁政を歎賞するに至れり。兩君歎悅益々先生の德を仰ぎ給ふ。中村玄順を召して曰く、余が數年の志願二宮良法に依りて成就せんこと疑ひあるべからず。其の初め汝の忠義に起れり、醫にして國家再興の道を勤めん事其の職にあらず。今より醫業を廢し、中村勸農衞と名を改め此の道を勵むべし。今汝の勤勞を賞し祿百石を與へ用人職を命ずるなりと宣ふ。玄順大いに悦び其の君恩を謝し、直ちに歸俗して衣服を改め、細川家の用人となり威權を握り其の勢ひ大夫に勝れり。

【三】細川侯登坂先生至當の道を論ず

細川侯先生の良法を以て兩領分舊來の廢地を擧げ、仁術を布き民心感動して惰風一變せり。先生再び沈思默慮し、拾二萬餘金の負債償却の方法を立て、此の道を行ふこと數年にして借債の減少半に過ぎ、非常の艱難を免れ永安の道に至らんとし、遠近其の善政を稱す。時に天保某年幕府命じ玉ふに大番頭を以てす。細川侯艱難の爲に奉仕の道を欠くこと數十年にして此の命を受け、大いに本意を遂ぐるといへども、登坂の費用一藩の手當其の道を得ず。之を勤めんとする時は領邑興復の業を成すことあたはず。勤めざるときは公務を廢するの罪あり。大いに心を勞し中村を呼びて兩全の道を問ふ。中村對へて曰く、公命廢すべからず。領邑再興の道も亦諸侯の職分也、豈之を廢す可けんや。已む事を得ざれば二つながら存して、登坂の費用を省き諸事質素を主とし勤め玉ふべし。臣猶此の條を以て二宮に問ひ良案を得ば言上せんと云ふ。先生に至りて兩全の道を問ひ、且節儉を盡し勤務並に領分再興の道共に存せんとするの意を陳す。先生色を正しくして曰く、嗚呼中村の過ち大なりと云ふべし。殆んど大事を過り君をして非義に陷らしむ危いかな。中村曰く、某兩道を全くせんとす。然るに危道を蹈み我君をして非義に陷らしむるとは何ぞや。先生愀然として曰く、子未だ君臣の大義を解せざる歟。夫れ臣として君に事ふるに身命を抛つもの古今然り。況んや一家の興廢素より顧みる所にあらず。艱難の爲に役義の命を下し玉はず。多年奉仕の道を欠くものは是幕府の寛仁にあらずや。然して子の君臣共に本意を失ふこと之に過ぐべからず。今君仁政を領中に下し負債の半を償ひ、累年の艱難を免るゝに近し。此の時に當りて幕命を蒙り玉ふもの君臣の本意にして、心力を盡し其の命令を奉じ忠義を盡さんことを欲すべし。然るに領中再復の事を顧み、公務の用財を減ぜん事を計る。是私事の爲に公務を輕んずるにあらずして何ぞや。此の命を蒙らざる時は、領中興復の道を行ひ天民を安んずるを以て諸侯の道と云ふべし。一旦幕府其の職任を命じ玉ふに至りては、天下何ものか是より重きものあらんや。此の時に當れば國民撫育領分再興の事は私事なり。速かに仕法を止め百姓撫育の用財を以て勤務の用となし、足らざる時は領民に令して用金を出さしむべし。猶足らずんば平生一家艱難の爲にだも他の財を借れり。公務の爲に財を借るとも何ぞ之を不可とせん。此の如くして登坂の用具一物も缺くべからず、用財約にすべからず。諸侯にして其の職を勤む、武備全からざるは忠にあらず。假令領邑之が爲に衰弊すといへども顧みる事勿れ。平生仁政を行ひ下民を安んじ、節儉を盡し其の分度を守るも、天下の命あらば身を棄て家を捨て、百萬の敵といへども一歩も退かず之に當り、苦戰を盡し忠孝の大道を蹈まんが爲にあらずや。治平の奉仕亂世の奉仕と異るが如くなりといへども、豈忠義の心に於て一毛の別あらんや。大番頭は諸旗本の長たり登坂何の爲ぞや。大坂の城を守り、萬一變あらば京都を警衞し奉り非常の奉仕を爲さんが爲なり。然るに今其の用財を減じ家政の一助を立てんとせば、大義を失ひ私の爲に公務を欠くの大過に陷らん。豈之を忠といはん。

何ぞ之を義といはんや。子大義を知らずして殆んど君を非義の地に陥らしめんとす危い哉。中村憮然として自失し大息して曰く、不肖殆んど大事を過まらんとす。先生の教へなくんば何を以てか此の大義を知ることを得んや。先生曰く、子速かに我言を以て子の君に告げ、仕法を疊みて一途の忠勤を盡すべし、若し之が爲に領邑再び衰廢せば、我又時を待ちて之を興復せん。領邑を興復する事のみ仕法にはあらず。其の時に應じて當然の道を行ふこと是卽ち仕法の本體なりと敎ふ。中村、先生の言を以て細川侯に言上す。君其の正大の言を感じ、意を決し用意其の相當を得て登坂し力を盡して奉仕せりと云ふ。

高慶曰谷田部侯問先生爲政勤於布惠施澤而擧積年之廢非英明過人者豈能如此哉。中村小有才而不能至誠以之先生敎之丁寧反復無所不至。若令中村舍己而終始乎先生敎則國之隆興可僂指而俟也。惜乎及其志得往々用私知不復從先生之敎於是乎事多錯忤人心不附卒不能奏其功蓋亦自取也已。

【四】小田原侯先生を召して領中の飢民撫育を命ず

天保七年丙申の大凶荒に當り、駿豆相の小田原領も亦大いに饑う。領民飢渇を免れ難く山野に出でて草根を掘り木實を拾ふ。君侯大いに之を憂勞し救荒の道を求むるといへども、數萬の飢渇を救ふこと能はず。是に於て家臣某を野州に下して先生を召す。先生曰く、臣此の地に至れるより以來萬苦を盡し再復安民の事を勤む。何ぞや君の委任辭し難きが故なり。今凶饑の時に當り此の民を救はんとして寸隙を得ず。然るに臣を召し玉ふ事何ぞや。初め此の地の興復を任じ玉ふの時に當り、功を奏せざる中は召さず往かざるの約を爲せり。然るに今飢民を棄て江都に至らしむるもの君過てりと謂ふべし。我れ命に應ぜず。若し尋問の事あらば君自ら來り玉ふべし。何ぞ臣を呼ぶ事あらんや。子歸府して此の旨を言上せよ。某怫然として怒りて曰く、臣として君命に隨はざるは不敬也。某君命を受けて使ひす。此の如き無禮の言を以て何ぞ君に復命することを得ん。速かに命に從ひ江都に至るべしと云ふ。先生憤然として曰く、我進退周旋一として君命を重んぜざるはなし。今命を奉ぜざるものは其の初め約する所の君命を廢せざらんとする而已。豈使者の知る所ならん。凡そ君の使者たるもの君命を傳へ、其の對ふる處を以て復命する而已。何ぞ他あらんや。只我が言を君に告げん而已。何を憚りて留滯するや。若し罪あらば我にあらん。子の與かる所にあらず速かに復命せよと。某大いに怒り歸府して君に告ぐるに此の言を以てし、且先生を無道也と訴ふ。君侯憮然として曰く、事の子細を告げずして徒に二宮を呼ぶ故に、對ふるに此の言を以てす。宜なる哉其の隨はざるや。嗚呼我れ國民の飢渴を憂ふること切にして其の辭を盡さず。過てりといふべし。二宮の言直にして當然の理なり。汝再び野州に至り、加賀守大いに過ちたりと二宮に傳へよ。且小田原領民既に飢渴に瀕せり。願くば彼の地に至りて飢民を救ひ我が心勞を安んじ、國家の大患を除かんことを賴むなりと傳ふべしと宣ふ。某大いに驚き前言を悔い再たび櫻町に至りて君命を述べたり。先生對へて曰く、然り君意此の如くならば臣豈命を奉ぜざらんや。然れども今此の地の民を撫育するに遑あらず。此の地の民は十年前に命を受くる所なり。今の命令を先んじ、小田原の領民を撫育する此の地の民に先んずる事は爲し難し。此の地の撫恤終りなば命に随ひて彼の地に趣かん。子此の旨を以て言上せよと云ふ。某又歸府して復命せり。君侯之を聞き悦び玉ふ。

是に於て大夫以下に命じて曰く、二宮既に野州の廢亡を興し、比類なき丹誠を盡し三邑の民を安んず。其の事業衆人の知る所なり。今又小田原數萬の飢民撫恤の事を任ぜんとす。彼元より一家を廢し一身を抛ち、我が出財を止め獨立一身の丹誠を以て此の事を爲せり。初めより國土の爲に力を盡し主恩と雖もこれを受けず。非常の英傑にあらずんば何を以て此の功業を遂げんや。假令恩賞を與ふと雖も亦隨ふべからず。然れども二宮は二宮の道あり、我は我が道あり。何ぞ有功の臣を賞せざる可けんや、若し彼の意此の如しとして賞の道を缺く時は豈人君の職といはんや。汝等之を賞するの道を議すべし。我も亦思慮すべしと宣ふ。群臣之を議すと雖も決せず。君侯是に於て祿若干用人格を以て之を賞すべしと命ず。先生野州三邑の民をして十分に飢渴を免れしむ。其の惠老若男女共に粟五苞を以て食に當つ。平年豊饒の時よりも優なり。是に於て歳の十二月野州を出でて江都に着せり。時に君侯病發上下甚だ之を憂ふ。侯先生の來るを聞き大いに悦び玉ひ、先づ速かに之を賞せよと命ず。恩祿を下し玉ふの前日に當り、先づ人をして麻上下を賜ふ。某君命を以て之を達す。先生怫然として曰く、臣に賜ふに此の禮服を以てす。臣の不用のもの也、何ぞ之を受けんや。子夫れ之を返上せよ。某怒りて曰く、是何の言ぞや。君自ら服し玉ふ所の物を賜ふ。然るに臣として之を受けず、我をして返上せよと、臣下の道何れの處にかある。先生聲を厲して曰く、臣の道を知らざるにはあらず。君の道を知り玉はざるなり。今數萬の國民無罪にして飢亡に臨めり。君自ら之を救ふ事あたはず。遙かに臣を呼びて之を救はしめんとす。我思へらく君臣の來るを待ちて、民を救ふの道を問ひ、下すに米粟を以てせんと。豈圖んや此の物を賜らんとは。臣之を受け寸斷にして飢民に與へん歟。豈飢民此の物を食ふて、命を全くすることを得んや。且臣をして之を服せしめんとするか、飢亡に瀕せる民を救はんに、晝夜を分たず奔走し、頃刻も救助の道の後れん事を恐る。何ぞ此のものを服して飢渇の民を救ふ事を得んや。是の故に不用のものなりと云ふ。無益の賜ものを受けんことと思ひも寄らず速かに返上せよと。某益々怒り此の言を以て君に述ぶ。君侯歎じて曰く、嗚呼賢なる哉二宮、其の言古今の金言なり、我甚だ過てり、其の物を與ふること勿れと。是に於て先生を役所に呼ぶ。先生出でずして曰く、我に何の用かある、只速かに小田原へ往かんとする而已。然るに今我をして役所に招くもの我を賞するに祿位を以てするにはあらざるか。我今數萬の飢民を撫育せんとし、民の飢渴を憂ふる而已なり。然るに飢渴死亡旦夕に迫れる民を措き、祿位の賞を受くるに忍びんや。是を以て命なりと雖も我は往かざるなり。若し祿を與へんとならば夫れ我に千石を與ふべし。然れども豈又千石を與ふる事を得んや。詮なき事也と云ふ。或人其の言に驚き問ふて曰く、子位祿に望なし又受くるに忍びずと。然して千石を與へよと、千石の祿何にかするや。先生曰く位祿は我素より受けざる所なり、若し千石を與へば直ちに之を飢民に與へ其の命を救はん而已。豈他あらんやと。

或人此の言を以て大夫以下に告ぐ。大夫以下驚嘆して曰く、二宮の言是の如し。

兼て評議の祿位を命ぜば彼必ず受けず。豈受けざる而已ならん、又如何なる言をか發せん。止まんには如かざる也と、此の言を君に言上す。侯曰く、二宮の言至れりと謂ふべし。先づ位祿の命は下す事勿れ。我後日大いに賞するの道あるべし。今我が手元用意金千兩二宮に與へ撫育の事を任ぜん。領民救助の米粟は小田原にて藏を開かん、外に財をも與ふぶしと命じ玉ふ。家臣某此の命を先生に傳へ千金を賜ふ。君自ら命じ玉ふ事なれども侯の病惱甚し。是の故を以て之を達せりと。先生謹みて命を拜し臣命を蒙り一度小田原に至らば、民命無事に救助せん。君必ず憂勞し玉ふ事勿れ、と云ひて、卽刻江都を發し晝夜兼行相州小田原に至る。人々其の至誠を感歎す。

【五】小田原侯逝去遺言

先生飢民救助の命を蒙り小田原に赴く。用人某侯の病床に至り此の旨を言上す。侯之を聞かせ玉ひ、金次郎我が言を承知せしと云ふ歟。病中の安心何事か之に如かんやと宣ふ。是より後衆醫良薬を選び療養術を盡すといへども、更に其の功驗あらずして日々に病惱重らせ玉ふ。上下薄氷を蹈むが如きの思ひをなせり。後數日を經彌々快癒の難きことを察し玉ひ、大夫辻某吉野某年寄三幣某勘定奉行鵜澤某等を枕邊に召され、病床に起直り玉ひ、我今は快氣覺束なし。凡そ生あるもの必ず死あり定命何ぞ憂へんや。惟歎くべきは天下の執權を命ぜられしより以來、流弊を矯め上下の衰頽を除き、萬民を安んぜんとして心を盡すといへども遂に其の志願を達せず。是我が大いに恐歎する所なり。

次には領分の民奢侈に流れ困窮に及び、僅かに一歳の凶饑だも飢渇に迫れり。是の如くなる者民の罪には非ず。領主の過ちなり。數年之を一變し領民の憂を除き、永安の道を開かんとすれども不肖にして其の道を行ふことあたはず。然るに幸なる哉。領中に二宮なる者出でて才徳拔群なれば、此のものを擧げて國の永安を任ぜば、彼必ず我が志を達せん事疑ひなし。仍りて先年將に擧用せんとすれども群臣肯ぜず。已む事を得ずして其の時を待たんとして分家の釆邑興復の事を任ぜり。予が見る所に差はずして彼の地の廢亡を擧げ其の百姓を安んず。其の事蹟古人といへどもあたはざる所なり。隣國の諸侯之を慕ひ國政を任ぜり。其の功斯の如く顯然として民之に歸し人之を信ぜり、然れども群臣之を小田原に擧げて國事を任ぜん事を思はず。徒に他邦の重寶となして流弊に安んずる事、豈是國家を憂ふるの忠心といはんや。予元より之を擧げ之に任ぜんと欲すること久し。然れども群臣の不服を如何にせん。彼我が命を受け野州三邑を興し、其の民を安撫し餘力他邦に及び其の力を盡せり。豈其の心他邦にあらんや。惟小田原の民を安んじ予が心勞を休せんとする而已にありといへども、擧用の道を得ざることを如何にせん。責めて他の諸侯懇切の求に應じ數箇國を興復せば、遂に予が志も開け汝等幷に諸臣の睡りも覺め、小田原上下安堵の道を得るの一助ともならんかと、其の誠心生國の安堵にありて力を彼に盡せるにあらずや。予二宮が深意を察せり。是を以て他家領邑再復の事に力を盡さしめたり。汝等夫れ之を知る歟。時を待ちて大いに彼を擧用し、予が志を遂げん事を欲し、今日に至れり。然るに其の事果さずして予が命既に迫れり。末期の遺憾惟斯に在り予汝の忠心他事なき事を知れり。汝等心を合せ予が多年の志を繼ぎ、嫡孫仙丸を補佐し、二宮を擧げ、小田原領中興復上下永安の道を委任し彌々國家をして安泰ならしめよ。誓ふて予が遺言を忘るゝこと勿れと命じ玉ふ。四名大いに君の深慮を感動し、落涙袖を絞り謹みて言上して曰く、君の天下國家を憂ひ玉ふこと此の如く深遠なるを知らず、不肖の罪甚だ重し。然るに今此の命令を下し玉ふ事誠に身に餘れり。如何にもして身命に換へ、君の深慮を達し君意を安んぜん。勞し玉ふ事勿れと。侯始めて心を安んじ終に逝去し玉ふ。嗚呼惜むべし。哀しむべし賢明の君にして賢臣ありと雖も群臣の爲に先生の擧用を果さず。時を待ちて終に其の志を遂げず。豈一國の憂ひならんや。

【六】 小田原領駿豆相飢民に撫育を行ふ

小田原領は駿州豆州相州三ヶ國に跨り、西南は高山峨々として北に又曾我山あり。東は大海にして山海の利其の自在を得たり。中古關八州の太守北條氏此處に居城を構へたる事も亦宜ならずや。土地豊饒にして國俗奢侈に流れ、大いに困窮に迫れり。是其の便利に隨ひ節儉の道を失ふが故にあらずや。時に天保七丙申年夏冷氣霖雨暴風並び至り、五穀實らず既に大饑に及べり。民百計を盡し飢亡を免れんとすれども、活計既に盡き靈命旦夕に迫るもの幾萬人、國の大夫以下心を苦しめ慮りを盡すといへども、空論虚談而已に日を送り、曾て救荒の道其の至當を得るものなし。諸士手に汗を握り空しく大息せり。然るに江都に於て君病に臥し日々重らせ玉ふと數度の註進あり。一藩の悲歎手足を措く所なきが如し。時に歳の十二月先生忽然として小田原に至り君命を受け飢民を撫育せんが爲に來れりと。命令の趣旨を達して、曰く今年大凶に當れり。君病床に在して大いに、國民の飢渇に及び罪無くして死亡に至らんことを歎き、我をして救荒の道を存分に行ふべしと命じ玉へり。我野州三邑の民を撫育し、彼の地の用財を持ち來れりといへども、何ぞ其の一端を補ふに足らん。君江都に於て手元金千兩を某に賜ひ、米粟は小田原に於て藏を開き、救荒の用に當てんと命じ玉ふ。速かに倉廩を開き飢民に之を賑貸して、其の飢渇を救はんと云ふ、大夫以下一度は喜び一度は其の處置如何と疑惑し、互に議して曰く、今領中の飢民幾萬かある。廩粟何を以て周く賑貸するに足らん。且君此の事を二宮に命じ玉ふといへども、未だ某等に倉廩を開き飢民を撫せよとの命令なし。君命至らずして倉廩を私には開き難し。後日令を待たず二宮の一言を以て君の藏を開きたるの咎めあらば、何を以て其の罪を免れんや、此の旨を以て江都に伺ひ、命令あらば開くべし。何ぞ二宮の一言を以てせんやと衆議更に決せず。先生顏色を正し聲を厲して曰く、今幾萬の飢民露命旦夕に迫れり、其の困苦悲歎幾許なるや。君自ら病苦を忘れ、日夜飢民の痛苦をのみ憂ひ、臣に命ずるの間も救助の後れん事を歎き玉ふ。然るに各位の職國民を安んずるを以て任とし、上君の心を安んじ下萬民の疾苦を除き、國家をして永く憂ひなからしむるの職にあらずや。今君大いに憂勞し玉ひ國民既に死亡に瀕せり。然して民を救はんとするの心なく君の憂勞をも省みず。徒に常論を發し日を費し民の餓莩を待たば、何を以て國家の爲に心力を盡すの忠義となすを得んや。我君命を受け此の地に至らずといへども、各々速かに救荒の道を行ひ一民も飢渇の憂なからしめ、然後君に言上し、危急といへども主命を待たざるの咎めあらば、其の罪に服せんこと是元より君に代りて國を守り政を執るものゝ任にあらずや。況んや我君命を傳へて稟粟を發かんことを請ふ。猶之を疑ひ江都に伺はんとす。往還數日にあらざれば再度の君命當地に達せず。民の死亡に及ばんこと朝夕を待つべからず。各君命を得て稟を開く時に至らば、飢民既に過半死亡せん事必然たり。救荒の道是の如くにして其の至當を得たりとせんか、嗟乎惑ひたりと云ふべし。然れども各々の心斷にあらず。言論何の益かあらん。明日より各々斷食して役所に至り、此の評議決せん迄は必ず食すべからず。飽食安居して飢渇の民を救ふことを坐上に論ぜば其の民の困苦を知らず。何れの時か評決することを得んや。今飢民の事を議するに、自ら食を斷じて之を議せば其の可否論ぜずして自ら辨ぜん。某も亦斷食して此の席に臨まん。各々必ず此の如くせよと其の聲雷の如く、一坐大いに驚き且當然の理を感じ、即刻倉稟を發せんと云ふ。

先生直ちに倉稟に走り、速かに藏を開く可きの云々を守者に達す。守者曰く、君命あらざれば豈開く事を得ん。子の言に因りて之を開かば後難免る可からず。先生曰く、某江都に於て君命を受け又此の地に來り衆議一決せり。事急にして未だ役所より達するに遑あらず。汝若し開く能はずんば我と共に飲食を斷ち其の命を待つべし。領民饑歳の爲に露命一朝に迫れり。何ぞ平常の事を以て之を論ぜんやと大音に之を戒む。守者某先生の一言に服して倉廩を開く。先生其の苞數を點檢し領邑へ運送の手配りを定め、是より領中を獨歩或は高山を超え深谷を涉り、終日終夜頃刻も休まず。此の時に至り勘定奉行鵜澤某君命を受け、江都より來り先生と共に廻村せり。

先生君侯の逝去し玉ふ事を聞き、慟哭悲歎流涕して曰く、嗚呼我が道既に斯に窮せり。賢君上に在し我をして安民の道を行はしむ。臣始めて命を受けしより十有餘年千辛萬苦を盡せるは何の爲ぞや。上明君の仁を擴め下萬民に其の澤を被らしめんとする而已、豈他あらんや。遂に其の事半に至らず、君奄然として逝去し玉ふ。以來誰と共に此の民を安んぜんやと大息悲痛自ら前後を失するが如し。暫くありて容貌を改め毅然として曰く、嗚呼憂心歎息度に過ぎ飢民救助の道を怠り一民だも失ふ時は、君の尊靈何ぞ歎き玉はざらんや。一刻も早く君の仁澤を布き此の民を救はん而已と、涕を拭ひ廻村し一邑毎に無難中難極難と三段に分ち、賑貸の員數を定め之を償はしむるに五年を以てし、極難のもの償ひ難き時は一邑の力を以て之を償ふべきの約を定めたり。廩粟至るの間も死亡を免れざるの飢民あり。先生數百金を懷にし、此の如き飢民一人毎に之を尋ね、自ら金を與へて曰く、近日君の惠みありて汝等一人も死亡に至らざるの救助あり。暫時の飢渇之を以て凌ぐべしと云ふ。飢民或は病者數日の絶食容貌疲瘦立つて之を受くること能はず。只合掌流涕救助の忝なきことを謝せり。人皆落涙せざるものなし。駿豆相の領中村々是の如く回歩數日にして救荒の道悉く備はり、都合飢民四萬三百九十餘人、酉正月より五月麥作實のりまでの食を優かに賑貸し、領中一民も離散死亡に至れる者なく、無事に大饑の憂ひを免れたり。實に先生非常の丹誠一世の心力を盡し、古今類ひなき救荒の良法を行ひたり。領民必死の大患を免れ再生の思ひを爲し、大恩を感戴すること深くして數萬の貸粟一人の不納なく約を守り、五年にして皆納に及べり。是を以て民心感動の深さを知るべし。是小田原領先生の良法を慕ひ、舊弊を改め大いに風化せるの發端なり。救荒の正業外に全備の簿あり。故に今其の概略を記す。

【七】先生小田原の大夫某と饑歳當然の道を論ず

申の凶荒に當り、先生救荒の道を命ぜられ小田原に至れり。時に大夫某先生に問ふて曰く、年饑ゑて民を救ふの道を得ず。此の時に當り何の術を以て飢渇の民を救ひ之を安んぜんや。先生曰く、禮に云く、國無九年之蓄曰不足無六年之蓄曰急無三年之蓄曰國非其國 夫れ歳入の四分が一を餘し之を蓄へ、水旱荒年盜賊衰亂の非常に充つるもの聖人の制にあらずや。事豫めする時は救荒の道何ぞ憂ふる事之あらん。然るに僅一年の饑饉至り、救荒の道なしとは何ぞや、是の如くにして國君の任何れにかある。大夫執政の任何を以て其の任とするや。大夫某曰く、事前に備はることあらば元より凶饑の憂あらず。今如何にせん其の備へなく又其の術を得ず。此の難場に臨み之を處するの道ある歟。撫育の米財なくして民を救はんこと英傑明知と雖も能はざる所ならん。將別に道あるか。先生答へて曰く、如何なる困窮の時といへども、自然處すべきの道なしと謂ふ可らず。唯行ふ事の能はざるをのみ憂ひとせり。某曰く、願はくば其の道を聞かん。先生曰く、國窮し倉廩空しくして五穀實らず、國民餓莩を免れざるもの其の罪安んかある。國君大夫以下の職たるや、天民を預り之をして惡に陥らず善を行ひ、人倫の道を蹈み生養を安んぜしむるもの其の職分にあらずや。此の勤勞を以て恩祿を賜はり、父母妻子を養ふことを得。然るに其の民を預り安んぜんとするもの思慮此にあらずして、自ら安居の道を計り奢侈に長じ、上下困窮に陥り萬民をして飢渇死亡に穽るゝに至りて、猶漠然として我が罪なることを知らず、歎ず可きの至りに非ずや。此の時に當り救助の道を得ば可也。若し得ずんば人君此の罪を天に謝し萬民に先立ち飲食を斷じて死すべし。然りといへども一國君を失はゞ其の患ひ至大にして、誰か又國家を治めん。然らば大夫たるもの君の死を止め、領中に令して云ふべし。我等君を補佐し仁政を行ひ百姓を安んぜんが爲の職分なり。然るに上君に忠を盡すことあたはず、下百姓を安んずることあたはず・一歲の饑饉猶其の飢渴を救ふことを得ず、是皆我が不肖にして其の罪重しといふべし。百姓に謝するに死を以てすといへども、何を以てか其の罪を償ふことを得んや。君仁心厚くして某等の罪を自分の過ちとなし　今領民に先立ち命を棄て萬民に謝し玉はんと宣ふ。某等大いに驚き一國上下の大患是より大なるはなし。君素より臣等に安民の政を任ず。臣其の任を受けて而して其の民を飢渴に陷らしむ。此の罪臣等にありと言上し、君の百姓に先立ち玉ふことを止め奉りしなり。是に由て　某百姓に先んじ食を斷ち死を以て領民に謝する也と令し、第一に大夫餓死に及ぶべし。其の次は郡奉行なるもの其の職とする所領氏の危きを去り安からしむるにあり。然るに其の行ふ所道に差ひ此の民を飢亡せしむ、是我が罪なり。死を以て百姓に其の罪を謝せんと云ひ斷食して死すべし。其の次は代官たるもの奉行同罪なりと云ふて食を斷ちて死すべし。是の如くなれば始めて其の任に在りて、其の任を忘れたるの罪を知れりとすべし。領民此の事を聞かば國君の民を憐み玉ふこと一身にも換へ玉ふ。大夫以下我々飢渇の故を以て其の咎を一身に引き飢亡に及べり。君大夫以下何の罪あらんや。我が輩平年奢りに長じ米財を費し、凶年の備へをなさず自ら此の飢に及べり。然るに高祿歴々の重臣之が爲に死亡に至れる事我輩の大罪にあらずや、餓死元より當然なり。高祿の貴臣尙食を斷ちて終れり。我々の餓莩に至らん事何の恐るゝ所かあらんやと、一同饑歲を恐れ死亡を憂ふるの心忽然として消し其の心悠然たり。一旦憂懼の心去る時は食其の中にあり。領民互に融通し又は高山に登り草根を食とし、國中一人の餓莩なきに至る事必せり。一年の凶饑何ぞ一國の米粟竭盡するの理あらんや。又百草百木も人を養ふに足れり。然して國民飢亡に及ぶものは憂懼の心主となり、食を求むるの氣力を失ひ死亡に至るなり。譬へば玉なしの鳥銃の音に驚き死するが如し。鳥銃玉なくんば豈人を害せんや。然して斃るゝものは玉ありとなし其の音に驚き死す。一歲の凶年何ぞ人を害せんや、人饑饉の音に驚き飢渇に及べり。是の故に政を執るもの咎を一身に引きて先づ死する時は、音に驚きたる衆民の懼心消散し、必ず飢に及ぶものなし。豈奉行代官までの死を待たんや。大夫餓死せば萬民救はずして必ず飢亡を免るべし。是荒政の術盡き萬民を救はずして救ふの道なりと云ふ。大夫愕然として自ら失ふが如く、流汗衣を沾し良久くして曰く、誠に至當の道なり。

【八】小田原領中興國安民の道を開業す

小田原侯逝去し玉ひ、下百姓に至るまで赤子の慈母に離れたるが如く、茫然として悲歎に迫れり。嫡子讃岐侯は父君に先立ち逝去し、嫡孫仙丸君幼年にして世を繼ぐ。是に於て大夫辻吉野以下先君の遺言を奉じ、領邑再興の道を先生に委任せんとし、既に評決して、天保九戊戌年先生に命じて曰く、野州三邑再復百姓撫育の良法小田原領中へ移し、永安の道を開くべしとなり。先生謹みて命を受け、然後端を改めて大夫以下に謂ひて曰く、先君寛仁にして國民を安んずるの政に心思を盡し、曾て屢々臣に此の事を訊問し玉ふ。微臣思へらく小田原上下の勢ひ之を四時に譬へんに秋冷の時に當れり。夫れ秋は春夏生々の五穀皆熟し、周年中の豐饒なること秋を以て最上とす。世人此の時に當れば後日の艱難を慮からず前日の艱苦を忘れ、惟目前の奢侈を以て快しとす。是凡情の常にして遂に貧苦を免れざる所以なり。小田原上下先年困窮極り、高祿の重臣と雖も今日の活計に困しめり、然るに方今漸々其の窮を免れ、強ひて領民の租税を增し借債を償はず、水草の根なくして花を開けるが如くなる時に及び、奢侈を常とし節儉を惡み、倘此の上の豐富を望み不足心息まず。聊か後難を憂ふるの心有らず。此の如くなる人情に當りて、上を損し下を益し、節儉を行ひ永安の道を確立すること豈難からずや。嗚呼時既に秋に當れり、如何ともすべからず。君之を憂ひ臣をして永安の道を立てしめんとし玉ふといへども、人情の背く所何を以て上下の時勢に反し道を立てることを得んやと言上す。先君沈吟良久くして曰く、汝の見る所時勢的然なり。方今は行ふこと能はずと雖も、嫡孫仙丸の代には行はれんか。汝今より其の備へをなし、後年必ず永安の道を開くべしと命じ玉ふ。某其の行はれ難きことを知れりといへども、先君の國家を憂勞し玉ふ事是の如し。然るを後年と雖も猶難からんと言上せば、君の苦心を安んずるの道なし。已む事を得ず後年仙丸君の時に至らば行はるべきの時も至らんか。成不成に拘はらず臣の分量をば盡すべしと言上せり。先君賢明にして國民を憐み玉ふこと子の如く、興廢存亡の機を察し玉ふ事平常の企て及ぶべきにあらず。然して猶大いに仁政を施し、國弊を除き玉ふ事あたはず。況んや當君若年にして此の大業を擧げ、國の舊弊を一洗し衰弱に陷らんとする國家を再盛し、永安の道を不朽に確立し玉ふ事臣其の成し難きを知れり。然りと雖も前言此の如し。今之を辭せば先君泉下の憂勞を安んず可きの道なし。臣は臣の道を盡さんのみ、豈其の成功を論ぜんや。然れども一旦野州の仕法を移さん事を命じ玉ふ時は、仕法の本源立たずしては行ふべきの道あらず。如何となれば某野州廢亡の三邑再興を命じ玉ふ時に當り、宇津家の分度千五苞を以て定額とし、廢地を開き民を惠み餘財を生ずるに至りては之を分外となし、無盡の米粟を生じ彼の地を舊復せり。外諸侯の封内を再興するも皆此の基礎を定め、然後法を下せり。況んや小田原十一萬石の領邑を再復し萬民を安んぜんとするに、此の本源立たず撫育の米財なくして、徒に領邑を再盛せんことは聖賢といへどもあたはざる所なり。況んや臣の不肖何を以て君命を汚さず、再興の道を行ふことを得んや。故に既往十年の貢税を平均し、其の中を執りて再興の道成就を奏するまでの分度となし、此の度を以て入るを計り出づるを制し、節儉を行ひ有餘を生じ萬民を救助し玉ふべし。此の本源確立せば目今仕法行はれ難きの理ありといへども、猶其の成るべきの道を生ぜん歟。苟も其の本立たずして徒に末を擧げんとせば、是民を惑はし遂に聚斂の災を開き、國を興さんとして却て其の國を亡ぼすの大患を生ぜん。是故に分度を立つる時は大仁を行ふに足り、分度なき時は國を廢するの殃となれり。若し分度は立つべからず、獨り領中のみ再興せよとの命ならば、君命重しといへども臣之を辭せんのみ。此の有無は大夫以下の評決に依れりと云ふ。

大夫某大いに此の言を感じたりといへども、上を損し下を益すの道誰か之を同意せんや。若し分度を立つることあたはずといはゞ二宮必ず命を受けず。受けざる時は先君の遺命を廢し、我々の罪免れ難しと沈吟して曰く、子の言至れりと云ふべし。分度なき時は行ふ可きの道有らざる事は曾て聞く所なり。然れども今速かに評決には至り難し。子先づ小田原に往き民間に良法を施すべし。近日子の言を以て力を盡し此の本源を定め永安の道を行ふべしと。先生曰く、分度定不定の未だ決せざるに郡邑に着手すべきの道なし。先づ其の本を定むべし。農間の事は急ぐに足らざるなりと云ふ。大夫以下頻りに開業を請うて止まず。先生俄に爭ふべからざる事を察し、其の令に任せ小田原に至り、良法を一二邑に開業せり。領中の民前年飢渇死亡を免れ、今又先生君命を受け來りて仁術を行ふ事を聞き、四方の民蟻の如く集り、其の敎へを聞き其の仁術を慕ひ先生の德を仰ぐ事父母の如く、僅かに一二邑に手を下し忽ち郡中舊來の惡俗を洗ひ、互に遊惰を戒め推讓の道を起し、七十二ヶ村に推し及び大いに風化の道行はれ、上下擧げて先生の高德を歎美す。

【九】先生小田原より野州へ歸る領民野州へ來り仕法を請求す

先生一度小田原領へ仕法を開き、七十二邑忽然として風化せり。然して國本分度確立の有無を屢々問ふといへども、國家の大體容易に決すべきにあらずと云ふ。先生郡奉行某鵜澤某に謂ひて曰く、國體の分度定らざる時は仁政の本根なし、仁の本立たずして下民を惠まんことを計る。是誠に民を憐れむの仁心なきが故也。我君の大仁を唱へ下民の困苦を除き之を安んずるの道を行ふ時は、百姓誠に君の大仁を下し玉ふと爲し、歡喜して力を稼穡に盡し租税を増して其の恩に報ぜんとす。人の上に立ち此の貢税の増益を悦び之を取る時は、民力盡きて忽ち困窮し、遂に氓民とならん。然らば此の民を惠み之を安んぜんとするにはあらず。坐ながら聚斂を行ひ民をして其の所を失はしむるに歸せん而已。我不肖なりと雖も先君の命を蒙り十有餘年行ふ所、皆下民を安んじ上下永安ならしめ君の心を安んぜんとして萬苦を盡せり。何ぞ今に至り仁政の本立たざるの地に仕法を下し、此の民を苦しめ聚斂の政を助けんや。子の輩其の本源に力を盡さずして農間に心を用ゐば、仁を行はんとして遂に聚斂の臣に陷らん。豈忠臣の爲すべき所ならんや。先君既に逝去し玉ふ。我如何ともし難しと云ふ。某大いに先生の苦心を察すといへども、力の不足を憂ひ默然として答へず。先生飄然として獨歩し、遂に野州櫻町に歸れり。

奉行某鵜澤某大いに驚き此の條を以て大夫某に達し、先生の正言を陳述すと雖も評議するのみ更に決せず。領民先生の住所を知らず。又去る所以を知らず。自ら誠意の足らざることを悔い、彌々奇特の行ひを顯はし良法を先生に請はんとす。然るに先生櫻町に歸りたりと聞き、諸村の里正細民に至るまで慕ひ來り、衰邑再盛の仕法を歎願して止まず。先生日夜之を教ふるに、身を修め家を起し一邑の艱難を除き孝悌の道を全くすることを以てす。日々に數千言皆其の人物に應じ、譬諭教誨盡さゞる所なし。聞く者感激寢食をも忘れ感涙を流すに至れり。其の仕法を請ふ事至つて切なるものは、止む事を得ず一邑再復の規畫を立て之を與ふ。衆大いに悦び小田原に歸り道を守り法を行ひ、頗る難村の衰癈を擧ぐるもの少からず。同年某月鵜澤某命を奉じて野州に至る。先生に謂ひて曰く、再び小田原に往き、諸村を再興して其の民を安んぜよとの君命なり。先生夫れ速かに發せよ。先づ領中を再復せんには仕法の官廨なくんばあるべからず。仍て新に造立せり。其の圖此の如し。先生彼の地に至り道を行はんに此の官廨に於てせば、數百人集會すと雖も可なり。先生怫然として曰く、仁政の本源たる分度既に定る歟。鵜澤曰く、是一朝の決すべきにあらず。然れども仕法の爲に官廨成れり。順を以て分度も亦決せん而已。先生曰く、是何の言ぞや。國に分度なき時は桶に底なきが如し。假令百萬の米財ありとも其の窮せんこと必せり。又何を以て飽くまで百姓を惠むことを得んや。我が言ふ所の本源は定むることあたはず、無用の官廨を造立する何の益あらん。國に分度ありて之を守り、分外の財を以て萬民を惠恤す。此の大本立つて興復の道備はらば、官廨を造立するも可なるに似たり。何ぞ其の本を廢して此の如き末事を爲すや。道行はれざる時は此物不用にして徒に腐朽せん而已。惑ひたりといふべし。予小田原に至らん事思ひもよらずと。

鵜澤某大いに色を失ひ、數月櫻町に在りて、頻りに先生の往かんことを求めて息まず。然るに小田原駿相の邑民談合し、一邑毎に丹精を積み、先生の良法に基き衰貧の憂ひを除き再復せんと欲し、或は衣類を沽却し家財を鬻ぎ繩を綯ひ之を集め以て其の邑再興の用度となし、互に財を讓り艱難を盡し他の艱苦を救ひ、善事を行ふを以て本意とし、舊染の汚風忽ち變じ大いに淳厚誠實の行を立て、衰邑再盛の指揮を先生に問ふ。先生歎じて曰く、嗟乎下民道を聞き一旦感動するに及び、自ら其の舊弊を革め平常の行ひ難き推讓奇特の行ひを立つること是の如し。先君世に在し此の事を聞き玉はゞ感賞許多ならん。今領民此の如く丹誠を盡す事、是先君大仁の感徹するにあらずや。下民すら私欲の念を去り邑を興さんとす。然るに人君政令を下して國家を治めんとするに、此の民を惠むこと能はざるは何ぞや。若し領民此の行ひを立て道を請ふ。我其の國本の立たざるを以て之を棄つる時は、百姓度を失ひ風俗頽敗遂に主君を怨望するの心を生ぜんか。然らば先君萬民を憐み玉ふ仁心を失ひ國家の患豈少小ならん。誠に已む事を得ざるの時といふべし。我彼の地に至り下民の丹誠を失はざるの道を與へんのみと。此に於て天保十己亥の冬野州を發し小田原に至り、足柄上郡竹松村曾比村に良法を開き、大いに邑民を撫育し永安の道を立て、教ふるに人道を以てし導くに節儉勤業を以てす。兩邑數千金の借債を償ひ、民の憂苦を去り安息の道を與へ、凡そ再盛に至る所以のもの施行せざることとなし。兩村の民感泣して其の恩を謝せり。庶民の來りて教へを請ひ、仕法を求むるもの日々に數百人、已む事を得ず、仕法を立て財を與へ衰邑再興の道を施し、前後其の財五千餘金に及べり。皆先生數年の良法丹誠に由て生ずる所の淨財なり。而して專ら先君當君の仁惠を唱へ、之を行ふ。領中益々感動し互に節儉を行ひ、他の困苦を救助するを以て本懷とし、孝悌信義の道行はれ、聞見する者感歎せざるはなし。小田原仕法此の時を以て盛んなりとす。然して先生翌子の季春又飄然として野州に歸れり。

高慶曰賢臣常有而明主不常有。自古明主位于上而賢臣淹抑于下者未之有也。小田原侯恭儉明恕號稱近明主。果能擧先生於畎畝之中將委以國家之重若使此君得永年蒼生之被其澤者豈可得而計哉。惜乎其業未央奄然告逝。先生夙懷濟民之心欲大張政化以酬明主之知不能得也。嗟乎有此君有此臣而此民獨不得被其澤者豈非命乎。雖然先生所以興廢頽安黎庶之方備矣。安知後世無有明主又作循此道而安此民者哉。然則德之施于一世者有限而後之民將有被無疆之澤者嗚呼亘萬世而吾知其無二湮滅一者其唯レ先生之道乎。

【十】 三幣某先生の言に從ばずして遂に廢せらる

小田原藩三幣某勇力出群眼光人を射る。頗る才知ありて能辯なり。先生其の初め野州三邑再興の命を受くるに當りて先君曰く、臣下誰に命じて汝に力を添へしめんか。先生對へて曰く、三幣才ありて且勇あり。彼の地に至り艱苦を共にせんものの三幣に非ずんば不可也と。是に於て君三幣に命じて曰く、汝二宮に力を合せて分知の衰邑を擧げよ。三幣謹みて命を受け、野州に至り力を盡し廢亡の地を開き安民の道を行ひたり。僅かに二年にして小田原侯三幣を召して年寄職を命じ玉ふ。三幣大ひに悦び其の志を得たりとす。先生野州に在りて此の事を聞き、大息して曰く、始め君臣に問ふに此の地の再復を共にせん者を以てす。臣之に對ふるに三幣を以てせり。豈一二年の間を言はんや。此の地の成業を奏するの期を以て言上せり。且三幣に約するに三邑再興し、此の民安堵の地を踏むに至らずんば、二人假令君命ありといへども他の職を受くべからずと誓約し、以て此の地再興の道を開きたり。然るに今君之を擧げて重職を命じ玉ふは、三幣我が道を聞き、言行共に以前の三幣に非ざるを以てなり。君一度此の地興復の事を助力せよと命ぜし三幣を他の用に轉じ玉ふ事過れりといふべし。然れども君は君なり。三幣何ぞ此の難業を我一人に負せ、契約を變じて君命を受く、一言の辭退もなく又我に一言も談ぜずして、其の職分を悅び此の地の事を遠見するの理あらんや。其の信なきこと斯の如し。何を以て獨り君の爲に身を顧みざるの忠を盡すことを得ん。信義を棄て心を目前の幸福に用ら。三幣必ず其の終りを遂ぐることあたはず。豈是一人の不幸ならん、實に國家の憂ひなりと、歎息時を移せり。後三幣彌々君寵を得て威權共に行はれ、其の名他邦に響き人之を稱し諸事意の如くならざるはなし。是に於て自ら時を得たりとなし頗る奢侈に長じ、諸人の音物夥多しく、日々の浴湯之を燒くに菓子箱を以てせりといへり。然るに小田原の大夫服部某は元來先生の道を聞き、一轉の改革と唱へ君家の政事を革め有益の事を謀り威勢其の右に出るものなし。三幣服部と共に此の事を擧げたり。

遂に過誤ありて服部某を始め其の餘改政に與りたるもの數人退けらる。獨り三幣而已江都に在りて免れたり。先生之を聞き服部を始め、少しく我が言を聞き未だ其の深理を知らず。猥に己れの知慧となして大事を擧げたり。然れども國本を固くし民を安んずるの仁道にあらずして、君以下藩士の榮利を計れり。是其の本を捨て枝葉の榮えを求むるの術なり。何ぞ國家を泰山の安きに置くの事ならんや。然して自ら過てりとせば又改むるの道なきにあらず。自ら國家の有益を爲したりとし、其の功に伐るの心あり。何を以て其の久しき事を得んや。才力國中に冠たりといへども我言を用ゐず、遂に無用の人となれり。歎ず可きの至りに非ずや。今三幣一人殘れりと雖も是も亦服部に異ならず。野州に一身を拋たんとし、忽然として約を變じ榮利を以て悅びとなす。最早廢棄の時至れり。此の人も亦無用に歸せば、進が仁術を布き國家永安の道を開き、君意を安んずるものあらん。我君の爲に三幣を救はずんば有るべからず。然りといへども信の道立たず。又我が言を用ゐることあたはざるを如何せんと。遂に江都に出でて三幣に謂て曰く、子今威權ありといへども風前の燈火よりも危し。何となれば先年共に改政を爲すもの盡く廢せられたり。子獨り何を以て免れんや。元來野州三邑興復の道我と共に力を盡し、成業に至るまでは主命といへども轉勤昇身すべからずと約せり。然かるに忽ち君命に應じ當職に登り、其の約と信とを棄てたり。然れども一身を拋ち忠を盡し、自ら節儉を行ひ一藩に先立ち艱苦を甞め音物の道を斷じ、廉潔正直を以て上下の爲に力を盡さば、君之を信じ一藩も亦其の德を慕はん。然るに子知らず識らず奢侈を生じ榮利を悅び、功を貪り名を求むるの事に流る。是の如くにして永く此の職に居らんとする豈難からずや。早く一身を省み音物を絕し、儉を行ひ前過を言上して退勤を君に請ふべし。然らば子の過を改めたるを見て、上下心を安んぜんか。强ひて人より勤めしむる時は可なり若し請ふて君其の請を免さば退きて過を補ふべし。是兩全の道にあらずや。苟くも留滯して今日を送らば廢棄近きにあり。我此の言を述ぶるもの子と懇意の故にはあらず。實に國家の爲に已む事を得ざればなりと理を盡して三幣に敎ふ。三幣曰く、子の言當然の道也といへども、我此の職に任ずるより以來忠を盡さんとするの外他事あらす。不肖にして過ある事は是非に及ばざる所なり。君某に退職を命ずる時は元より其の所なり。君一日も用ゐ玉ふに至りては臣より退職を請ふもの臣の本意にあらず。我之を辭するの心なしと云ふ。先生其の諫むべからず救ふべからざることを察し、曰く、嗚呼時なるか如何せん。子己れの過を文りて人の直言を拒ぐ、亦論ずべからず。子必ず之を悔いん而已と、筆を操りて一首の歌を書し、之を與へて去る。歌に曰く

　こがらしに吹殘されし柏葉の春の雨夜をいかに凌がん

三幣之を見て猶自ら省みる事あたはず。數日にして君三幣を退職せしめ小田原に歸らしむ。三幣愕然として驚き積年の勤勞一時に廢したりと大いに歎き哀しみ、爲す所を知らず。先生之を聞きて曰く、三幣我が言を用ゐずして斯に至れり。今は悔ゆるの心生じたらんか、今一度國家の爲に之を救はざる可らずと。是に於て三幣の居に至れり。三幣愀然として曰く、我子の言に隨はず、己れを是として君寵を恃み必ず此の事あるべからずと思ひたり。然るに今子の言の如く廢せられ積功此に空し。如何せば可ならんか。先生曰く、往事說くべからず、來るものは猶應ずるの道あり。

再び一言せんか、子一身の爲に此の職を務めたるか、將君家の爲に勤めたるか。三幣曰く、是何の言ぞや、我不肖なりと雖も一身を利せんが爲に力を盡さんや。先生曰く、然り元より臣下の道一身を棄て君に忠を盡さんとする事常道なり。然らば一身過ありて退けられたりとするか、將退くるもの丶過とする歟。三幣曰く、是皆某の過にして忠勤足らざるが故なり。何の怨かあらん。先生曰く、然り、素より退くるもの丶過にあらずして子の過なり。子今身の過を知らば、何ぞ其の過を謝せざるや。三幣曰く、過を謝せんとして其の道なし。假令謝したりとも何の益あらんや。先生曰く、元より君に向ひて謝するの道なし。然れども何ぞ謝するの道なしとせん。三幣曰く、其の謝するの道如何。先生曰く、言を以て謝するにはあらず、行ひを以て謝せん而已。三幣曰く、行ひを以て謝すること其の道如何。先生曰く、斯に道あり。斷然として在職中の奢りを改め、衣服器財金銀に至るまで一物も餘さず之を出し、一藩の貧人に贈り奉仕の用に當てしむべし。然して明君上にあり各々忠勤を盡すべし。必ず某の不忠の如くなる事勿れと一言を殘し、妻子共に歩行して一物を携へず一僕を連れず小田原に歸り、緣者の助力を得て艱苦を盡すべし。然して日夜國家を憂へ身の過を悔い、一身艱苦の足らずして過を補ふに足らざる事を憂ふべし。心に誠に是の如くならば、君必ず之を憐み人必ず之を稱せんか。自然再び國家に眞忠を盡すべき時至らずといふべからず。然れども此の行ひに聊かも名聞の心ある時は至誠の道又絕せん。子誠に過を知り之を謝せんとならば此の行ひを立てよ。我子の爲に此の言を發するにあらず、國家の爲に已む事を得ずして一言せざるを得ざるなりと敎へたり。三幣默然として良久しくして曰く、是容易の事にあらず。退いて愚案し然して後行はんと云ふ。先生大息して曰く、再三至當の道を說くと雖も行ふことあたはずんば、國家の事既に止まん而已。如何ともなすべからずと云ふて去る。三幣終に此を行ふこと能はず。家財衣類一物も殘さず數駄の馬に附し、駕に乘じ小田原に歸れり。然して後活計其の道を失ひ、借債の爲に此の財物を失ひ極貧に陷り、再勤の命あらず。遂に一世空しく歲月を送れり。先生終身此の事を歎息したりと云ふ。

【十二】 小田原再興の方法中廢す

小田原領分七十二邑の民日々業を勵み艱難に安んじ、負債を償ひ邑を再復せんと欲し、殊勝奇特の行ひを立て、他邦のもの此の事を聞くに及びては感歎して涕を流すに至れり。此の時に當り國本の分度を定め大いに民を安んぜば、必ず上下永安の道に至らんこと手を反すが如くならん。然るに天保十三壬寅年幕府の命ありて先生を普譜役格に召し抱へ玉ふ。小田原侯の大夫某先生に此の旨を達せり。先生曰く某二十年前先君野州三邑の廢亡を興復せんことの命を受く。之を辭する事三年先君厚く臣に命じて止まず。臣君の仁心深きを感じ君の心を安んぜんが爲に命に隨ひ、十餘年の力を盡し彼の地を再復なしたりといへども、未だ全く功を奏するに至らず。先君再び小田原の飢民を撫育せしめ、繼ぎて遺命ありて野州の仕法を小田原に移せり。興復の道其の本源未だ立たずといへども、民間既に再復の道を守り晝夜となく力を盡せり。今之を廢せば數萬の人民道を失ひ、再び衰廢に陷らんこと必せり。然らば先君民を憂ひ玉ふの仁心此の時に廢せんか、某先君の憂心を一度安んぜんとして今日に至れり。何ぞ圖らんや、此の事を廢棄して幕府の命を受けんとは。故に某命を固辭す。君公より幕府へ言上し玉ふべし。領中衰廢再興下民撫育の事を二宮に委任せり。今事業半に至らずして二宮手を引かば、領民一同の望みを失ひ、先代以來安民の事に心を盡せしも一時に廢せん。願はくは領中再興の道可なりにも成功を立てんまでは、登庸を免ぜられん事を請ふとあらば、幕府之を許容し玉はん歟、然して小田原領民其の所を得たらん後は此の命をも受くべしと云ふ。大夫某曰く、子の言誠に先君に報ずるの忠心至れりと謂ふべし。然りといへども一度命令下るときは謹みて其の命を受け玉ふこと君の道にして、小田原領の事は私事なり。私事を以て命令を辭し玉はゞ、君の忠義を缺くに似たり。故に當君の爲を思慮し速かに命令を受くべしと。先生曰く、然らば小田原の仕法は此の時を境に廢し玉はんか。大夫曰く、何ぞ廢することを得ん。先君以來の事蹟を言上し、子勤務の間に以前の如く指揮を得んことを歎願せば、何ぞ之を許し玉はざらんや。子小田原の事は勞すると勿れ。必ず先君の遺志を遂げんと云ふ。是に於て先生止むことを得ず命令に隨ふ。直ちに小田原仕法先生の指揮なくんば領民度を失はんことを書し、公務の寸隙を以て從前の如く仕法の指揮有らん事を歎願す。幕府速かに此の願ひを許容せり。是に於て先生始めて憂心を解くに似たり。

同年冬下總國印旛沼見分の命を奉じ總州に至れり。此の時小田原より大夫某俄然江都に來り、江都の大夫以下を退勤せしめ、小田原に歸國せしむ。後弘化三丙午年に至り小田原先君以來の仕法を廢し、領民をして先生に往返することを禁ず。領民の愁歎限りなし。先生積年の丹誠忽然として廢棄す。先生愀然として歎じて曰く、嗚呼我が事斯に止まれり。先君の國民を憐み玉ふ事子の如く、我をして之を撫育せしめたり。予一旦命を受くるより以來、君の仁澤をして此の民に被むらしめんとする而已。天地に祈り鬼神に誓ひ今日に至れり。然るに當君幼にして先君以來の事を聞き玉はず。時の執政遂に國家興復安民の道を廢せり。時勢如何ともすべからず。予聞く君子は天をも怨みず人をも咎めずと。予も亦誰をか怨み誰をか咎めんや。皆我が誠心の足らざる所に出づるもの也。此の道の本源たる小田原既に此の道を廢せり。我他に行きて此の道を立つる時は、小田原の非を顯すに似たり。故に今速かに諸方の仕法をも一時に廢し、以て小田原の心を安んぜん。是我が故主に答ふるの道なりと。將に發せんとす。外諸侯に此の事を通ず。諸侯議して曰く、先生興國安民の道は天下の良法なり。然るに之を廢棄するは小田原君臣の大過と謂はざる可からず。目今自國百年の廢を擧げ、此の民を安んじ國家の永安を開かんとす。何を以て他の大過に倣ふことを得んやと。先生一世の困苦勞心此の時に過ぐるものあらず。小田原先君の墓に詣りて跪き合掌流涕して時刻を移せり。從者皆先生の至誠を感じ共に涙を流し聲を呑むに至れり。其の後先生終身先君の仁を擴充することあたはざるを憂ひとし、心に小田原再び安民の道の開けん事を祈りたりと云ふ。

高慶曰昔者孔孟哀民之困於虐政欲躋之於康寧之域周流於天下說之以王道。夫治國安民者人主之職也。居其職而求其道豈有急焉者乎。然而一聞其言皆芒々焉如聾如瞶莫能用之且夫先生之至誠如彼其功績顯著亦如彼一旦小田原侯捐館舍則其言忽焉爲廢棄嗚呼道之難行今昔之所同聖賢亦無奈之何也。雖然如先生之言不能施之於當世而其垂于後者益明。豈得以一時之顯晦軒輊先生哉。

卷之六

【一】下館侯興復安民の良法を先生に依賴す

常州下館侯は下館城附壹萬三千石河內國に七千石合して貳萬石を領す。天明卯辰の凶荒以來戶口大いに減じ、收納の減少も亦之に準ず。上下の艱難甚しくして一藩扶助の道も全からず。負債三萬餘金に及び、一年の租稅其の利を償ふに足らず。百計を盡すと雖も此の艱難を除き永安の道を立つることを得ず。上下大いに之を憂ふ。天保九戌年に至りては既に一藩扶助の道なきに至れり。領民の艱苦も亦推して知るべし。然るに先生櫻町三邑再復の功蹟下民撫恤の仁術を聞き、郡奉行衣笠某をして櫻町に至り、上下の憂ひを除き永安の道を依賴せしむ。衣笠某其の性慈仁實直にして頗る人望を得たり。國家を憂ふること深きを以て君此の大事を命ず。衣笠某君命を奉じ櫻町に來り、先生に見えんことを請ふ。先生事務暇あらざるを以て之を辭す。再三請ふと雖も見ゆることを得ず。下館に歸り言上して曰く、夫れ賢人に逢はんことを求むると雖も見ゆるを得ざるもの古今の常なり。貴きを以て賤しきに下るものは其の賢を貴ぶなり。今君命を奉じ彼の地に至ると雖も、二宮固辭して逢はず。其の賢益々明白なりといふべし。再三往きて君の敬禮信義を通ずるにあらずんば、見ゆることを得べからず。況んや國事の依頼を受けんや。某二度彼の地に至り君意の切なることを述べん而已と。君曰く、然り是予が誠不誠にあり。汝再三往いて信義を通ぜよ。是に於て衣笠再び櫻町に至り頻りに請ふて止まず。先生止む事を得ずして面會す。衣笠大いに歡び言ひて曰く、主家連年艱難に迫り借財數萬兩に及び元利之を償ふの道なし。年を經るに隨ひ增借に至り、既に一藩を扶助することを得ざるに及べり。此の艱難を除かずんば、遂に災害並び至り亡國に比せん而已。君臣共に百計焦思すと雖も凡慮の及ぶ所にあらず。我が君之が爲に寢食を安んぜず、先生の高德仁術の良法を聞き頻りに欣慕し、尊諭を受け此の艱難を除き、一度上下を安んじ忠孝の道を盡くさんことを願ひ某に命じて國家再興の事を先生に依頼せしむ。願くは先生下舘上下の困苦を憐み、再復安堵の良法を授け、我が君の心を安んじたまはん事を請ふと云ふ。先生曰く、某此の三邑に宰として此の民を撫育する事、猶力足らずして君命を辱しめんことを恐る。何ぞ外諸侯の託を受けて、其の艱苦を除くの餘力あらんや。曾て小田原先君某に此の地の再興を委任せり。之を辭すること三年、而して命を下すこと彌々切なり。予已む事を得ず此の地に來り此の事を成せり。先君小田原領を再興せんとして屢々余に問ふ。余曰く、小田原上下の勢ひ四時中の秋に當れり。夫れ秋なるものは百穀皆熟し周年中此の時を優かなりとす。小田原舊來の艱難少しく免れ、下民の艱苦を知らず。賦税を重くして目前の逸樂を好み、國本を薄くして其の末葉を厚くすることを主とせり。之を病者に譬へんに逆上の疾の如し。一身の氣頭上に登り兩足冷寒、氣血下に回らずして遂に重病に至らん。之を治せんとせば上氣を下し兩足をして溫暖ならしめ、血氣惣身に循環せざれば其の疾ひ治すべからず。然るに下部の厥冷を憂ひとせず逆上を以て幸となさば、遂に一身を失ふの害を生ぜんか。今下民艱難の米粟を度外に納めさせ、之を以て一藩の悅びとなす者何を以て之に異ならんや。危道に身を置き安泰なりとせり。此の憂ひを除かずんば不朽の平安は得難かるべし。夫れ治平の道如何。上を損して下を益し、大仁を下し下民を撫育し國民をして優かならしめば、逆上の憂ひ去り、國本固くして上下安かるべし。然れども一藩何ぞ民を憂ひ自ら艱難に安んずるの心あらんや。故に道は善美なりと雖も、當時の人情にては行はれ難し。自然艱苦の時至らば又行はるゝの時あらんか。强ひて秋節に臨み春陽の道を施さんとせば、事成らずして憂を生ぜんか。良法ありと雖も其の時にあらざることを如何せんやと言上せり。

夫れ衰貧の起る所必ず根源あり。其の本を察せずして徒に目前の憂を除かんと欲す是の故に力を盡して益々其の憂ひ増倍するもの滔々として皆是なり。今下舘侯天下の一諸侯として其の祿貳萬石を領し玉ふ。然して衰貧の極に至ることを免れずんば、小祿小給のもの誰か一人此の世に立つことを得んや。諸侯にして此の憂ひに及ぶもの他なし。下百姓を安んずるを諸侯の任とせり。然して其の任を怠り安んずることあたはざるのみにあらず。下民粒々辛苦の米粟を以て、奢侈の用に充て民の父母たるの道を忘れたるが故に非ずや。是に於て領民年々に窮し農力を失ひ、衰貧に陥り租税減少して遂に上下の艱難となる。猶其の本を省みずして坐ながら、商賈の財を借り其の不足を補はんことを計り、天分の分限を省み節度を立てんとするの行ひなく、借債なるもの國家を亡すの讐敵なることを知らざるが故に往々衰極を致せり。一旦其の本源を明かにして仁政を行ふに非ざれば、何を以て國の衰廢を擧げ永安の地を蹈むことを得んやと。

衣笠某之を聞き大いに感じ且歎じて曰く、嗚呼先生の敎導誠に至れりと云ふべし。夫れ小田原先君は賢君にして仁義の道を行ひ玉ふこと世の稱する所なり。然りと雖も小田原の時勢既に秋に當り、仁政行はれ難しと先生言上し給ひ、賢公大志を懷き空しく過し玉ふとならば、其の時に非ずんば聖人と雖も如何とも爲すべからざるもの也。此の君にして此の臣あり、然して猶行はれず、今下館の時候は何と云ふべきか。春夏にもあらず秋にもあらず、且之を譬へば嚴寒の時と云ふべし。何を以て此の憂ひを除く事を得ん。假令衰廢極れりと雖も人力の及ぶ所にあらずと大息して將に退かんとす。先生曰く、然らず小田原秋の時候なるが故に、人其の目前の利を利として仁道行はれ難し。下舘既に極寒に至れり。陰極る時は一陽來復せずんばあるべからず。上下艱難に困せり。是に於て春陽の道を行はんには其の時至れるに非ずや。衣笠忽然悅びて曰く、先生下舘再盛の道なきにあらずとする事は如何。先生曰く、萬物一も其の一處に止まることあらず、四時の循環するが如し。人事富む時は必ず奢りに移り、奢る時は貧しきに移り、貧極る時は富に赴くもの是自然の道にあらずや。今下舘貧困極れり何ぞ再盛の道を生ぜざらん。然りと雖も君臣共に心力を盡し一致の誠心立たずんば、大業成すべからずと云ふ。衣笠大いに感激し下舘に歸り、先生の言を以て君に告ぐ。君深く歎賞して群臣に告ぐ。群臣も亦其の確言を感ぜり。是下舘仕法の始めなり。

【三】　先生下舘困難の本根を論ず

衣笠某下舘に歸り復命す。君公大いに感じ時の大夫上牧某に命じ、艱難再復の仕法を先生に依頼せしむ。衣笠同行せり。櫻町に來りて君命を演舌し良法を請ふ。先生我が及ぶ所にあらざるを以て固辭す。兩士切りに請ふて止まず。先生曰く、我は小田原の微臣なり。何を以て諸侯の政事に關係することを得ん。又奚んぞ私に諸侯の委託を受くるの道あらんや。元來小田原先君の命に依りて此の地再復の事を成せり。故に此の方法は我が方法にあらずして小田原の方法なり。先君既に世を捐つといへども猶當君あり。下舘君國家を再興し給はんとならば、其の旨趣を小田原君へ談ぜらるべしと。

是に於て下舘に歸り此の事を聞し、使をして小田原君へ請ひ玉ふに前條を以てす。小田原君人をして答へしめて曰く、分知宇津家の再邑興復を二宮に任じ、再び小田原領中の事を命じぬ。加之外諸侯の委託を受けよとは命じ難し。彼若し餘力ありて其の委託に應ずることあらば共に喜悅する所也と。使者復命す。是に於て再び上牧衣笠をして櫻町に至り依頼せしむ。先生曰く、夫れ諸侯の任たる專ら領民を安撫するにあらずや。然るに民を治むるの仁政を失ひたるが故に今此の衰貧に至れり君臣共に前過を悔い厚く國民を撫育せんとせば、假令其の事を行ふあたはずといへども、猶其の本を知り仁政の志ありとせん。然るに下民の安危を度外に置きて之を憂ふるの心なく、專ら君臣目前の艱苦を免れんとして其の道を我に求む。是我が聞く所にあらざる也。兩士曰く、國民を撫育し之を安んぜんとすること素より君臣の願ひ也。然りといへども當時の租税過半は借債利濟の爲に費え、一藩を扶助することあたはず。何を以てか下民を惠むことを得んや。借債減少の道を得ることあらば、必ず國民惠恤の事も亦之に由て生ぜんとす。先生願くは先づ此の急難を除くの道を敎へよ。先生曰く、嗟乎惑ひたりと謂ふべし。君臣共に其の本體を失ひ此の衰貧に至り、猶其の本に歸ることあたはずして國本たる民の難苦を後にし、其の末の憂ひを除かんことを先とす。是の如く本末先後の道を失ひ、國家をして再興せしめんと欲す又難からずや。然りと雖も君臣の憂ふる所借債にありて困窮胸中に迫れり。何ぞ國家の本源を論ずるに暇あらんや。此の借債衰貧何に由て起れるや。國家の分度明かならず入を計りて出づるを制するの道なく、國用足らざれば他の財を借りて一時の不足を補ひ曾て後難を慮らず、遂に貧困こゝに至るにあらずや。先づ此の憂ひを除かんことを欲せば、國家自然の分限を明らかにせざる可からず。分限一度明瞭なる時は貧富盛衰の由て生ずる所、衰廢再興の道理自ら了然たり。仍りて以前十年の租税を調べ、豐凶十年を平均し其の度に當るもの是則ち天分動かすべからざるの分度なり。然して出財を制する時は、國家の基本始めて明らかなるべし。次には數年の借債古借新借を分ち、元利明白に調べ其の員數を明かにし、然後其の償ふべきの道を參考せざれば何を以て卒爾に當然の道を見ることを得んや。速かに筆算の臣を此の地に招くべしと敎ふ。兩士大いに感じ諸士數十人を櫻町に呼びて之を調べんとす。然かるに一藩の扶助に充つべき米粟なく、將に飢渇に及ばんとするを憂ふと云ふ。先生大息して之を憐み、米粟若干を下舘に贈り其の急を補ひ、然して後數月間晝夜の丹誠を盡し兩條の調べを成就せり。

【三】 先生上牧某を敎諭す

一時先生上牧某に諭して曰く、夫れ國家の衰貧に當りて君の祿其の名は二萬石なりといへども、其の租税の減ずること三分の二に當らんか。然らば一藩の恩祿も其の減少之に隨ふべし。是れ衰時の天命にして、君祿の限りあることを如何にせん。天命衰貧の時に當り艱難に素して艱難に行ふこと臣下の道にあらずや。然るに君祿の減少を知らずして自俸の不足を憂ひ、其のある無き所の米粟を受けんことを欲し怨望の心を免れず。國體の衰弱を知らざるが故也といへども、誠に淺ましきことにあらずや。國の政を執るもの天分を明かにし衰時の自然を明辨し、一藩の惑ひを去り其の貧に安んじ、專ら國家に忠義を盡さしむるは職分の最も先務なり。然るに大夫以下猶此の天命を辨へず、何を以て一藩を諭さんや。而して大夫其の天分を明かに知り一藩を諭すと雖も、猶怨望の心止み難きものあり。如何となれば衰時の天命に隨ひ、國家にある無き所の物を渡すべき術なきを明示すれども、小祿の臣下必ず云はん。大夫以下在職の輩は俸祿我が輩に十倍せり。減少すといへども豈困窮我が輩の如くならんや。人の上に居り高祿を受け他の難難を察せずして、天命衰時に當り其の無きものは渡すべきの道なし。難苦に安んじ専ら忠義を勵むべしとは何ぞや。執政の任たるもの仁政を行ひ國の憂患を除き、艱難を救ひ衰國をして再び盛んならしむるもの其の任にあらずや。若し其の任に在りて此の事を爲すこと能はずんば其の職を貪る也。何ぞ速かに退職せざるやと云ふ。是怨望止まざる所以なり。是の如く怨望する者、素より臣の道に非ずして、大いに本意を失ひたりといへども、此の怨望の心なからしむるものは執政の道也。一藩の怨望辨明理解を待たずして忽ち消除し、其の艱難を安んじ忠義の心興起するの道斯に一あり。子之を行はずんば國弊を矯め上下の艱難を救ふことあたはず。夫れ之を行ふべきや否や。

上牧曰く、一藩の人情誠に先生の明察の如し。我多年之を憂ふるといへども如何ともすること能はず。今我が行ひを以て一藩の卑心を解することを得ば上下の幸何事か之に如かん。其の道なるもの如何。先生曰く、其の道他にあらず。惟子の恩祿を辭せん而已。其の言に曰く、今國家の窮困既に極れり。君艱難を盡し玉ふといへども臣下の扶助全からず。一藩の艱難も亦甚しといふべし。某大夫の任にありて上君の心を安んずることあたはず、下一藩を扶助すること能はざるは是皆不肖の罪なり。今二宮の力を借り以て衰國を再興せんとす。先づ恩祿を辭し聊かたりとも用度の一端を補ひ、無祿にして心力を盡さんこと某の本懷なりと主君に言上し、一藩に告げて以て祿位を辭し、國家の爲に萬苦を盡す時は衆臣必ず曰はん。執政國の爲に肺肝を碎き再復の道を行ひ、恩祿を辭して忠義を勵む。然るに我輩國家に力を盡さずして空しく君祿を受く。豈之を人臣の本意とせん。假令祿の十ケ一を受くるも大夫に比すれば過ぎたるにあらずやと。積年の怨望氷解し、始めて素餐の罪を恥づるの心を生じ、日々活計の道に力を盡し、他を怨みず人を咎めず、如何なる艱苦をも安んじ、之を常とし之を天命とし、婦女子に至るまで其の不足の念慮を去らん。然らば則ち一藩を諭さずして當時の艱難に安んじ、忠義の一端をも勵まんとするの心を生ぜん。是の艱難の時に當り大夫たるもの上下の爲に一身を責めて人を責めず大業を行ふの道なり。然して惟之を行ふ事のあたはざるを憂ひとせり。此の道を行はずして、人の上に立ち高祿を受け、辯論を以て人を服せしめんとせば、益々怨望盛んにして國家の殃彌々深きに至らん。何を以て衰國を擧げ上下を安んずることを得んやと。

上牧某大いに此の言に感激して曰く、謹みて教へを受け直ちに之を行はんと云ふ。下舘に歸り此の事を聞し速かに恩祿三百石を辭したり。微臣大島某小島某なるもの此の事を聞き感動し、二人共に自俸を辭し無祿にて奉仕せり。先生之を聞きて曰く、上これを好むときは下之より甚しきものあり。上牧一度非常の行ひを立つれば兩人亦此の事を行ふ。古人の金言宜ならずや。是に於て上牧大島小島三人一家扶助の米粟を櫻町より贈り、其の艱苦を補ひたりと云ふ。

高慶曰以國家之憂爲憂而不憂己之私夙夜致身以任國事者非人臣之常道乎。苟以恩祿榮利爲心阿諛面從豈可與事君哉。先生嘗曰事君心不離利祿者譬如商賈之鬻物爭價也。君子之事君豈其如斯哉。先生一教爲臣之道而下舘衆臣貪多憂不足之意弭而忠義之心油然而生矣。德之及于物何其速也。

【四】先生下館の分度を定む

下館既往十年の租税を調べ、其の中を執り過不及なき所の分度既に定まる。然して年々三萬有餘金の負債其の利息を償ふ二千有餘金を以てす。之が爲に租税の過半を失ふに至る。先生大夫以下に謂ひて曰く、年々負債利子の爲に多數の米金を消し、何十年を經て幾萬金を出だすと雖も其の息を補ふ而已にして、元金三萬は少しも減ずべからず。加之用度節なく雜費增倍、尙借債を以て之を補はんとす。此の如くにして歳月を送らば遂に國の租税を以て負債の利に充るに足らざるに至らん。然らば則ち二萬石の名ありと雖も、其の實は既に亡國に異ならず。豈歎ず可きの至りに非ずや。一日も早く此の大禍を除かずんば、後悔ゆと雖も及ぶべからず。而して今此の大患を除かんとするに、何ぞ他の術あらんや。唯上下艱難に素して艱難に安んじ、内を約して以て此の憂ひを消ぜん而已。然るに坐ながら艱苦を免れんことを我に請求すと雖も、我他邦の貢を取つて下館の不足を補ふこと能はず。又借債を倒して以て下館の憂ひを除くことあたはず。又我區々たる微力を以て、諸侯の不足を年々補ふことあたはざるは素より論を待たず。然らば則ち大小各節倹を行ひ艱難を凌ぎ、上下一致の丹誠を以て如何なる憂ひをも除くの外に他道あること無し。若し敵國兵を擧げ下館領を攻撃することあらば、一藩之を傍觀して國家の滅亡を待たんか。將一身を拋ち粉骨の苦戰を盡し國家を全くせんか。國の危き時に當り國家の爲に命を棄つること、元より人臣の常道にして誰か憤激戰鬪の勞を盡さゞらんや。然るに今借債の爲に領中多分の租税を失ひ、君之が爲に心を安んじ玉ふことあたはず。臣下も亦之が爲に困窮に迫れり。事異なりと雖も紛亂の世に當り、敵の爲に領中を伐ち取られたるに異ならず。然るに手を束ねて以て年を送らば、一國を失ひたるに等しき大害と爲らん。此の如く危き時に當り、一藩身命を顧みず國家再復に心力を盡すもの人臣の常にあらずや。然るに此を之れ憂へずして惟目前扶助し不足を憂ひ、國家に生ぜざるの米粟を優かに受けんことを望まば、豈之を忠とせんか之を義とせんか。惑ひの甚しきものと謂はざる可からず。凡そ國家の衰弊極るもの君は君の道を失ひ臣は臣の道を失ふが故なり。之を再復せんと欲する時は、君は群臣に先立ち艱難を盡し、臣下は恩祿を辭し、自己の勤勞を以て活計の道をなし、一致の力を以て國の憂ひを除く時は、假令何十萬の借債と雖も償却せんこと十年を待つ可らず。此の如くにして上下の永安を得るに至らば、君臣共に艱難に素して艱難を行ひたりと云ふべし。而して之を爭戰粉骨の勞に比せば、猶易々たること同日の論に非ず、何ぞ成し難き事か之有らん。假令叔世の人情君の扶助を殘らず辭して、此の事を成すこと能はずと雖も、國の米粟減少して扶助の米金なく、他の財を借りて之を渡し、之が爲に年を經るに隨ひ危亡に瀕せんとす。而して之を受けて自ら安しとするに至りては亦甚しからずや。君も國家の憂ひを增長して一藩を扶助せんとし玉ふは君の過ちなり。假令君過ちて此の如くし玉ふと雖も、臣下何を以て之を受くべきの道有らん。之を君臣共に至當の道を失ひたりと云ふは非邪。今國患を消除する他なし、君此の道理を明かにし一藩に示し、國になきものを取らんとするの心を改め、艱難の天命に隨ひ大借を皆濟せば、必ず艱難を免れんこと疑ひあるべからず。是の故に借債一年の利息を出せるものを上下の用度に配し、其の減少を算するに平均分度の内二割八分の減じに當れり。是自然の天命にして、人作に出づるにあらず。此の減數を以て君の用度一藩の扶助を制し、其の餘は決して得べきの道なき事を辯明し、艱難を盡し年々利息を送らば、三萬金の借債は減ずることを得ずと雖も、毎年に增借の殃を免るべし。若し此の自然の度に安んずることあたはずんば、國家一粒の出所なきに至らずんば止むべからずと敎誨す。

大夫以下大いに至當の論を感激し、此の事を行はんと云ひ、下館に歸り先づ君に言上し、次に一藩に示して減少當然の用度を立つることを得たり。分度既に定まり一藩艱難に處して行ふ。大夫以下再び櫻町に至り之を先生に告ぐ。先生悅びて曰く、下館上下天命を知り其の本既に定れり。此の時に當りて負債償却の道を設けずんばある可らずと。是に於て數日沈思默慮して遂に數卷の書を成し、之を大夫以下に示して曰く、今君臣共に艱苦に安んじ年々利濟の道備はれりと雖も、元金三萬何れの時か減ずることを得ん。減ぜざる時は國患消除の時あるべからず。然れども之を減ぜんとするに一金の出所あらず。已むを得ず、元金減少の道を案ずるに此に一あり。來亥年正月二月兩月の國用米財我が仕法の米金を贈り之を補ひ、七八兩月の米財は下館市井の富商常に君家の用財を辨じ來るもの八戸にて之を補ひ、且宗家石川侯は慈仁にして憐恕深し。今下館君臣艱難を盡し舊來の衰弊を擧げ永安の政を行はんとすることを具陳せば、必ず補助を爲し玉はんか。然らば三四五六四ケ月の用財を補ひ玉はんことを請ふべし。下館再復せば其の時に至りて本家幷に商家の出財を償はんこと甚だ易し。此の如くして當戌年下館領邑の租税を以て借債を償ふべし。然らば元金許多を減じ、從來利濟金の内幾多の財を餘すに至る。之を以て毎年に元金を償はゞ、遂に三萬の借債を消却する難きにあらずと。大夫以下先生の仁にして且大知なることを感歎し、大いに悦びて此の事を具さに本家に聞す。本家先生の誠意を感じ四ケ月の用財を贈り玉ふ。

先生又下館の商家八人を呼びて、國家を再盛し上下の艱難を除き、永安の道を得るの大理を敎諭し、告ぐるに前件を以てす。富商等大いに感激して曰く、某等の家産悉く之を出すも、君命あれば肯ぜざるべからず。今先生の下館に於ける些しも縁由あるに非ず。然るに之を舊復せんが爲に萬苦を盡し、加之許多の米財を贈り玉ふこと其の恩謝する所を知らず。某等の出財元より願ふ所なりと云ふ。是に於て一年の貢税を以て遲延し難き負債を先立て之を償ひ、元金許多を減ぜり。是三萬餘金の負債を償ひたるの始めなり。

【五】 下館領中三邑に安民の方法を發業す

時に嘉永五壬子年正月先生下館の郡奉行衣笠某に謂ひて曰く、凡そ國家の衰弱に至るものは政體の本源たる分度明かならずして財用節なく、下民に取ること度なく知らず識らず聚斂に陷り、民窮し怨望起り、多く取らんと欲して益々租税減少し國用彌々足らず。商賈の財を借りて以て一時の窮を補ひ、元利增倍上下共に絕窮に及び、遂に如何とも爲すべからざるに至る。下館の窮乏も亦然り。故に衰國を興し富優に復さんと欲する時は、必ず先づ仁政を施し、下民の艱難を救ひ、其の疾苦を除き其の生養を安んずるに在り。猶草木の繁榮を欲すれば、先づ其の本根を培養すると一般なり。培養厚き時は花實の榮は求めずと雖も必ず盛んなり。若し之に反して本根を養ふことを爲さず、獨り花實の榮盛を求め、枝葉に糞する時は彌々勞して益々枯槁す。復何の益あらんや。故に下館再復の道に於けるも必ず先づ仁政を布き領民の窮苦を安んじ、國本堅固なるに及びて然して後一藩の困窮を除き、上下の永安に至るもの是れ我が方法の常道なり。然るに初め方法依頼の時に當り、一藩の扶助米を給すること能はざるの極窮に迫り、下民撫恤するの暇あらず。已むことを得ずして其の當難を凌ぐの策に出で、且負債三萬有餘金の爲に、毎年の租税を失し施政の本定らず。故に此の負債を償却するの法を設く。償却の道既に備はる。然りと雖も先後する所に差ひ、一時の窮を補ひ本根培養の道未だ行はず。今に至りては迅速領邑再興安撫の道を施さゞる可からず。果して邦本再興するに至りては、上下の安榮始めて全きことを得べき也と。

衣笠大いに悦び君に白し大夫諸臣に達し、共に開業を先生に請ふ。先生門下某に指揮し、同二月領中に撰み灰塚下岡崎蕨の三邑に開業せしめ、大いに仁惠を下し善良を賞し窮民を撫恤し、家小屋を與へ農具を給し負債を償ひ、道を築き橋を架し其の困窮を除き其の生養を安んず。三邑の民大いに悦服感歎止まず。是に於て教ふるに人倫を正しくし推讓を行ひ、舊弊を一洗し勤業永安の道に至ることを以てす。邑民歡喜善に移り業を勵み淳厚の風俗に變じ、遠近の邑皆風動し專ら方法を欣慕せり。

高慶曰大哉。至誠之道。先生爲下館侯盡誠定分度振百年之艱難濟危亡之萠隷。蓋永安之道煥然如觀火使下館君臣一心戮力愼守先生之法確立無移則國之興隆可立而待也。惜乎一廢其法而國亦從不振雖區々致力於其末復何益之有。蓋四時循環不差萬物生々不息者以至誠也。何獨得欲學廢頽而無由至誠之道哉。

【六】奥州相馬中村領盛衰之概略

奥州中村領高六萬石、新田改出高三萬八千石、村數二百三拾餘村、元祿正德の間土地大いに開け山谷に至るまで或は田となし或は畑となし、下民頗る豐饒にして其の業を樂しめり。然るに萬物盛んなる時は必ず衰ふること自然の數にして、元祿中群臣議して曰く、今三郡大いに勤農せり。高六萬石と雖も其の實は田圃廣くして民の益多し。殊に山野の開墾も亦少なからず。今至當の繩を入れ田圃を糺す時は多數の有餘を出すべし。國益是より大なるはなしと。是に於て群議一決して領邑徧く田圃の廣狹を糺し三萬八千石を打出したりと云ふ。是れ國家の大衰百歲艱難の基なり。此の時に當りて貢稅を出すこと十七萬苞に及べり。故に倉廩充ち府庫滿ち、一藩俸祿に應じ多分の米粟を得、艱難なるものは何事なるを知らざるに至り、暫時の富を以て百世憂ひなしと思へり。夫れ聚斂は古人の大いに戒むる所にして、國家の衰亡は聚斂の致す所なり。國榮え上下憂ひなきものは國の本たる百姓安きが故なり。百姓の富饒なるものは田圃の有益を以てなり。然るに田圃の有餘を減じ、一反の田圃は一反となし一町の田圃は一町となす時は、下民活計の有餘を失ひ忽ち困窮に陷り、終に離散に及ぶこと疑ひなし。是より連年國民衰貧に赴き戶數減少、天明度に至りて大いに衰弱せり。上下節儉の道を失ひ、知らず識らず奢侈に流れ、儲蓄空しくして困窮既に極る。加之卯辰兩年の大凶荒となり、君これを救はんとして米財なく、百計救荒の道を求むれども得ず、百姓飢渇死亡離散夥しく、田圃荒蕪し收納三分が二を減じ、上下の艱難往古以來此の時より甚しきものはあらず。

群臣大いに之を憂ひ米財を隣國の富商江都の豪富に借り、以て目前の不足を補ひ、文化度に至りては既に借債三十萬を超過し一年の租税其の利に當つるに足らず。借債連年増倍し貢税毎年に減ず。君之を深く憂ひ玉ふと雖も如何ともすべからず。文化某年に及び先代益胤君大いに憤發し給ひ、國の衰廢を擧げ萬民を安んぜんことを諸臣に問ふ。時の郡代草野正辰池田胤直共に言上して曰く、國の衰廢することは政體全からず、節儉の道廢し奢侈の流行せるに由つて也。苟くも其の衰源を改革せずして他の財を借り、目前の不足を補ひ一時の憂ひを免れんとせば、國の憂ひ毎年に増倍すること譬へば薪を抱きて火に入るよりも甚し、今此の大患を除き永安の道を生ぜんとするに他事あるに非ず。君親から飲食衣服を省き萬民に先立ち艱苦を盡くし、嚴令を出し國中の驕奢を戒め、節儉を行ひ一藩の俸祿衰時相當の減少を以て附興し、惣じて萬事一萬石諸侯の出納に本源を定め嚴に之を守り、且國家廢衰の根基たる元祿度田圃繩入の大過を改正し玉はゞ、十年にして大略艱難を除くべし。然して此の大患の起る所領民艱苦に迫り、或は離散し或は死亡し人戸共に減じ、年來の田圃大半荒蕪となり生財の本を失ひたるが故なり。君艱難に安んじ專ら領民を惠み荒蕪を開き流民を招き、之に家財田地を與へ民戸を增し、出粟の本を開かば自然收納を增し再復の期を得るに至らんこと疑ひなし。此の道を外にして別に國を興さんとせば彌々勞して彌々極難に陷らん。此の道を行ひ玉ふ素より平常の事にあらず。誠に非常の嚴法節儉を立て、君自から行ひ玉ふに非ざれば命ずと雖も、民從はざるなりと言上す。

君公大いに其の忠言を感じ給ひ、爾の言ふ所誠に的論なり。二人心を盡して此の改正を行ふべし。予親から艱難に安んじ若し改正の命に從はざる者有らば、予之を制せんと命じ玉ふ。是に於て古來を溫ね當時を察し、君の用度を減じ一藩扶助の員數を減じ、聊か命を繫ぐ而已を以て度とせり。諸役所の舊弊を革め、篤實節儉を主とする者を擧げて有司となし、彌々儉約を專らとし約を守るものを賞し節を失ふものを罰し、有司の心を勵し一途に國家を再復せんとするの外他事なし。一藩窮苦に堪へずして其の深理を解せず甚だ執政以下を怨望すと雖も之が爲に心を動かさず。草野某大才ありて度量人に超え、内仁心ありて外方正也。常に言ひて曰く、我祖先以來君恩を蒙る事高山も比し難し。國家艱難の時に當り再復の命を受け、此の大業を擧ぐるに尋常の覺悟を以て成る可き事に非ず。我が輩の如き兩三人も身命を棄てずんば成るべからず。智計の及ぶ所にあらず唯死を以て國家に報ぜん而已と。人之を聞きて其の誠忠を感歎せり。池田某才學衆人に超過し、加之明斷遠慮あり。大小の事通達せざるはなし。改正の規則既に定まる。君兩人の忠義を察し同じく大夫と爲して國政を任じ玉ふ。年々貢税の六分一を省き之を以て領民を撫育し、或は堤を築き用水を保ち、古來用水路の大破を修復し新用水堀を鑿り、堰を掛け以て開田の資となし、他邦の氓民を招き家作を與へ、農具米粟を與へ開墾せしめ、税を免すこと二十年或は十五年又は十年を以て期となし、年限滿ちて然後貢税を納めしむ。

又養育料を與へて貧民の赤子を養育せしめ、數十年の用費擧げて數ふべからず。荒地を開くこと幾千町、新戸を立つること二千軒に及べり。且累年の負債之を償ふべきの財なきを以て、或は約するに改正成つて後之を償はんとし、或は年々幾許を償ひ年數を經て償ひ盡さんとし、又は無利息年賦の償を約し、一々誠意を主として談ずるに艱難の實事を以てす。富商其の實忠を感じて往々其の約束に隨ふ。是を以て負債三十萬と雖も大略其の償道備はれり。是れ兩大夫の誠忠に由る所なり。非常の艱苦を盡すこと十年、頗る其の潤色顯れたりと雖も、積年の衰弊容易に復古に至り難く、加之天保巳申兩年の大饑天明度の凶荒の如く、下民食を得る所なく飢渴に迫り、高山に登り木實を拾ひ草根を掘りて食となす。

此の時に當り文化改正の後上下艱苦を盡し有餘を生じ、非常の用に充る所の米財悉く之を散じ、一藩以下農工商に至るまで、一人一日二合五勺の食を與へ、其の飢渴を凌がしむ。國の米粟猶足らず人をして出羽の國秋田へ趨らしめ、粟を求むること幾千、攝津の國大阪に於いて米を求むること幾千、蒼海を運送せしむ。天幸を得て海上無事に中村に着船し、此の米粟を散じて撫育の道を行ひ、飢亡の憂ひを免れたるは是亦兩大夫の誠忠に由つてなり。初め巳年の饑饉に當り領民撫育の爲に、積年艱難の中より積立てたる儲蓄を散じ、一民の飢渇なからしむ。豈圖らんや再び申の大饑に至らんとは。實に申の凶荒に當りては、米粟空乏如何ともすべからず。君飲食を省き重器を鬻ぎ、城木幷に領中の良材を伐木し、以て他邦の米粟を求めて撫育せり。隣國遠國共に流民餓莩數ふべからず。然るに中村領民而已此の大患を免るもの豈仁術の至る所と謂はざるべけんや。然りと雖も兩年饑歳の爲に積功斯に空しくして、再び艱難の地に迫れり。彌々節儉を行ひ領中再盛の施政怠らず。然して文化度改正の時は、十年にして衰廢を擧げんとせしも年經るに及びて未だ半途に至らず。草野大夫既に七十の齡を越え池田大夫も亦五旬を越えたり。一世の力初願を達する事の能はざるを憂勞せり。天斯の如く君臣共に國民を惠恤するの誠心を憐み給ふ歟、天保某年に至り二宮先生撫恤勸農の良法を行ひ、不世出の才德を以て衰廢再興の道を盡せりと兩大夫に告ぐる者あり。兩大夫これを聞き歎じて曰く、嗚呼我輩三十年の間千辛萬苦を盡すと雖も其の事業半に至らず。先生君より委任の土地を擧げ、大いに仁政を布き餘澤他邦遠近に及ぶもの、誠に大德の賢者に非ずんば何を以て此の大業を成さんや。此の人に就て國家再興の道を求めば、必ず舊來の志願も亦成るべしと。甚だ悦び君に告ぐるに此の事を以てす。君之を聞き玉ひ大いに歎賞し、其の良法を得るの道を兩大夫に命じ玉へり。

高慶曰傳云與有聚斂之臣寧有盜臣。嗟乎國家之災寧有過於聚斂者哉。蓋盜也者不過盜倉庫之財。禍之所被未必及于遠也。至于聚斂則不然民之受禍者益博益遠而國之亂離敗亡亦隨而至矣。方務于聚斂一時得增租賦人皆以爲利於國。嗚呼孰知其以爲利於國者秖爲數百年衰頽之基哉。故夫子敎以節用而愛人夫節用則无奢侈之憂愛人則國莫不安民莫不豐爲政者豈可無監乎。

【七】一條某君命を奉じ始めて櫻町に至る

于時天保某年冬十月中村の郡代一條某に命じ、領中の貧村數十ヶ村衰廢の事實を記し、此の邑を再興し此の民を安撫するの方法を先生に問はしむ。櫻町陣屋に來りて君命を述べ且君の贈り物を出して面謁を請ふ。先生辭するに勤務暇なきを以てす。一條再三面會を求めて止まず。先生許さず。一條甚だ心勞し門下某に謂ひて曰く、某主命を受け遙かに來り國の衰弊を除かんことを問はんとす。今先生之を許さず。若し是の如くにして歸國せば某不肖にして主君並に大夫の意を通ずることあたはず。是れ君命を辱しむるに似たり。然りと雖も我が國事を以て先生日夜の正業を妨げん事亦遠慮なきに似たり。願はくば唯一面を許し玉はゞ直ちに國に歸らんと。

或人此の言を以つて先生に告ぐ。先生曰く、我主命を受けて此の地の民を安撫するのみ。何ぞ相馬領邑の事を與り聞かんや。假令幾度面會を求むるとも我逢ふべきの道あらざれば決して面會せず。然りといへども君臣共に國家の衰弊を憂ひ艱難を盡し、百姓を惠むこと久しと聞けり。今切りに其の道を問ふ一言の答なかるべからず。今一言を示さん。汝夫れ一條に傳へよ。凡そ天下の土地大同小異にして、其の趣き同じからざるはなし。是の故に國家の貧富百姓の苦樂郡村の盛衰、何を以て野州奥州の別有らん。此の國にして再興の道成る時は、四海何れの地か再興せざるの國あらん。然るに今領邑の難村を筆して其の指揮を問ふ。假令其の道を明かに示すといへども傳聞殊に遠路を隔つ。何を以て微細の仁術を行ふことを得んや。假令行ふ事を得て其の村村舊復の道を成すと雖も、國體を明かにし本源の分度を定め、無盡の財を生じ萬民安撫の大本立たざる時は却て姑息の仁となり、又は聚斂の災害を開くに至る。何となれば一旦領中に一村たりとも、我が仕法を下す時は、凡そ其の村の疾苦する所を除き、其の生養を安んじ永安の道を得せしむ。百姓誰か之を感ぜざらんや。一邑此の如くなる時は領中の民之を見聞し、君の仁心に感じ惰農を改め勸農勤業の道大いに行はれ、忽ち收納も増益せん。群臣之を見て何の故に收納の增したる事を知らず。時候の順なるが故に増したりとし、或は時節到來せりとなし之を取つて國の用度となす。年々是の如くする時は漸々戸口を減じ田圃荒野に歸し、遂に覆家の衰廢極るに至る。是れ君臣共に本心聚斂に在らずして、知らず識らず聚斂に陥り、國の大患となる。何ぞや此の道を施して忽然として租税の増すものは、民多年の貧苦を免れ租税を多く出すには非ず。一旦君の仁惠を聞き是の如く仁政を下し玉ふ。此の時に當り下民として君恩の辱けなきを報ぜざるべからずと、毎戸貧苦の中より己が衣食の不足を顧みず、餘分に貢税を納むるに至る。上として其の増す所以を察せず。之を幸として費用に當つる時は國民忽ち衰貧に陥り、離散に至らざれば止まず。是れ一たび仁術を下して百姓を廢亡せしむるなり。是の故に我が道は國本立ちて然後施すべし。國の分度立たざる時は、百度之を請ふといへども我其の請に應ぜざるなり。今相馬領中の衰廢を擧げ萬民を撫育せんと欲せば、既往數十年の貢税を調べ盛衰を平均し中庸の分度を立て、其の分を守り永年節儉を盡し、如何程貢税増倍せりといふとも其の分外の米粟を用ゐず、之を別途の物となし國民撫恤の用度と定むべし。此の本源確立する時は始めて一邑を興復し又其の次に及ぼすべし。然る時は國中何萬の租税を増したりとも、皆下民潤助の物となり、彌々國民安撫の用財盡くる事なくして、遂に國家の衰弊悉く擧り、往古の盛時に復せんこと疑ひあるべからず。是れ我が仕法の本源なり。若し國家をして再盛せしめ、萬民を安んぜんとせば、速かに以前の收納を調べ此の本源を確立すべし。夫れ國を富し民を安んずることは人君親から行ふべきの任にあらずや。大夫なるもの君の意を受け政を布き、上君を補佐し下民を安撫するものなり。若し國家永安の道を求めんとせば、國君自から聞き玉ふべし。遠路にして至ることあたはずんば一等を下り大夫來りて道を求むべし。郡代は國權の歸する所にあらず。我れ假令面會すといへども何の益か之あらんや。速かに國に歸り國體の本源を定むべし。若し此の天分自然の平均分度明かに立て、君臣共に堅く守り玉ふ時は國家の再興難きにあらず。今問ふ所は郡村の衰廢を憂ひ、之を擧ぐるを以て難しと爲して其の道を求め玉ふ。我數十年來比類なき衰貧の邑を再盛せり。故に此の道を移す時は、何國の難村なりといへども再復せんこと疑ひあるべからず。唯國の分度を立て之を守り玉ふ事而已、甚だ難しとなすべし。苟も分度明確なる時は、貧邑を起し百姓を安ずるの道、高きより卑きに水を下すが如し。然れども奥州と野州と遠隔の傳聞は實事の貫通難くして、衆人の疑惑も亦多からん。故に領中の一村を全く舊復して貴覽に備へん。國の上下之を熟見して可なりとせば、再復の道二つあるにあらず。幾百邑といへども其の道は同一なり。之を推して領中を再興すべし。若し一邑の再興を見て不可ならば速かに止まん而已。此の如く可なる時は用ゐ不可なる時は止め、一金の用費を出さずして國家再復の道を試み玉ふ事亦善からずや。君臣共に舊來の艱難を盡し、國家興復の道を行ひ又我に其の道を求め玉ふこと切なるに感じ、已むを得ずして此の一言を發せり。國に歸り君上以下大夫に告ぐるに此の言を以てせよ。然して此の言を可なりと聞き玉はゞ、道も亦隨ひて行はれん。若し不可也となし玉はゞ、道の行はるべき謂れなし。然る時は今面會するもの互に益なき而已にあらずして、却りて憂ひの種とならんと敎へたり。

或人此の言を以て一條に告ぐ。一條某之を聞き先生の深慮感ずるに餘りあり。然らば速かに歸國して此の敎へを傳へんと云ふ。是に於て先生君公の賜を辭し今我此の賜を受くるの緣なし。且舊來上下共に贈答の道を絕ちて、仕法を行ひたりと人をして之を返さしむ。某此の言を聞き、彌々先生の清潔なる事を稱し、前後逗留五日にして國に歸れり。是れ奥州相馬領中再興仕法の始めなり。後日或人先生に問ふて曰く、道を隔ること六十里遥かに先生の德を慕ひ良法を求む。然るに一面會をも許さゞるものは何ぞや。先生曰く、是汝の知る所にあらず。相馬君臣民を惠み國を興すに心を用ゐること厚しといへども、我が道を聞くことは尙淺し。今一條をして來らしむるは可否を試みんとする而已。誠に用ゐんとするにはあらず。若し我之に逢ふ時は道を談ぜずして止むべからず。道を談じて一條感激せずんば可なり。若し此の仕法を感ずる時は、必然國に此の仕法を行はんとし、頻りに當方仕法の美を唱へん。唱ふといへども上下の疑惑何ぞ散ぜん。群臣は一條を嘲り、一條益々群臣を以て理に明らかならずとして深く之を歎息し、志の貫徹せざる事を憂ひ退引の心起らん。群臣も亦不平を生じ一條を退かしめん。是れ理の然らしむる所なり。我面會を許さずして之を歸らしむる時は、一條歸りて我を指して禮を知らざる者となし、國家の大事を問ふに足らずといはん。然る時は同氣相求め與に當方の非を云ふこと水を以て水に投ずるが如し。何の子細かあらんや。我一たび之に遇ふて以て無罪の人を陷らしむるに忍びんや。寧ろ我誹りを受けて一條をして無事ならしむるには如かざる也と。

或人曰く、然らば則ち彼の國に道の行はるゝ事此に絕えんか。先生曰く、誠に道の行はるべき時節ならば大夫來りて道を問ふべし。然るに郡代をして來らしむるもの未だ時の至らざるなり。若し我が一言を聞きて國の分度を立てんとせば、是興復の時至る也。若し一同無禮を以て我を目すること有らば、何を以て國を興すことを得んや。今逢はざる者は一條の無事を欲してなり。告ぐるに仕法の大體を以てするものは國君の問に答ふる而已と。或人其の遠慮を感ぜり。後數月にして再び道を求むる事なし。先生曰く、果して我が見る所に差はず。此の如くなれば未だ其の時至らざるなり。危い哉。我一條に面會せば彼必ず廢せられん。逢はざるが故に無難なるべしと。野州に在りて遙かに奧州の事情を察すること、掌を指すが如し。人其の深知仁恕の無窮なる事を感歎せり。

【八】草野正辰先生に謁し國家の政體を問ふ

先生の大徳人民撫恤の道を行ふ事既に久し。遂に幕府に達し天保十三寅年冬、命を下して先生を登用し玉ふ。時に先生大久保侯の邸に寓居す。草野大夫此の事を聞きて曰く、我先生に謁し道を問はんと欲すること久し。然りと雖も遠路を隔だて主用繁多にて野州に至ることを得ず。今先生の在府時を得たりと云ふべしと。是に於て人をして面謁を請はしむ。先生辭するに暇なきを以てす。大夫頻りに求めて止まず。先生素より草野某の徳行誠忠を聞き、頗る其の人となりを歎賞せり、故に面會する事を得たり。

草野某先生に謂ひて曰く、不肖先生の高名を聞き、教へを受けんと欣慕する事久し。今某の愚誠を察し面謁を許し給ふ何の幸か之に如かんや。某主家領邑舊來の艱難殊に甚しく、中古元祿年間に比すれば人員の減ずること五萬人餘、收納の減ずること十萬苞餘、領中大半荒蕪に歸し借債山の如く、實に亡國に瀕せりと謂ふべし。先君の世に當り、文化年中大いに節儉を行ひ舊弊を革除し、高六萬石の用度を以て一萬石の度に減じ、專ら邦の本源たる郡邑再興を計り力を盡すこと既に三十年に及ぶと雖も、費用多くして其の功半途に至らず。某既に極老に及び、志願を達すること能はざるをのみ歎息せり。是れ皆凡庸にして國家再復の道に明らかならざるが故なり。然るに先生舊來廢亡の地を擧げ、百姓を惠恤し之を安撫する事意の如くならざるはなし。剩さへ餘澤遠近に及ぶもの誠に不世出の高徳にあらざれば、何を以て此の大業を成さんや。願はくば先生の至教を得て、以て衰國再興の志願を達することを得ば、誠に上下の大幸之に過ぐべからず。先生曰く、某素農間に生れ極貧に人となり、貧苦を盡し祖先の一家を再復せんことを而已勤めたり。然るに先君命ずるに野州宇津家の釆邑再復の事を以てす。辭すること三年にして君之を許さず。已むことを得ずして彼の地に至り、數十年を經て漸く舊復の道立ちたるが如しといへども何ぞ言ふに足らんや。然して隣國の諸侯仕法を懇望して止まず。固辭すといへども猶求むる事再三、遂に少しく告ぐるに再復の事を以てす。今又子來つて一言を求む。何ぞ其の望に應ずることを得ん。然れども往年一條某來訊せしときに當り、已むことを得ず告ぐるに一言を以てせり。是の故に今默す可からず。夫れ國家の政體は多端なるが如しといへども、之を要するに取ると施すとの二つに止まれり。此の二つを外にして又何事かあらんや。且盛衰安危も此の二つにあり。存亡禍福も亦然り、然して世上國の盛衰する所以を察せず、何を以て其の衰廢を擧げんや。何となれば取ることを先んずれば國衰へ民窮し、怨望起り衰弱極る。甚しきは國家傾覆亡滅の大患に至れり。施すことを先んずる時は國盛んに民豊かなり。人民之に歸し上下富饒にして百世を經るといへども國家益々平穩なり。聖人の政は仁澤を施す事を以て先務とし、敢て心を取ることに用ゐず。暗君は取ることを先として施すことを惡む。治平亂暴の出つて起る所皆斯にあらざるものなし。今相馬の政施すを以て先と爲すか、取るを以て先と爲すか。苟くも取るを以て先とせば千萬の勞を積み百年の辛苦を盡すと雖ども、決して中興再復の期ある可らず。又施すことを以て先務とせば何ぞ國を興すの難きを憂へんや。凡そ天下の生物無量なりといへども、血氣あるもの施與の道を厚くして悅服せざるものあらざる也。豈血氣のもの丶み然らんや。草木といへども之に與ふるに糞培を以てする時は、快然悅服の色顯る。之を殘伐する時は彼豈之を快しとせんや。鳥獸蟲魚人を惧れて遁る丶ものは、我に取らんとするの心あるがゆゑなり。若し夫れ之を愛し之に與ふるに食を以てする時は忽ち悅服す。況んや蒼生に於てをや。義の爲に命を輕んじ萬苦を厭はざるものは何の爲ぞや。君之に與ふるに食を以てするが故也。故に與ふる時は君臣となり、取る時は仇敵となる。獨り百姓而已何を以て與へずして服するの理あらん。與ふる時は堯の民となり、取る時は紂の民となる、察せざるべけんや。然るに世の民を治むるや貢稅を取るを以て先とし、與ふるを以て後とす。先づ與へざれば民其の生を安んぜず。民貧なる時は放僻邪侈至らざる所なし。終に貢稅減少し土地荒蕪し上下の大患となる。與ふることを先とする時は、民其の生を樂しみ業を樂しみ土地每年に開け、生財窮りなく國の衰廢求むといへども復得べからず、是の故に取與の先後を明らかにして然後に政事を行ふものの政を知るものとなすべし。某廢亡を開き百姓を撫し餘澤他邦に及ぶもの、他事あるにあらず。惟與ふることを先務とせんが故なり。子の國衰貧なりといへども、大いに仁澤を施し下民を撫する時は、何ぞ再復せざることあらんや。

草野曰く、誠に先生の教へ古今の仁道なり。政を行ふにこの本源を失はざれば國家の永安疑ひなし。然して領中數千町歩の荒地を開かんこと其の道如何。先生曰く凡そ細を積みて大をなし、微を積みて廣大に至るもの自然の道なり、譬へば天下の耕田の如し。幾億萬町といへども春耕秋收一畝の餘すことなき者何ぞや。他なし一鍬を重ね以て耕し一鎌を重ねて以て苅り怠らざるに在る而已。況んや荒蕪の地一鍬を積みて以て怠らざれば、幾萬の廢地といへども之を擧ぐるに何の難きことかこれあらん。廢地を開くに廢地を以てす。是れ開田の道なり。曰く、廢地を以て廢地を起すとは何ぞや。曰く、一反の廢田を開き其の實を以て來歲の開田料となし、年每に此の如くする時は、用材別に費ずして何萬の廢田も開き盡すべし。大夫大いに感じ教示の忝けなきを謝して歸る。

大夫退きて歎じて曰く、我壯年より極老に至るまで國家を再興し百姓を安んぜんとし、身命を抛ち肺肝を盡すと雖も志の達せずして終らんことを而已歎きたり。思はざりき野州に此の如く傑出の仁者有らんとは。此の人を知らずして數十年空しく心力を勞せる事、遺憾の至りといふべし。然れども晩年此の人に逢ふこと我が赤心空しからざる所なり。我先生の道を國家に開き、其の規則を立つる時は國の再復永安の道疑ひなし。然時は我斃るゝとも始めて安んずることを得んと心中快然たり。時に年既に七十有四實に希世の忠臣なりと人々之を感じたり。先生も亦一面して曰く、我草野の忠臣たること嘗て之を聞けり。今其の人となりを見るに內誠直にして外溫和なり。加之度量拔出識見甚だ遠し。我が言水を以て水に投ずるが如く、貫通すること元より知るものゝ如し。卓見あるにあらずんば何ぞ能く此の如くならんや。此の人有りて國政を執り、加ふるに我が道を以てせば相馬の興復せんこと、難きにあらずと歎賞せり。

【九】草野正辰先生の良法を聞き國民を安撫せんとす

草野大夫先生に一見して其の論說を聞き、大いに悅び年來の志願此の道を以て達せんことを深慮し、直ちに君侯に言上して曰く、國家年久しく衰弱に歸し上下の艱難極れり。先君大いに之を歎き玉ひ、文化年中に至りて非常の節儉改正を行ひ、其の事の成就せんことを臣に任じ玉へり。臣等不肖なりといへども、志す所先君の憂慮を安んじ再び國を盛んにし、百姓をして生養を遂げしめんとする而已。然れども短才不德にして志を遂ぐる事あたはず。既に老衰に及べり。嗚呼此の如くにして時日を送らば、志願半途に至らずして事斯に廢し、君意を安んずることあたはず。下民を安からしむること能はず。委任の命に背き素餐の罪に陷らんと、晝夜寸陰も心を勞せざるはなし。今君先君の仁政を繼ぎ、專ら節儉を盡し國民を惠恤し、再盛の道に心力を盡し玉ふ事斯の如くにして、其の事未だ成らざるものは臣等不才の罪にして、世々君恩を謝し奉るべきの期なき事を歎きたり。然るに幕府二宮を登用し玉ふ。嘗て臣二宮の高名を聞き、昔年一條をして野州に至らしむといへども其の大徳を知らず。目今一見を得て其の教示を聞くに、萬物の理國家盛衰の根元治國安民の大道を說くこと、混々として流水の盡くることなきが如く、外耳目を驚かし内心魂を感動す。誠に傑出にして庸人の窺ひ知るべきにあらずといへども、臣之を古人に求むるに、獨り周の太公望其の倫歟。思はざりき近國野州に此の如き賢者有らんとは。古今論說の萬人に勝れたる者ありといへども、事業に至りては其の論に如かざる者也。然るに二宮の事業或は衰國を興し貧民を惠み、廢地を擧ぐること幾千萬、其の教導の及ぶ所草木の風に靡くが如し。大德に非ずんば安んぞ能く此の如くならんや。今君禮を厚くし之を師として其の教を受け、之に依賴するに國家中興の業を以てし玉はゞ、富國安民の成功遠きにあらず。今此の人ありて此の道を聞くことを得るは、誠に先君以來千辛萬苦を盡し玉ふ至誠、天感空しからずと謂ふべし。臣是を以て速かに言上す。君それ之を慮かり玉へと。

君公大いに悦びて曰く、予家を繼ぎしより以來父君の志を遂げ、國弊を矯め百姓の艱苦を除き、古の盛時に復せんとするの外他事なし。諸臣肺肝を碎き予を補佐して此の事を遂げんとし、數十年の忠勤余の悅び何事か之に如かんや。今二宮に逢ひて其の賢なることを察し、之に國事を依賴せば宿願を遂げん事疑なしと告ぐ。誠に汝の言の如くならば、得難き偉人なるべし。速かに予が命を以て在國の諸臣に達し此の事業を擧げよ。諸事汝に委せん。是之を勉めよと命じ玉ふ。大夫感涙に及び命を受け退出し、直ちに筆を操りて二宮の高德誠意實業論說を筆し、且國家再復依賴の君命を傳へ、在國の大夫池田某に贈れり。文章丁寧反覆人をして感動せしむ然して後晝夜在府の諸臣に說諭するに、二宮の不凡大德を以てす。蓋し疑念を生ずる者は人情の常なり。然るに一面の間に其の賢なることを明辨せる大夫の眼光、實に得難しといふべし。諸人之を聞き或は信じ或は疑ひ、思へらく大夫の說の如きは歎賞甚だ過ぎたり。何ぞ今の世に當りて太公望あらんやと、私かに嘲るものあり。大夫之を知ると雖も、他の信ぜざるを咎むるの心あらず。自ら責めて曰く、二宮の才德言語に盡し難し、我猶一見を得ざる時は惑ひなきことあたはず。況んや我が說く所を聞くもの、何を以て速かに其の大德を信ずることを得んやと。

是に於て彌々諸臣に示す事深切著明なり。聞く者數十度に及び漸々信ずるに至れり。時に奥州中村に於いて、池田大夫書翰を披見し大いに悅びて曰く、我遙かに先生の高德を聞き之を慕ひ、一度野州に至り敎示を請はんと欲すと雖も其の時を得ず。一條をして國事を問はしむるに面會をも得ず。手を空しくして歸れり。然るに今草野老人先生に見ゆることを得て、此の書翰に及べり。國家の大幸時を得たりといふべし。此の大業を二宮に依賴せば積年の微忠必ず達せん。速かに群臣に示し、上君意を安んじ下百姓を撫せんこと此の時を失ふべからずと。深思を運らし良法の所以を辨明し、且國家再興の事業依賴のことを談ず。群臣曰く、君家世々此の邦内を治め玉ふこと既に六百有餘歲、盛衰ありといへども遂に他の力を借らず。天明以來衰弱極れりといふべし。然りといへども君臣上下艱難を盡し、下民を撫育し廢地を開き來民を招き、或は溝洫を浚へ用水を通じ、年々戶數を增し頗る難場を湊がせ玉ふもの、實に君大夫以下の盡力にあり。假令二宮拔出の才德ありて、其の廢衰を擧げ百姓を撫育すること至れりといふとも、是は通常に比較するの論なるべし、當國永年の民政に競ぶる時は、何を以て此の右に出んや。却りて如かざる事遠かるべし。且其の事跡を聞くに至りては疑ふべき者甚だ多し。一身を諸人の爲に抛ち、艱苦を盡して他人を惠むこと子の如しと。數千年の古聖賢の行ひは己れに克つを以て主とす宜く此の如くなるべし。叔世の人情私欲のみ盛也。今の世に當りて聖人有りと云ふとも、豈人の信ずべきことならんや。是れ疑ふ可きの第一なり。又聞く他邦を興さんとするに種金として、其の始めに財を贈り事を發すと云ふ。素より貧國の中に於て財を生じ富國となすの良法なりとす、何ぞ種金を用ゐんや。且當國窮せりといへども國家を興すに、何ぞ僅々たる種金を出すことを難しとせん。然るを二宮其の始めに米金を入るゝこと、取らんとすれば先づ之に與ふるの類に非ざるを知らんや。是れ疑ふ可きの二つ也。又聞く野州隣國の諸侯多く國政を委ねたりと。夫れ窮國艱難に迫るときは後年の善惡を慮るに暇あらず。目前の入財を以て、一時の困迫を補ふを以て善とす。何ぞ當國の政を以て之に倣ふの道有らん。一旦之に政を倚して其の事成らず。却つて國弊となり後の憂ひを生ずる時は、恥辱甚だ大にして天下の笑ひと爲らん。是れ疑ふ可きの三つ也。又聞く幕府其の賢を知り擧用し玉ふと。古より財に富める者は財力を以て世に出で、名を求むる者少しとせず。焉んぞ果して其の賢なることを必せんや。故に舊政に力を盡し常道を守りて以て功を積まば、假令成功は遲しと雖も必ず過なかるべし。若し虛名に惑ひ國政を委して大過を生ぜば、悔ゆと雖も及ぶべからず。草野大夫は性慈仁にして人となり實直なり。一旦其の辨巧に惑ひて頻りに賞歎す。これ高年の故を以てするにあらずや。大夫それ之を慮れ。

池田大夫之を聞き、諸臣を諭して曰く、各々疑ふ所一理あるに似たりといへども、其の人となりを知らず。其の事業を直見せざるが故に、疑惑度に過ぎたるの過ちなしとすべからず。それ大久保侯は天下の執權にして賢明の名高く、萬事公を主として私に出でず。天下其の澤を被むること多し。此の君の明知を以て農間より二宮を撰擧し、委任するに野州の衰廢興復の事を以てし、全功を奏するを待ちて以て小田原十一萬石餘の政を任ぜんとす。其の事果さずと雖も既に野州の功業全備し、餘澤隣國に及び、良法を下す所一として其の功顯然たらざるものなし。遂に事業發聞して幕府に召さる。豈子輩の疑ふ所の如くならんや。若し此の人に就きて此の疑ひを問はば、必ず疑ふ可きの事なきのみに非ず。大いに深理の存する所ある可し。昔聖賢の國家を治むるや、其の賢なることを聞く時は卑賤の匹夫といへども之を登用して位を讓り、或は宰相となして天下の政を任ぜり。今二宮の賢を以て之に敎へを求め、國の再興を依賴せば、之を君の美德とこそ謂ふべけれ。何ぞ國の耻辱とせんや。其の成不成を疑ふ時は賢を用ゐることあたはず。假令聖賢なりといへども用ゐるに其の道を得ざる時は、必ず功を成すことあたはず。過りて不肖を用ゐるといふとも、君明かに臣忠あらば、何を以て國の憂ひを生ぜんや。如かず試みに一二邑を委ねて其の仁術如何を見るには、何ぞ徒らに遠路を隔て疑惑に日を送る事を是とせん。草野老人度量識見常人に卓越せり。何ぞ石を以て玉と云はんや。速かに君命に隨ひ依賴せんには如かざる也と示せり。

群臣服せずして曰く、某等の論ずる處一己の私にあらず。國家をして過ちなからん事を欲してなり。今兩大夫是非に此の事を發せんとならば、微力之を止むることを得ず。然れども心服せずして雷同する事は又爲さざる所也。强ひて用ゐんとせば其の輩を退け、餘人に命じて然る後に此の仕法を行ひ玉ふべし。某等の知る所にあらずと云ふ。大夫笑ふて曰く、子の輩と共に國家を憂ふること既に三十年、今良法を得て行はんとするも、國家の永安を願ふが故なり。積年忠義を瑳く所の各々を廢して、以て事を擧げんとするは、豈是れ我が心ならんや。先づ論評の趣きを以て草野へ傳達せんと云ひて退き、具さに此の事情を書して江都に贈り、再び思ふらく二宮不凡の明哲なること疑ふべからず。此の人に依り再興の仁術を得ば國の盛時に復せんこと必ず年を期して待つべし。然りと雖も群臣の疑惑未だ解せず、强ひて此の事を決せんとせば、功臣退去の憂ひを免れず。從容として說諭數回に及び、一同の惑ひを解し、其の心服を待ちて然る後依賴の事に及ぶに如かざるなり。善を求むる事速かなるを以て道とすと雖も、諸人の不服を如何せんやと。

是に於て數日役所に出でて辯論說解を盡し、衆疑を散ぜんとすれども、疑惑盛んにして解せず。大夫心中甚だ之を憂ふ。時に江都に於て草野大夫池田大夫の返翰を得て之を閱するに、衆疑紛々として決せず。一旦に事を爲さば、諸有司退くの憂あらん。說諭を盡し時を待たんには如かずと云々。大夫歎じて曰く、嗚呼是れ何ぞ怪むに足らんや。古より以來百世の計を爲すもの、何ぞ凡庸と共に謀ることを得んや。聖人を知るもの其の知聖所に至らずんば知る事あたはず。賢を知るもの賢者にあらざれば何を以て其の賢なることを知らんや。今二宮心に一毫の私念を存せず。萬民を惠むこと、天地の萬物を生育するを以て法とせり。豈平常のものゝ計り知る所ならんや。疑惑元より當然なり。然して池田諸臣の心服を待ちて事を爲さんとするは萬全の道なりと雖も、之を待つ時は必ず機會を失はん。文化改正以來心力を盡す事斯に三十年、我既に極老に及べり。然るに先生に逢ふて國の再興明瞭の道理を聞き、之を行はんとするに一日の後れんことを惜めり。此の時に當りて凡庸疑惑の解するを待たば、所謂日暮れて路遠しの譬に均しからん。早く政教の指揮を二宮に依賴せんには如かざる也と。直ちに筆を操り再び書翰を池田大夫に贈れり。

其の文意の略に曰く、國家の大業を爲すこと衆人の意見に從ふ時は、必ず此を遂ぐることあたはず。何となれば庸人の見る所は千里の遠きに及ばず、且人を計るに己の心を以て度とせり。何ぞ賢者の心公に在りて一毫の私を生ぜず、百姓を安んぜんとして我が身を忘るゝの至誠を察することを得んや。然らば則ち今二宮の事を聞き、疑惑を生ずるもの亦宜ならずや。元より其の賢なることを知らずんば、何ぞ猥りに可否を論ずることを得ん。然して疑惑の故を以て、身を退くと雖も同意せずと云ふものは、是れ自己の見を立て國家永安の道を拒ぐものにあらずや。國の中興を拒がば、假令積年の忠勤ありとも今は之を不忠の臣といふべし。不忠のものを退け、賢を用ゐざれば何を以て六十年餘の衰國を擧ぐることを得ん。諸臣の進退君より曾て貴兄に任じ玉ふ。速かに事を決し君家の大幸を開くこと當時の急務なり。若し衆議に倚りて猶豫を懷かば、大事斯に廢せんか。國家再復の道は群臣にあらずして貴兄の一心にありと云々。

此の如く書を贈り、猶屢々先生に至つて國の衰廢百姓の困苦する事情を述べて、之を再盛せんことを問ふ。先生元より衆人に逢はず。容易に交りを許さず。大夫之を知り勘定奉行以下を假に從者となして、先生に至り別坐にあらしめて、其の高論名說を聞かしむ。是に依つて江都にあるものや、感動するもの多し。人々大夫の誠忠なることを歎美せり。然して草野大夫の書翰中村に達し、池田大夫之を閱し意中に悅び、役所に至り諸有司に謂ひて曰く、各々政務を二宮に委せんこと然るべからずとの異見具さに江都に達せり。即ち返書來れり。各々之を一見して再び異見を述ぶべしと轉見せしむ。有司之を閱し色を變じて敢て一言を發せず。大夫曰く、今君將に二宮の道を行はんとし草野之が爲に力を盡すこと此の如し。某も亦元より同意也。然れども國家の再復は大業也。豈一二人の力に及ばんや。衆皆心力を同じくするに非ざれば成るべからず。草野已に老年に及べり。一日の後れんことを憂ふるは忠誠の致す所なり。然れども衆議決せざる時は永久の道は行はるべからず。各々異見有らば遠慮なく發言すべしと。

是に於て有司再たび其の不可を論じて未だ決せず。君公中村の衆議決せざるを聞き玉ひ、草野を召して曰く、凡そ目前の事だも猶疑惑を生ずる者は凡情の常也。今百里を隔てて以て二宮深遠の道理を聞き、安んぞ能く解することを得んや、國政元より汝と池田に任ぜり。速かに池田を呼び二宮に面會せしめ、然る後事を決せよと命じ玉ふ。大夫謹みて命を受け直ちに君命を達す。池田大夫不日に中村を發して江都に至る。君召して曰く、汝を呼ぶこと別事にあらず。二宮なるもの人となり古賢に耻ぢず。衰國を興し百姓を撫恤すること至れりと謂ふべし。我國の再興を以て之に倚せんとす。汝草野と共に力を盡し此の事を成就せよと命じ玉ふ。大夫謹みて命を受け、是より兩大夫同心協力先生の良法を聞き、君意を安んぜんとして心思を盡せりと云ふ。

高慶曰事レ君以レ忠懷レ民以レ德使下國家常在中於久安之地上者非二大夫之任一乎。今觀三池田草野二大夫之勤二於國一鞠躬盡瘁累二數十年一尚以爲レ不レ足而求レ益之志至レ老益々厚當二群有司紛々爭議之際一寛以導レ之溫以諭レ之積レ誠以釋二群疑一曾不レ及レ斥二詩一人一而協心戮力振レ衰擧レ廢之業成矣。識量超絶而能堪二大任一者非邪雖レ然自レ非レ有二明主信レ之厚任レ之專一雖二大夫之賢一豈能得レ至二于此一哉。

巻之七

【一】池田胤直先生に面謁して治國の道を問ふ

于時天保十三壬寅十一月池田胤直先生に面謁を請ふ。先生辭するに、暇なきを以てす。後屢々來り請ふて止まず。一日草野と共に至る。先生始めて面會せり。池田某問ふて曰く、主家艱難領中衰廢の事實は草野已に具陳せり。故に今又贅せず。積年郡邑興復の道を施行すといへども、某等不才にして處置其の當を得ず。改政以來既に三十年にして猶未だ其の益を見ず。徒らに費用多くして功を成す事能はず。何ぞや財に限りありて窮民限りなく廢地も亦夥多なり。限りあるの財を以て限りなきの物に應ず。是上下力を盡すと雖も其の功を得ざる所以なり。然るに先生野州の民を惠み廢地を擧ぐるに仁澤餘りありて、餘力他邦に及ぶもの如何なる良法かある。願くは至教を得て以て累年の宿志を遂ぐることを得ば、國の大幸何事か事に如かんや。先生曰く、今君仁にして臣忠あり。此の如くにして民其の澤に浴し再復の時を得ざる者は他なし。其の本源立たざるが故なり。何をか本源と云ふ。國の分度是也。分度を立て堅く之を守る時は、生財限り無く國民洽く其の澤に浴し、廢地悉く擧り必ず舊復せんこと疑ひなし。然らば則ち子の言の如くにはあらず、貧民限りあり廢田限りあり財に至りては限りなし。何ぞや人民必ず限りあり、廢地何萬石と云ふとも亦必ず限りあり。獨り生財に至りては今年幾萬の米粟を生じ、來歲又幾萬の米粟を生じ、幾千歲といへども生々窮りなし。何ぞ限りありといふや。果して限りなきの財を生じ、限りあるの民を惠み限りあるの廢田を開くこと、何の難きことか之あらん。然りといへども國一萬石を得るも其の用度に充つるに足らず。十萬を得れば十萬餘の費用を生ず。其の止まる所を知らざる時は、縱令幾百萬を得るといふも何ぞ有餘を生ぜん。是れ衰貧艱難の本にあらずや。天下大小名其の天分の有る所に安んじ自然の分を守り、其の度を失はざる時は每年に分外の餘財を生じ、大いに國民を惠恤すといへども、猶餘りありて盡くることあるべからず。譬ば江河の水を汲みて、以て人の渇を治するが如し。渇者萬億といへども水を得ること餘りありて、江河之が爲に些しも水の減少を見るべからず。本源ある者は夫れ斯の如し。今子の財に限りありといふものは、桶甕の水を以て萬民の渇を救はんとするにあり。而して水の不足を憂ふるものは、其の器中の水少にして盡くること速かなるが故にあらずや。何ぞや萬民を安撫せんとせば、國中に仁澤の本源を設けざるや。本源一度立つ時は豈相馬の民のみ安からん。餘澤必ず他邦に及び盡くることあるべからず。蓋し上世我が朝を豐葦原と唱へ、未だ開けざる時は一圓に葦原なりしを、之を開かせ玉ふに異國の財を借りて開き玉ふにあらず。一粒一發百千萬を積みて以て此の如く開けたり。異國といへども我國の財を借りて開きしにあらず。然らば則ち我が國は我が國の力を以て開き、異國は異國の力を以て開きしこと疑ひなし。此の時に當るや一の財を得んと欲すと雖も豈財寶あらん。惟木を削りて來粗となし、一粗一發の丹誠を積み遂に原野悉く開け、數千年の後に至りて金銀財寶を作爲せり。是に由て之を觀れば、開田は先にして財寶は遙かに後なり。然るに今荒蕪を起さんとして財なきを憂ふることは、先後を察せざるが故なり。假令極貧の國といへども、上古の原野に比せば、其の豐かなること幾許ぞや。何ぞ廢地を起すに財なきを憂へんや。財は開田に由つて生ずるものなり。今國の租税を調べ以前十年乃至二十年も平均し、其の平均の數は自然の數にして天分の分度なり。此の度を以て出財を制し、艱難に素して惠民の仁政を行ひ、廢地を擧ぐる時は分度外の米粟湧くが如く生殖す。之を分内に入れずして國家再復の用財となし、年々怠りなく仁澤を施す時は、如何なる貧民も安んじ幾萬町の廢田も起し盡す可し。是れ他なし國家再興の本源を立つるが故なり。我が野州廢亡の地を擧げ、隣國の荒蕪を開き、餘澤他邦の民に及べるもの皆此の本を立つるに由れり。子の國積年撫恤擧廢の道を行ふといへども、用財を省いて以て其の用に充つ。此の故に財に限りありて又費多しとなすなり。苟くも我が行ふ所の本源を確立して、其の廢を擧ぐる時は、國の永安を得る何の難きことか之あらんやと。

兩大夫大いに感動して曰く、君臣上下憂ひとなすところ、今先生の明教を聞くに及びて憂心斯に氷解し、積年甚だ難しと爲すもの今は甚だ易きに似たり。此の明教に由つて此の道を行ふ時は、先代以來の志願始めて達することを得んと云ひて退き、具さに之を君に告ぐ。君公大いに悅び、國家中興の道依賴の手書を先生に贈り給ふ。兩大夫之を奉じ先生に至りて君命を演べ手書を出せり。先生之を閱して曰く、君仁にして臣忠なること是の如し。國の再興せんこと難からずと歎美せり。後屢々兩大夫來りて先生の道を問ふ。先生治國安民の要道盛衰存亡の由つて起る所、萬民撫恤の仁術を說解すること諄々然として條理あり節目あり、粲然として明かなること白黑を辨ずるが如し。大夫感激彌々深くして、衰廢再盛の道胸臆に了然たり。

【三】 先生相馬家の分度を確立す

池田胤直國に歸り衆臣諸有司に告ぐるに先生の高德良法を以てす。群臣猶未だ疑惑を散せず。議論紛々として起る。大夫之を諭すに其の誠意を盡せり。稍信ずるものあるに至れり。

弘化元辰年某月再び江都に出でて彌々良法を發せん事を計り、且屢々先生に至りて道を問ふ。同某月先生公務暇あらず、諸侯の邦内再盛の指揮を爲すことを得ず。一書を作りて以て細川家烏山下館川副氏相馬家の依賴を辭せり。是に於て諸侯各々望を失ひ、再復の道を廢する時は、忽然前功を空しくして再び衰弊に歸せんことを歎き、事情を筆して時の執權某侯に歎願す。幕府其の事情を察し各々其の願ひを許し玉ふ。是に於て先生諸侯の國事を指揮すること始めて公然たり。是に於て兩大夫頻りに中村に良法開業の事を先生に請ふと雖も、公務暇なきが故に之に應ぜず、時に中村に於て既往寛文中より弘化元辰年まで百八十年の貢税を調べ得たり。此を以て國の本源を立てんことを請ふ。先生是を閲して曰く、衰國往々簿記を廢し、僅かに二三十年の租税の數と雖も明白ならず。然るに相馬の貢税一百八十年を調べ得るもの、舊國の故を以てするにあらずや。是を以て天命の自然を探り至當の分度を求めば、必ず中正の分度を得んと。是に於て日夜深慮を盡し其の自然を考へ、肺肝を碎き其の至當を採ること丁寧反復、人其の丹誠を感ぜざるはなし。沈思默慮數月にして成る。斯に其の概略を記す。六十年を以て一周度となし、三六百八十年を以て三周度とし、初六十年を以て盛時となし、中六十年を以て盛衰の中となし、後六十年を以て、衰時となし、又三周度百八十年を合し、之を中分して二段となし、其の初め九十年を以て盛時の陽に配し、其の後の九十年を以て衰時の陰に配し、此の衰時の平均度を以て國家再復の分度を立て、後六十年を經て全く舊復の期となし、十年毎に一節を立て分度改革の數を定め、規則を立て分度外の餘財を生じ、衰を擧げ廢を起し百姓撫恤の用度に充て、洽く領中舊復の道を明かにし、全部三卷備れり。大夫これを見て、國家再興の基本を得たりと大いに悅び感歎止まず。是に於て君に奉ず。君公之を熟覽して曰く、二宮の深知遠大といふべし。他邦の盛衰を見ること掌を指すが如く、數百歲を見る事目前の如し。國家再興の道此の三卷に全備せり。之を得て本源となす時は、衰國を再復する何ぞ其の難き事を憂へんやと歎賞し玉ふ。池田大夫君命を受け速かに中村に下り、群臣に示すに此の三卷を以てし、且國家興復の道を辨明す。是に於て諸有司の疑惑始めて散じ、先生他邦の盛衰を察し再興の道を明かにすること、凡慮の及ぶ所に非ずと驚歎し、先生に依賴せんとし玉ふ君意に服せり。大夫衆臣に謂ひて曰く、先生の徳此の如し。且良法たることも亦是の如し。此の道を行つて過誤有らば先生の不徳には非ず。用うるもの丶丹誠足らざるなり。若し遲滯して發機を失はゞ、此の他何の術を以て累年の素願を遂げんや。先生曾て曰く、凡そ事を成さんとして成就せざるものは速かなることを欲し、一擧に其の業を遂げんとするが故なり。幾萬の廢地を開かんとするも一鍬より始め、幾百邑を再復せんとするも必ず先づ一邑より始む。一邑全く成りて然る後其の二に及び、順を以て十百千萬に至る。譬へば一歩を積みて千里の遠きに至るが如し。是の故に領中に撰びて先づ一邑を撫恤再興すべしと。目今各々思慮を廻らし評議を盡し、領中何れの邑を以てか先生に開業を請はん。速かに之を撰びて江都に達すべしと云ふ。

是に於て衆議して曰く、山中郷草野村を以て開業に當てん。夫れ草野村なるものは山中高山の間にあり、夏は冷氣にして冬は最も寒し。故に三年の中一年は五穀實らず。是を以て貧民多く、戸數減少田圃荒蕪し、極めて難村なり。故に此の邑を以て領中再復の始となすべしと。即ち此の議を以て東都に達し、草野村に開業せん事を先生に請ふ。先生熟慮して曰く、夫れ仕法の道は善を賞し不能を教ふるを以て主とせり。善人を擧げて大いに賞を行ふ時は、不善者皆善に化す。語に言はずや、直を擧げて、枉れるを措く時は、枉れるものをして直からしむと。一邑を風化するも此の道を要とせり、況んや領中に選びて一番に仁澤を布き、之を安撫するは豈大賞にあらずや。故に領中に勝れたる人氣風俗共に善美にして、郡中の龜鑑とすべき邑を選み、第一に開業して阜大の惠みを施す時は、四方の邑皆感發して自から怠惰を改め、汚俗を洗ひ法度を守り農に勸むこと、譬へば一束の薪に僅かに一本の薪を打込む時は、一束の薪悉くしまり堅固なるが如し、是れ斯に一を擧げれば彼皆擧がるの道理なり。水は高きより卑きに下るを以て順なりとす。勸善の道は善を先んずるを以て要とす。然るに今領中に勝れたる惰農貧村を擧げて第一に仁澤を布かんとするは、前後を失するにあらずや。且聞く此の邑城下を隔る事七里深山の中にありと、假令許多の恩澤を布き、年數を經て舊復すといへども、領邑何ぞ君恩の無量なるを見聞することを得んや。我が道を以て邑を興さんには、亡村といへども必ず舊復すべし。況んや貧村をや。何れの難村といへども開業を憂ふるにはあらず。蓋し善邑を擧ぐる時は、其の事は易くして其の功は至つて速かなり。若し草野村を先とせば、他邑の五六邑を擧ぐるよりも其の用財多くして、他村風化の道を得ず。領邑再復の成就に至りては頗る數十年の後れを取るべし。此の理素より人の知るあたはざるにあらず。然して此の邑に開業を求むるものは、方法を信じ此の道を慕ふの誠心にあらず。我何ぞ不順の事を施さんや。必ず方法の開業を止め。再び請ふことなかれと大いに其の不可なることを論ず。大夫此の言を聞き愕然として驚き、此の論を以て中村に達し、領中に於て中央の善邑を選び、再び先生に請はんことを計れり。後諸有司議して曰く、領中の中央は小高郷なり。同郷中に於て大井塚原の兩邑開業に至當なるべし。大井は貧村にして人氣甚だ惡しく惰風極れり。二宮仕法を以て此の人氣を一變し淳厚の民となす事を得ば、良法の驗ありとすべし。又塚原村の廢田は海水入りて如何なる術を施すといふとも興し難し。二宮若し此を開くことを得ば仕法の益ありといふべし。之を委して其の術を試みんには如かず。彼の論ずるところの如く、領中に希なる善良の村を撫育せんことは、誰か其の道を爲し得ざらんや。良法の益何を以てか驗とせん。依賴するに足らざるなりと。遂に大井塚原兩邑に開業せんことを求む。大夫從容として先生の確論を示すといへども服せず。已むを得ずして此の二邑の發業の事を先生に請ふ。先生之を諾すといへども開業せず。歲月を送りたり。後屢々請ふといへども公務暇あらざるを以て之を辭せり。中村の人情未だ開業の時にあらざることを明察して、發せざるの深慮なるべしと云ふ。

高慶曰先生深思遠慮以定中庸自然之分度於是振頹俗擧弊政之基立而其生財譬如流水之無竭大哉。分度之於國也民庶可撫也貨財可豐也富强可致也。先生立法之要常在于此而應變制宜之妙存乎一心。蓋前賢之所未發而先生之所獨也其於裁成輔相之道豈曰少補之乎哉。

【三】相馬領成田坪田兩邑に良法を開業す

于時弘化二巳年池田大夫中村にありて思へらく、二宮先生無量の丹誠を以て國家の分度既に明確たり。而して郡邑衰廢再興の道開業の時に及べり。故に山中草野村に開業を請ふ。先生許さず。再び大井塚原兩邑を以てす。又之に應ぜず。是れ他無し、當地に於て良法を求むるの誠意未だ足らざるが故なり。苟くも誠意の至ること有らば、先生何ぞ應ぜざらんやと。是に於て代官以下へ良法の道を說解し、誠意を發せしめんとすれども、疑惑盛んにして敢て憤起するものあらず。代官助役高野某なるもの嘗て宇多郡成田坪田兩村再復の事を命ぜられたり。舊來の貧邑自力の及ぶ所にあらず。大夫の敎示を聞き大いに感じ、良法を發せんことを計り、兩邑に示すに先生安民の方法を以てし、此の道にあらずんば、舊復の期あるべからずと力を盡して辨解す。遂に兩邑の里正下民共に喜びて之を歎願せんとす。然れども請願の誠意立たずしては、徒に得べきにあらずと、高野所持の籾五拾苞を出し、貧村再復の資となす。兩村有志のもの又は他村の里正に至る迄之を聞き、各々其の分に應じ米錢を出して誠意を表せり。是に於て兩村戸口田圃の員數、廢地の反步民家の貧富を調べ、方法歎願の書と共に池田大夫に呈す。大夫大いに悦び高野自から先生に至りて歎願せよと命ず。高野直ちに江都に登り、草野大夫に具陳す。大夫も亦之を賞し倶に先生に至りて事實を陳し、兩村の書類を出し開業を請ふ。先生之を聞きて曰く、今兩村誠意を顯し、領中に先立ち仕法を歎願すること賞すべきの至りなり。我が道を施すこと難村を先んずるにはあらずといへども、此の誠意を擧げざる時は勸善の道缺くるに似たり。已むことを得ず其の願ひに應じ開業すべしと。草野大夫積年の志願斯に於て達せりと大いに悦喜す。高野始めて先生に謁し、告ぐるに兩村の事情を以てす。先生一村再復の道を以て數刻の教導あり。高野彌々感激誓ふて此の道を行ひ志を遂げんとす。是に於て先生兩村盛衰の根元を探り、再盛安撫の仕法を調べ、數日にして規畫既に成る。年の十一月に至り高野に指揮丁寧に盡し、門下一人を添へて歸國開業せしむ。是に於て兩邑に良法を下し、貧邑再興永安の道を教諭し、大いに善人を賞し困民を救助し、家小屋を與へ、道を築き橋を架け用水を便にし荒蕪を開き、邑民の疾苦を去り其の生養を安んず。邑民恩澤を得て大いに感動し、舊染の惰風を革め、或は索を綯ひ薪を伐り、朝は鷄鳴に起きて業を勵み、夜は三更に至りて然る後に寢ね、隣村皆風化して兩邑の勤業に法り、遠近共に仁術を慕ふに至れり。小高鄕大井塚原此の事を聞き、我が兩村に開業の命ありて待つこと既に久し。然るに今成田坪田に開業あるは何ぞや。我が邑彼に先んず可くして、却つて後れたるは遺憾言ふべからず。而して彼れ我れに先んずる所以のものは、誠意を顯はし歎願せしに由れりと。果して然らば我が兩村も速かに誠意を表するに如かずと、各々分に應じて米金を出し頻りに發業を請ふこと再三に及べり。先生歎願の切なることを察し、翌未年の春再び兩村に仕法を下せり。下民大いに悅び無賴怠惰の汚風速かに一變して、勤業誠意の行ひを立てたり。遠近之を見之を聞いて、彌々仁術の良法なることを察し、村々願書を出し請求止まず。群臣是に於て積疑解散し、國家の再興此の道にありと喜悅し、前の疑惑拙論を悔いたりと云ふ。

【四】相馬領郡村の歎願に應じ良法を發業す

相馬領中僅かに三四の邑に良法開業に及び、邑民の疾苦を除き永安の道を與ふ。誰か恩澤の厚きに感激せざらんや。諸郷村々其の正業を見、其の教諭を聞き、此の仕法に依つて數十年の艱苦を免れんことを欲し、互に舊弊を革め業を勵み、誠意米金を積み良法發業を歎願せり。宇多郷に於ては赤木立谷兩邑中の郷にて二十二ケ村小高郷に於て十二ケ村北標葉郷にて高瀬村互に其の後れんことを恐る。池田大夫此の事情を以て開業を先生に請ふ。先生曰く、夫れ大業を成さんとして速かならんことを欲して、一時に數十ケ村に手を下す時は、撫恤教導共に周ねからずして、下民の望に滿つることあたはず。遂に事を廢するに至らざるを得ず。君仁澤を下すこと厚き時は、下民誰か悦服せざるものあらんや。早く仕法の仁澤を得んと欲し、歎願すること是れ人情の然らしむる所なり。君し其の願ひに應じ一時に事を發せば、事業の廢する事是より始まらん。故に固く執りて其の求めに應ぜず。開業の邑を惠み、其の不足を補ひ、其の憂ひを除き、大小貧富を論ぜず邑民一人の困苦なきに至らば、其の邑始めて仕法成就せりといふべし。然る後に他邑に推し及すべし。夫れ水は必ず卑下に流る。穴に滿ちて然る後に進む。卑地未だ滿たずして、其の前に流るゝの理なし。是れ水の自然にして、疑ふべからざるものにあらずや。今國君仁を下して開業の貧村未だ全く困苦を免るゝにあらず。困窮を免れざる者、何ぞ水の卑地に滿たざるに異ならんや。仁澤未だ滿たずして、他村に發することを急とせば、自然の理に差ひ遂に仁術無量の仕法を以て、目前撫育而已の小道に陷り、人民も亦大いに其の望を失はん。下民望を失ふ時は、何を以て大業成就することを得んや。是の故に一邑全く舊復に及びて、然る後に其の二に及び、其の二全く富みて然る後其の三に及び、幾百千邑と雖も其の順路是の如し。是れ迂遠なるが如しといへども、天地間の萬事是より順なるはなく、是より速かなるはなし。假令百千里の道を速かに行かんと欲すといへども、一歩より發するの外に道なきが如し。如何ほど速かならんことを求むと雖も、一歩に二歩を重ぬることあたはず。强ひて重ねんとする時は倒れん而已。況んや百歩を一歩に走るの道あらんや。幾萬町の廢田を起さんとするも一鍫より手を下し、二三と順を以て進むなり。萬物の理定りありて、知力の及ぶ所にあらず。語に言はずや。

勿レ欲レ速、勿レ視ニ小利一と、何ぞ國家の衰廢を擧げんとして此の理に隨はず、早く成就するの道あらんや。諸郷村々一時に仕法を歎願せば、敎ふるに道を以てし、諭すに勸農を以てし、其の所行郡中に拔出するに至らば、速かに良法を下すべし。阜大の仁澤を布くこと數十百邑同時の及ぶところに非ずと教示して、容易に其の求めに應ずることなかれ。是れ則ち大業成就の道也と云ひて更に發業を許さず。

兩大夫先生の的論を感じ此の理を以て邑民を諭すといへども、數度の歎願止む時なく貧民脫力の憂ひを生ぜんことを恐る。後再び先生に事情を盡して開業を請ふ。先生曰く、領中民情是の如く切なるに至りて、久しく發せずんば誠意を失ふの憂ひなしと云ふ可らず。是に於て其の善邑を選み仕法を下さしむ。宇多郷赤木立谷兩村願ひに應じ仕法を發し、之に次ぐに北標葉郷高瀨村を以てす。小高郷歎願十二邑をして、中にも誠意勤業諸村に抽でたる村を選出せしむ。諸村封書にして出せり。村上村第一たり。是に於て同邑に仕法を發す。其の次は中の郷二十二ケ村に命ずるに、小高郷選邑の旨を以てす。深野村隨一たり。即ち此の邑に發業し大いに仁澤を施し下民の疾苦を除き、永安の道を示し教ふるに篤實勤業仁讓の道を以てす。于時弘化四未の春三月なり。仕法の仁術を得たりし村々感動憤發して、舊弊を除き日々未明より夜半に至るまで勤業怠らず。遠近の諸村益々之を慕ひ互に業を勵み良法を希望すること、旱年に雨を望むが如し。百年來の怠惰無頼の汚俗流弊此の時に一洗し、始めて農事勤儉の尊き所以を辨へたり。人々良法の驗顯然たることを驚歎せりと云ふ。

【五】　相馬領村々再復三郡風化大いに行はる

宇多郷成田村仕法開業の始めにして、大いに撫育の道を施し、善人を賞し不善人を教へ、善に歸せしめ困民を惠み、或は屋を葺き雨露の憂ひを除き、或は新家を與へ其の居住を安んじ、或は馬屋灰屋を作り農馬を與へ耕作の勞を補ひ、又は米穀農器を與へ本業を勵し、或は舊來貧困に迫り、每家他の財を借り、元利增倍之を償ふこと能はず、之を調べ無利息金を賑貸し、借債悉く償ひ盡さしめ、教ふるに五常の道を以てし、導くに勤業永安の道を以てす。下民仁澤の限りなきことを感じ、怠惰汚俗を革め互に善に進み農を勵み、信義推譲の行を立つるを以て本意とす。

弘化五申年に至り、發業以來僅かに四年を經て、荒地悉く開け舊復の道成る。先生曰く、此の邑舊復の時至れり。猶永續の道を與ふべしと。毎戸老幼を選まず一人籾六俵を以て度となし、之を積みて以て後年凶荒の豫備となし、通計籾千三百苞を與ふ。邑民益々悦び毎家の憂苦艱難已に免れたり。願くば此の良法を他邑に移し玉ふべしと一村擧つて出願す。是に於て其の願ひに應じ一人毎に賞金を與へ、向後益々勉勵す可く、再たび艱難に陥らず永久無事に相續せよと諭し、北郷横手村に仕法を移せり。成田の邑民皆感泣して恩を謝せり。北標葉郷高瀬村も亦恩澤周く、年來の貧窮既に脱し、他邑に仕法を移し玉へと請ふ。此の邑數年の衰弊尤も甚しく、農力を以て自ら養ひ他の力を借らざる者は、邑中僅かに三五人而已。餘は悉く借債を以て極貧を凌ぎ、男女共に博奕を以て常となし、風俗大いに亂れ、田野荒蕪し如何ともなすべからざるに至れり。良法を下すより僅に三年にして、舊弊を洗ひ勤農篤實の行ひと一變せり。同年三月之を惠むこと成田村の如くにして、遂に隣村牛渡樋渡兩邑へ移せり。高瀨の男女感動涕泣して、恩を謝し報恩の志を發し、空地を選び杉木四萬株を植ゑて報恩の驗となす。先生遙かに此の事を聞き歎じて曰く、嗚呼古言に曰く、百姓罪あらば罪朕が身にありと至言といふべし。上仁なる時は民義あり、上信なる時は民禮あり、上惠なる時は民其の恩を報ず。上無道なる時は民亦暴なり、君貪る時は民心汚惡に流れ、放僻邪肆至らざるところなく衰亡の禍發す。治亂盛衰存亡安危悉く民にあらずして上人君の政にあり。譬ば影の形に應ずるが如し。今相馬の貧村無頼弊風極りたりといへども、一度仁政を施し之を惠恤するに至りては、人民舊染の汚俗をすゝぎ貧苦を免れ、固有の善心を發し報恩の志導かずして發動せり。是に由つて之を見れば天民何ぞ不善者あらんや。未だ善ならざる者は人君仁政の至らざるが故なり。苟くも上の仁心餘りある時は、何ぞ國の盛んならざる事を憂へんや。一二の邑此の如くなる時は、天下萬億の邑民も同一なりと。門人之を聞き彌々良法の顯然たることを嘆美せり。

後領民彌々仕法を慕ひ爭ふて業を勵み、歎願止む時なし。年々發業の村數五十ケ村に及び、安政三年に至り開業以來既に十年なり。全く舊復する處の村數十五邑にして領中舊來の惰風一變し、專ら勤業に赴き廢地を開くこと數千町、分度外の產穀萬有餘苞、每歲連綿貧村を舊復し人民を撫育せり。十年間撫恤の用材多しといへども、本源立つて動かざるが故に、彌々惠みて彌々盡きず。先生曰く、國本を立て惠民の道を行ふこと旣に十年約の如くせり。十年一節分度の改正を行ふべし。是に於て六萬六千苞の分度を增して七萬餘の分度となし、國の用度一藩の扶助其の至當を以て之を分賦し、後十年の分度を定む。一藩諸士積年の困苦を補ひ、君恩の忝なきを感じ、良法の良法たる所以を辨へたり。先生曰く、相馬の領邑再復の事を依賴ありと雖も、我公務暇あらざるが故に、一度彼の地に至り、自から指揮して其の道を行ふことを得ず。惟遙かに江都にあり、又は野州にありて其の事を指揮するのみ。何ぞ深理を盡すことを得んや。然りと雖も其の大體を守りて之を行ふ時は、此の如きの國益あり。若し我一度彼の地に臨み、盛衰の本を明かにし人民の風俗を觀し、土地の厚薄を察し、敎へを下し永久繁榮の本源を開き、大いに國家の大益を興さば、數年ならずして上下安堵の道を得んこと疑ひなし。惜むらくに一度彼の地に至ることを得ず。然りと雖も僅かに十年にして國俗既に一變し、頗る勤農篤實に歸し、上下の大患略脱するに至れり。此の後君公を初め群臣共に國本の分度を堅守し、奢侈の端を開かず、年々惠政の足らざる事を以て憂ひとし、目前の損益に惑はず永世の爲を量り、此の仕法を行ふ時は、國家再興は勿論餘澤他邦に及ばんこと窮りなかるべし。我幼年より心思を盡し、此の道を發明し、三十有餘年諸方の求めに應じ仕法を施したりといへども、其の時を得ざるか、諸侯往々道を守り玉ふことあたはずして中廢せり。獨り相馬而已初約を守り連綿として行ふこと既に十年、頗る仕法の効驗あり、惟歎ずべきは非常の忠臣草野池田兩大夫既に終焉仕法の成功を見ざることのみ國家の不幸と謂ふべし。然れども大夫誠忠領中に滿てり。將來を慮り群臣に選みて忠義の臣を薦め有職たらしむ。今在職の臣益々君公の仁を擴充し、兩大夫の忠を繼ぎ、周ねく萬民を救ひ國家をして泰山の安きに置かんとして、心力を斯に盡すことあらば、豈一國の民の幸のみならんや。國家再興の道實業は未だ其の半に至らずといへども、其の理は既に七八分に及べり、大業の成不成は天にも在らず地にもあらず、惟君と執政との一心にあり。苟くも君と執政との一心他事に轉ずる時は、百年の勳勞も水泡の如く、落花の風に散ずるが如し。古より明君賢臣の共に出る時は、國家豐富にして百姓其の業を樂しめり。然れども實に千歳の一時にして百姓常に困苦せり。然るに今中村領君仁心ありて臣忠義を主とす、加ふるに萬民安撫の仁政を以てせり。相馬開國以來六百餘歳に及び、始めて國民此の澤を被むることを得たり。實に千歳の一時にあらずや。此れ時の得がたくして失ひ易きことを顧み、仕法の成る所以を以て力を盡し、仕法の敗るゝ所以を以て戒めとなし、私心を除き誠心を專らとして、益々永安の道行はば何の成らざることか之あらんやと。衆人之を聞き、先生の誠心限り無く、後年を憂ひ慮ること深切なるを感歎して、相馬仕法の終を全くせんことを希望せりと云ふ。

【六】相馬侯躬から領民に勸農の道を諭す

相馬侯天保某年父君益胤君の世を繼ぎ、爾來大いに國家の衰弱百姓の困苦を憂ひ、專ら父君の志を繼ぎ、國弊を矯め領民の艱難を救はんことを以て心思を勞し、衣は綿衣を用ゐ食は味ひを重ねず、諸人に先立ち艱難を厭はず、江都に在つては力を公務に盡し、國に在つては春秋必ず自ら領邑を巡歩し百姓の疾苦を問ひ、大雨暴風雪中といへども駕を用ゐず。躬親ら藉田を耕やし民の艱難を試み、民間の老人を賞して父老を尊敬せんことを教へ、力田のものを賞して勸農の道を教へ幼若を導くに孝悌を以てし、貧民を安撫して其の業を勵ましめ、邑々の盛衰人氣の善惡を直見し、諭すに二宮の良法を以てし玉ふ。領民君の仁心深くして民を憐み玉ふことの厚きに感じ、汚風を革め家業を勵み、君の憂勞を安んじ奉らんとす。

是を以て彌々先生の道廣く行はれ、大いに風化することを得たり。且忠臣を擧げ政を任じ、能く臣下の諫めを納れ、善言を求めて以て速かに之を行ひ、臣下過ちありといへども、教諭を加へ改心せしむるを以て先とし人を廢棄せず、屢々先生を招き禮を厚くして教へを請ひ、其の論說を聞き大いに悅び、益々其の道を施行し、群臣に仕法の良善なることを諭し、仕法に力を用ゐる臣下を召して、屢々其の勞を慰し厚く賞譽を下し玉ふ。是を以て諸臣感激し再興の道を成就し、君意を安んぜんことを以て今日の專務とせり。美名他邦に響き賢君を以て稱するに至れり。其の初め幼若の時に當り、先君甚だ之を愛して膝下に養育し玉ふ。草野大夫顏色を正し諫めて曰く、君豐丸君を愛し玉はゞ、必ず艱難の地に於て養育し玉ふべし。古より人君幼にして深宮に居り婦人の手に長じ玉ふもの、往々闇愚にして嘗て下民の艱苦を知らず。奢侈に流れ放肆に陷り、遂に國家の衰廢に赴くこと珍しからず。今國家の衰弱百姓の艱難は、君の明かに知り玉ふところなり。此の君をして艱苦に長じ賢明ならしめば、父君の善政を地に墜さず、一藩を憐み百姓を撫育し、國家再興の政成就すべし。若し愛に泥み婦人の手に長ぜしめ玉はゞ、庸君にして艱苦を厭ひ、臣下の言を用ゐず、稼穡の艱難は何ものなることを辨へ玉はざるに至らんか。然らば君一世の丹誠を以て國事を憂勞し玉ふことも一時に廢し、永く再盛の道を斷ぜん。誠に君の不幸而已にあらずして一國上下の大患なり。夫れ生れながら賢聖なるは億萬中といへども得難し。假令性質賢なりといへども、艱難を經ざる時は其の美質顯はれずして、仁恕の心薄し。況や其の次をや。是れ古人切瑳琢磨の功を重んずる所以なり。臣幼君をして、上忠孝を盡し下百姓を惠み玉ふの賢君ならしめんことを願ふ而已。君それ之を慮れ。先君感賞して曰く、汝の言誠に國家を憂ひ予が父子を愛するの忠言といふべし。故に今直ちに此の子を以て汝に委せん。進退養育の道余敢て言はず。汝が意に任ぜよと命ず。

是に於て大夫謹みて命を受け、直ちに破れたる小屋を修復し、幼君をして此に居らしめ、婦人は悉く退け、質直誠實のものを選びて扈從となし、教ふるに仁義を以てし導くに忠孝を以てし、朝は未明より文學を勸め武道を講じ、衣は綿衣を以て常とし、食は二味を重ねず。悉く艱難を以て養育心を盡せり。是を以て其の長となり玉ふに至りて能く艱難に堪へ、下情に達し、父君の志を繼ぎ國家再興の大業を開き、譽れ遠近に及ぶものは其の質甚だ美なりといへども草野大夫忠心の力なり。嘗て先生此の事を聞き歎賞して曰く、夫れ諫を納れ愛を割くことは人情の難んずる所なり。然るに先君斷然として諫めに隨ひ、愛子を以て艱難の地に養はしむ。且諫言は臣の難ずる所なり。草野屢々諫言し兩君をして仁政を行はしむ。君臣素より此の如くにして國家再興せざる者はあらず。今我が仕法の彼の國に流行すること、實に一朝一夕の故にあらずと。

高慶曰草野大夫之事君可謂得要者矣。自古忠義之士拮据勤國而人主驕恣放縱諫不行言不聽至於忠良廢黜奸邪用事國事日非百姓離畔雖有知者未如之何者比々是也。大夫夙欲擧國家之衰於是進以讜言使幼主安於艱難之中知尚儉節用及立嗣位沛然膏澤浹于四境矣。傳曰一正君而國定大夫有焉。

【七】相馬侯日光祭田再復の方法に獻金す

野州日光祭田二萬石地形高山丘陵多くして平地甚だ少し。土地磽薄にして曾て水田なし。下民雜穀を以て常食となす。近年に至り水田を開くといへども十が一に至らず。往昔以來租稅甚だ輕しと雖も下民貧苦を免れず。天明凶荒以後多く戸口を減ず。是を以て土地蕪萊し、人民彌々窮せり。幕府之を憂ひ再復安民の事業を以て、二宮先生に命ず。于時嘉永五癸丑年二月なり。

先生時に疾あり病苦を忍び登山し、周く八十餘村を廻歩して邑民を敎諭し、勸農に導き善を賞し貧を惠み、再興の仕法を施せり。下民大いに感歎して舊弊頗る革り、荒蕪を開き勤業に赴けり。是より先き弘化元年日光村々再復の策を献ずべしとの命あり。先生三ケ年日夜心力を盡し、衰廢再興の策を筆記し數十卷を奏す。是の故に實業廣施の命あるに至る。相馬侯池田大夫を召して曰く、三郡再興安民の事を以て二宮に任ぜり。此の仁術に由つて國弊大いに改まり再復の効驗既に顯然たり。大慶之に過ぐべからず。今幕府先生に委するに大業を以てせり。未だ此の地の仕法半に至らず、微力なりといへども報恩の道を行はざるべからず、汝夫れ之を慮れ。

大夫命を受けて退き諸有司と此の事を議す。有司曰く、國家の衰廢極り、上下の艱難既に六七十年、天下廣しといへども他の諸侯を察するに、我國の甚しきが如きを見ず。此の故に具さに艱難の事情を以て幕府に歎願し、手重き公務を免じ玉ふ事既に數十年、專ら三郡再復の道に上下力を盡すといへども未だ半途に至らず。領地の荒田未だ復せず。借債數十萬尙依然たり。斯の如き時に當りて何を以て報恩を爲さんや。若し仕法を行ふこと多年にして舊復の時に至らば、報恩の道も亦盡すことを得ん。方今の爲し得べき所にあらずと。大夫曰く、然り各〻の言の如し。然りと雖も上下の道を以て論ぜば、豈是至當の論ならんや。天明以來六十年餘、國の廢衰するものは國の過にして他の故にあらず。幕府之を憐み多年手重の公務を免ずるものは、皇大の恩といふべし。然るに艱難の故を以て永く報恩の道を思はずんば、豈是れ受恩者の道ならんや。國盛んに民富む時に及んで報恩を爲す者、何の難きことか有らん。艱苦の中に處して爲し難き事に力を盡すもの、假令其の事は小なりといへども報恩の志は厚しといふべし。且先生日光へ仕法開業の初めに當りて力を添ふる時は、必ず其の事業成り易かるべし。今之を能はずとして後年を待つは、假令後に幾倍の力を盡すといふとも、安民の事業遲々に及ばんこと必せり。報恩の道實に此の時を失ふべからず。必ず疑惑を生ずることなかれと。群吏曰く、理は宜しく然るべし。此の時に當りて恩を報せんこと大夫それ何を以てせんとするや。大夫曰く、我苟くも其の道を得ずして此の言を發せんや。前年極窮の時に當り幕府に歎願し、金八千五百兩を恩借せり。年々之を償ふに五百金を以てせり。今年五百金を納る時は元金皆納なり。明年より綿々として、五百金を報恩として日光地再復安民の仕法に獻ぜば、十年にして五千金となる。是れ難しといへども前々分度の中より納め來れり。未だ皆納に至らずと見る時は納むるの道なしといふべからず。是に由つて艱難中といへども十年に五千金を獻ぜば、日光の窮民恩澤に浴し、興復の事業確立すべしと云ふ。諸有司皆之に同ぜり。是に於て此の事を君に言上し、遂に幕府に請願し許可を得て、年々五百金を納め之を日光邑々再復の用度に下し玉ふ。

【八】先生下總國印旛沼堀割見分の命を受け彼の地に至る

于時天保十三壬寅年幕府命を下して下總國手賀沼より新川を穿ち印旛沼に注ぎ印旛沼より大海に達し、刀根川の分流と爲し通船の便利を開かんとす。水理に達する輩をして其の成功の策を建言せしむ。抑々此の事の原因を尋ぬるに、刀根川洪水の時に當りては、堤防を破り田圃を流亡し、水邊の村々これが爲めに水害を被むること少なからず。手賀沼より印旛沼に堀切り、又南方馬加村の海邊に堀割り、蒼海に達する時は、流水新川に分流し水害の患を除き、且奥州の通船常に房總の大海を渡り、浦賀港に入り然る後江都に達す。房州の海中難所ありて屢々風波の爲に破船し、米穀を失ひ往々覆溺の殃に罹るもの少からず。然るに刀根川より直ちに内海に達し江都に至ることを得る時は、里數を減ずること多くして覆沒を免れ、且軍用の便宜ありといへり。往年某年此の役を起し數十萬の財を散じ穿ちたりといへども、終に事成らずして廢せり。故に今復此の業を遂げ不朽の大益を開き、衆民の水害を救はんとの深慮なりと云ふ。

同年十月官先生をして彼の地に至り、土地の高低難易を量り成不成を察し、其の思慮するところを言上せよと命ず。先生命を受け退き歎じて曰く、此の事下民を恤み國家の大益を擧げんとの賢慮なりといへども、容易の事にあらず。萬事の成不成自から時あり。又事業に先後あり。我假令彼の地に臨み見分するも其の益なかるべし。然れども君命辭するの道なしと。是に於て江都を發し下總國に至り、諸有司と共に日々廻歩して其の地勢高低難易を熟見し、成不成を考ふ。手賀沼より印旛沼の間、道程二里、印旛沼より南の方馬加村の海邊まで四里、合して六里新に水路を開き、通船せんとす。實に大業といふべし。中間に高臺と名づくるところあり。高さ數丈にして岩山なり。之を穿つに堅石を穿つよりも勞せり。下海邊を去ること數百間にして天神山と唱ふる小山あり。兩山の間土地低くして泥土の深さ測るべからず之を浚へるに幾萬の畚を擧ぐるといへども、泥土元の如く涌出し更に尺寸を減ぜず。往年の役に車器械を設け、此の土泥を海邊に巻出したる時は、海濱之が爲に埋づまり、數十間の平地を成すと雖も天神山高さを減ずること三尺餘にして、泥土元の如くに涌出し依然として寸も卑きをなさずと傳へたり。實に兩山の下は皆泥土にして限りなく、人力の及ぶ所に非ざるに似たり。諸吏各々思慮を盡し數十日にして見分測量畢り、江都に歸り彼の地の事業且用財の多少成功の目途年數等を言上せり。先生更に建言する所あらず。官先生に問ふて曰く、汝の見るところ如何。先生曰く、某未だ其の成不成を決することあたはず。人此の大業必ず成るべしと云ふも未可なり。全く成るべからずと云ふも、果して成るべからざるにあらず。不成の道を以て之を施す時は、幾千萬人を役し幾百萬の財を散ずといへども成るべからず。成るべき道を以て事を擧ぐる時は、天下何物か成就せざらんや。官又問ふて曰く、其の成るべからざるの道如何。先生曰く、天下の威權を以て人夫を役し、之を役するに財を以てし成業を期するに年を以てす。是れ土功を擧ぐるの常道なり。此の常道を以てせば難所の役吏民共に窮し、只利を計りて其の心義にあらず。事は進まずして財は既に盡き、年限は既に至りて事業は半に至らず。吏民共に不正に陷り、遂に廢せんか。

是成らざる所以也。又問ふ其の成るべき道如何。先生曰く、之を期するに年限を以てせば、百年といへども其の成るを以て期とし、用財を限らずして其の成功の時を以て用度の限りとなし、一旦事を發せしより假令何百年何百萬の財を用ゐると雖も、全功を以て善とし悠々然として、速かならんことを求めず。然して又其の事を怠らず、連々綿々として力を盡す時は、必ず成業の時なしといふべからず、是れ大業成就の道なり、然れども之を行ふに先後する所あり。若し其の先んずる所を後にし、其の後にする所を先んぜば亦成就を必すべからず。官曰く、其の先んずる所は何ぞや。先生曰く、萬民を撫育するにあり。曰く、其の後にするものは如何。曰く、印旛沼の堀割是なり。官曰く、今問ふところ此の事にあり。何ぞ萬民撫育の事を以て先とするや。是れ別事にして此の事に關するにあらず。答へて曰く、六里の新川を穿ち萬世の有益を開かんとすること豈大業にあらずや。此の大業を成さんもの誰の力にか成らん。必ず諸民を役して其の筋骨の勞を盡さずんば、他に成すべきの道なきこと明かなり。今近國の民を見るに昌平の澤に浴し、自然奢侈怠惰に流れ窮乏を免れず。貧なる時は其の心利に走り義を忘る。此の民をして此の役を起さば用財を取るを以て先とし、筋骨の勞を後にせんか。然らば則ち財は多く費ゆることありて事は成り難し。若し上大仁を布き、諸民の困苦する所を除き其の生養を安んぜば、百姓大いに喜び大恩を感じ、子孫に至るまで報恩の志を懷かん。此の時に當りて報恩の志あるものは、此の事に力を用ゐよと令せば、百姓老幼となく一身の勞を忘れ、感泣して力を斯に盡し、互に盡力の不足を以て恥とせん。萬人一心勞を忘れ報恩を以て心となす時は、誠心内に充ちて外分外の力を盡さん。萬民誠意を主となすときは、假令山を拔き石を穿つといふとも成らずんばあるべからず。夫れ此の如くなる時は此の大業の成就迂遠に似て却つて速かなるべし。何ぞや其の本根を堅くする時は繁榮其の中に存するが如し。是これを先後に由つて、大業の成不成ありと謂ふと言上す。後に此の意を擴充して見込書二卷を作れり。時後るゝに由つて之を奏せず。人其の書の奏せざることを惜めりと云ふ。

【九】下總國大生郷村再復の命を受け良策を献ず

天保十四癸卯年春、下總國大生郷村荒蕪を開き貧民を安んじ、一邑再興の道を献ぜよと命ず。先生直ちに此の邑に至り見分するに、人民極貧にして田圃は原野に歸し、民家破壞し衣食乏しくして、平年猶菜色あり。先生愀然として曰く今の時春陽溫暖の候なりといへども、此の邑に臨み此の民の困苦を見るに至りては、身體栗々として嚴寒に歩するが如し。嗚呼是も亦天民也。何ぞ貧困此の如くに至るや。是に於て毎戶に其の艱苦の緩急を察し、手づから金を與へて其の急迫を救ふ。邑民拜伏流涕して恩を謝せり。

邑の里正を久馬と云ふ。性多欲にして下民に利子二割の財を貸し、其の利を絞り、償ふことあたはざるものは、田圃を取りて我が家田となす。是を以て邑民彌々衰弱流氓、遂に此の極窮に迫れり。先生其の衰弊の本を考へ、再盛の道を慮り、遂に江都に歸り、再復永安の仕法を調べ之を官に奏せり。官其の道の仁術なるを察し、開業の事を命ぜんとす。時に縣令建言する所ありて、遂に此の事を廢せり。後之を聞くに、里正久馬數年私曲を行ふこと甚だし。一里正の爲に一邑無罪の民、極窮困苦是の如きに至れり。然るに先生の仕法行はるゝ時は、自から私曲を逞しくすることあたはずして、一身の不利とならんことを恐れ、私かに賄賂を行ひ謀計を設けて道を塞ぎたりと云ふ。後數年を經て某年に至り、縣令小林某此の事を聞き、一邑の廢亡せんとを憂ひ、邑民に諭すに先生の良法を以てし、官に請うて以て再復の仕法を先生に委任す。先生已むことを得ず其の需めに應じ、遂に仕法を施し、數百金を抛ち貧民を撫し廢田を開き、民屋を修復し再盛の道を行ふ。邑民大いに悦び始めて生養の道を得たりと爲す。里正再たび姦計を以て邑民を誑かし、縣令の屬吏に賄賂し、遂に良法を破り私曲を擅にせり。是に於て仕法之が爲に廢せり。邑の良民大いに之を歎き、身命をも顧みず數々官に事情を訴へ、再び仕法の道を發せんことを請ふ。然れども順序を經ずして直訴するを以て、之を縣令に下附す。縣令頗る屬吏の爲に惑ひを取り、良民を叱して之を退け、遂に再興の仕法を廢し、獨り里正而已奸曲貪婪を專らにすることを得たり。時人邑民を憐み里正の奸惡を惡み、良法の中廢を惜まざるはなし。

【一〇】 先生三縣令の屬吏に命ぜられ野洲眞岡の陣屋に至る

時に天保十四癸卯年七月、先生奥州小名濱野州眞岡同州東鄉三縣令の屬吏に命ぜられ、野州眞岡陣屋に至り、衆屬吏と共に群居せり。命を受くるの日に意へらく、縣令は郡村を治め、民を安撫するの官なり。之が屬たらば舊來辛苦する所の仕法を以て、郡村に及ぼし萬民を安んずることを得ば、道の行はれんこと難からずと。眞岡に至るに及びて仕法は新法にして、古來の規則に符合せず。縣令以下の決斷を以て行ふことあたはずとして、空しく歳月を送れり。先生大いに之を憂ふといへども如何ともすべからず、然るに某月に至り江都に出づべきの命あり。至れば則ち命じて曰く、日光神廟の祭田多年荒蕪となり、下民も亦甚だ窮せり。速かに彼の地に至り見分し、之を再興し諸民を安撫するの策を建白せよと。先生命を受け直ちに言上して曰く、夫れ天下の荒蕪地大同小異なりといへども、何ぞ再復の道に於て別あらん。且人民の弊風に漂ひ貧苦に陥るもの、其の情實に至りては何れの國といへども異なることあるべからず。其の地に臨みて見分せざれば知り難き者に非ず。今斯に在つて其の再復の策を献ぜば奈何。官曰く、理は方に然らんか。然りといへども其の地に臨みて其の實事を述ぶるものは常則なり。故に一たび見分を遂げて然る後言上せよと。先生曰く 敢て令に差ふにあらず、速かに至らん而已。然れども臣の言謂れなきにあらず。彼地に至りて再興の道を論ぜば、彼の地に就て其の理を言はん。然る時は陳述する所僅かに彼の地の事に止りて廣く再復の道を該すること あたはず。今其の地を見ずして再復の道を全備せば、天下の廢地擧ぐべからざるの地なく、天下の民窮苦を除くべからざるものなからん。然らば一たび其の策を献じて、其の理斯に盡き、再三の命を煩はさず亦可ならずや。前年下總國大生郷村再復の道を奏す。其の理に至りては萬國といへども、再興の道此の他に出でず。然れども一邑の見分を以て言上せり。故に一邑の事に止り、再び日光の邑々再盛の事を命じ玉ふ。

後年又他の廢地を擧げ、貧民を惠み玉ふ時は其の法則となるべからず。今臣の意中を盡し、民間再盛安撫の道を漏さずして奏し、若し不可ならば、假令其の地に臨みて後言上するとも何の益かあらん。若し可にして用うべきの道ならば、四海の地皆悉く同じからん。是を以て其の地を見ずして再興成就の道を奏せんことを請ふのみと。是に於て官之を許可せり。

先生門下を集會し諭して曰く、夫れ日光の土地たるや神君鎭坐の地にして、村々は皆共の祭田なり。實に此の地を再復し此の民を安んずるの策を命じ玉ふこと豈仕法の幸にあらずや。是の故に我が積年丹誠する所の仕法悉く筆記し之を奏せん。此の書一度全備する時は、假令道行はれずといふとも、仕法の仕法たる所以は萬世に及びて腐朽すべからず。孔子一世道を行ふことあたはざるも、其の書永世に朽ちずして道益々明かなり。二三子夫れ之を勉めよと。是に於て前々依賴の諸侯領邑の事を辭し、來客を止め、夜を以て日に繼ぎ、僅々たる短文を筆するも尙數日の思慮を盡し、數十度の添刪を加へて然る後可なりとす。實に千辛萬苦の力を盡し、肺肝を碎きたること誠心限りなしと謂ふべし。斯の如く研究の勞を盡すこと三年にして猶未だ稿を脱せず。門下往往事の後れんことを恐れ、先生に告ぐると雖も、研究の足らざるを憂ひて後れんことを憂へず。時に眞岡の縣令鈴木某公事に由つて江都に至れり。先生に告げて曰く、早く書を奏す可しと。先生曰く、未だ全備すること能はず。是に於て縣令官に聞す。官命じて曰く、全備せずと雖も可也疾く出だすべしと。先生已むを得ず徹夜寢ずして心力を勞し、終に數十卷となして之を官府に奏せり。此の時に當りては初め、命じ玉ふ時の閣老以下已に轉勤あり。是の故に又開業の命下らずして徒に歳月を消す。門人其の他に至るまで、實業の行はれざることを歎息せり。時に諸侯の邦內再興の指揮を廢すること既に三年、是を以て小田原領を始めとして、往々中廢に至るもの少からず。後仕法依賴の輩日光再復の書に法り、以て都邑を再興せんことを請ふ。先生曰く、官に奏して未だ可否の命を得ず。私に之を傳ふること能はずと。是に於て此の旨を以て官に請ふ。官之を許可す。是に由つて漸々道を行ふことを得たり。

卷之八

【一】先生眞岡縣令某の屬吏となる

野州眞岡は土地磽薄にして原野多く、百姓衰貧農業を怠り天明卯辰の凶荒後民戶大いに減し田圃蕪萊し、離散の民每年に甚しく、在民赤貧を苦しみ出生の赤子を夭殺するを以て常とするに至れり。寛政年間幕府大いに之を憐み玉ひ、衆に選びて竹垣某を以て同所の縣令となし、荒蕪を開き窮民を撫し、夭殺の憂ひを除かしめ頗る惠政行はる。縣令來民を招き戶數を增し恩澤を施し、赤子を育せしめ土地を開き惡弊を除くといへども、舊來の衰廢古へに復することあたはず。後縣令轉勤に至りて遂に其の成功を得ず。

時に天保十四癸卯年官議して再び往時の惠政を復せんとし、新に奧州小名濱野州東鄉眞岡三縣命を命じ先生を屬吏となす。然れども良法開業の道を得ずして、歲月を送れり。弘化四丁未年東鄉の令某建議する所あり。官是の故を以て小名濱東鄉の兩縣令を他に轉じ、眞岡東郷の地六萬石を合して東郷の令に命じ、先生をして又之に屬吏たらしむ。是に於て縣令民間撫育村村再復の事を擧げんとして先生に計る。外屬吏古來の成規を取りて之に同ぜず。然れども令先生をして荒地開墾の事を行はしむ。東郷村の廢田若干、桑野川村に於て新田五町歩を開き、邑民頗る恩に感ず。而して此の用財官費の出づる所なし、皆先生自財を投じ以て此の事を成せり。屬吏之を見て私かに語りて曰く、今縣令二宮をして蕪田を開き又新田を開かしめ、我が輩之を知らず、是の如くならば後難計り難し。身を退くに如かざるなりと、皆共に奉仕を辭す。縣令愕然として曰く、開田の事我が意にあらず。二宮一人の所爲なり。我大いに之を戒め、後此の事無らしめん。子等心勞すること勿れと。是に於て先生を官廨に招き、衆坐の中に於て聲を厲して曰く、二宮開墾を成すもの誰の命を以てするや。吾知らざる所なり。屬吏も皆與からず。凡て天下の土地興廢共に規則あり。豈官許を得ずして開くことを得んや。今江都に聞し咎めあらば、獨り子の罪而已にあらず。然るに一己の意を以て開墾するもの何の謂れかある。具さに之を告げよと。

先生早く其の意を察し心に思へらく、此の開田は縣令我に命じて開かしむる也。然して今此の事を知らずとは何ぞやといはゞ、令何を以て暫時も此の職にあることを得ん。我多年心を盡すものは諸人の憂ひを除き永安の道を興さんとする而已。何ぞ令の罪を顯はさん。自から其の罪を引き彼をして無事ならしめんと。是に於て從容として答へて曰く、是れ他事あるに非ず。某官の事に至りては法則規矩共に未だ之を熟知することを得ず。私かに意へらく吏籍に入りてより以來、不才にして衆臣の勤むる所を勉勵することあたはず。空しく歳月を送り素餐の罪を恐るゝこと深し。積年廢田を擧け下民を撫し、之を安んずることを業とせり。今目前廢田あり貧民あり。自財を拋ちて之を拓き之を惠まば勤務の一端に當り、聊か素餐の罪を償ふに至らんかと、下民の願ひに應ぜしなり。前に此の事を聞し可否の令を待たざるは某の罪なり。今如何せん譴責あらば某一人之を受けん而已。素より願ふ所なり。又開田を廢して可ならば速かに之を荒蕪に歸し、溝洫を穿ちたるも之を埋めん而已。

開田の力は千萬の勞ありといへども、之を廢するに至りては甚だ易くして一日の勞をも費すべからず、願くは令の意に隨はん而已と。縣令益々怒つて曰く、開田直ちに廢することを得べからず。江都に達して其の指揮を待たん。以後我が命ぜざることは決して手を下すことなかれと云ふ。先生退き歎じて曰く、事斯に至るもの何ぞ可否を論ぜんや。道も亦斯に止れり。令初め我に命ずるに開田新田の事を以てす。我答へて曰く、土地の事官古來の定則ありと聞けり。猥りに手を下さば後日の憂ひあらんか。夫れ之を慮れ。令曰く、我江都に於て既に此の事を聞し、委任の命あり、子の事を擧ぐるもの則ち予がせしむる所なり。若し異論あらば我が一身に任ぜん。憂ふることあるべからず。子唯力を盡し事を成就せよ我之を頼むなりと。是の故に已むことを得ずして數月の間辛苦を盡し自財を散じ、衆役夫の力を勞し許多の開田を爲せり。是れ上下の爲にあらずや。然るに下吏の言に驚き之を諭すことあたはず、又自ら任ずることあたはず、忽然として昔日の誓言を變じ自ら此の事を知らずとし、我一己の意を以て開田せしと列坐の中に於て叱す。自ら其の心を欺き、漠然として耻づる色なし。豈是れ人情の爲し得べき所ならんや。我れ元より善は人に推し、他の過失は我に歸するを以て本意とせり。若し此の如き言を以て外人に當る時は、立處に其の身の進退を失はん。此の人と共に大道を行ふことのあたはざるは、此の一事を以て知るべし。然れども今我一身を退く時は、從來諸方の人民衰弊再復の道を求め、其の事未だ半ならず。安危の歸する所只我一人を望めり。故に我退かば道も亦廢せん。道廢する時は幾萬の人民途を失ひ安堵の期あるべからず。我何ぞ之を棄つるに忍びんや。是我が道の行はれざることを以て、此の輩と共に愚を守り、歲月を送る所以なりと慨然として痛歎の色あり。從者皆悵然として愁悶に堪へず。先生の度量蒼海の量る可からざるが如きを感歎せり。

時に先生の官舍あらず。令之を設けず。官廨の傍に破寺あり神宮寺といふ。數年無住の故を以て、大破に及び風雨を障ふべからず。時既に嚴冬寒夜肌膚之が爲に凛然たり。人をして櫻町に走らしめ、釜鍋を持ち來り僅に飯を炊き味噌を嘗て食する而已。從者皆頗る困苦の色あり。先生泰然として安居し、治國安民の道を說き、門人を教諭し些も艱難を憂ふるの念なし。唯三十年來千辛萬苦を盡し、四方の民を救助するの道を發し、半途に至らずして進退既に窮り、庶民再び極難困苦に陷らんことを日夜悲歎せり。下館藩衣笠某先生に至りて國事を問ふ。此の破寺を見て大息し、官廨に至り縣令に謂ひて曰く、二宮元來艱難を常とし一身を苦しめ、諸人の憂ひを除き之を安撫するを以て心とせり。何ぞ今に至りて一身の困苦を憂へんや。然れども彼は賢者なり。縣令何ぞ之を遇することの薄きや。今其の住居を見るに空寺破壞風雨霜雪を防ぐに足らず。寒風坐を拂ひ雪霜人頭に下る。二宮此の一寺を修復せんこと難きにあらず。然れども幼より老に至るまで衆民の艱難を憂ひて一家を經營せず、君の命に由りて廢寺に居り、困苦すといへども之を補はざるものは、令の命を重んずるが故なり。二宮老いたりといへども性質強壯曾て病あらず、此の寒氣に觸るゝといふとも一身無事なるべきが、門下に至りては遂に之が爲に疾病の憂ひあらん。縣令の心慮他の知るべきにあらず。然れども恐らくは賢者を遇し玉ふの道に於て至からざるに似たり。某恩命を受くること年有り。是を以て愚意を述ぶるのみ。君夫れ之を慮れ。

縣令意中甚だ怒ると雖ども、理の當然なるを以て憤怒を忍び答へて曰く、子今是の事を告げずといへども、我能く之を知れり。陣屋の内別に居家あらず。新に作らんか二宮を空寺に居らしむるもの暫時而已。我が意を計りて二宮此の寺を補はざるものは過ちなり。我何ぞ彼自ら此を補ふことを禁ぜんやと云ふ。衣笠退き先生に告ぐるに空寺補理の事を以てす。先生許さず。然るに縣令俄然先生を呼ぶ。先生至る。令大いに怒りて曰く、過刻衣笠來り子を破壞の寺に居らしむること、我が處置を失ひたりと云ふ。彼は元より陪臣なり何ぞ天下の事に與るを得んや。今此の如き言を我に述ぶる者は身分を知らざるに非ずや。我が處置は我が思ふ所あり。何ぞ陪臣の指揮を待たん。以後此の如き失言を發すること勿れと子より之を諭し置くべし。我直に此の言を以て衣笠を誡しむる時は、彼一身の立つべからざることを憐み、子をして言はしむるなりと。其の意先生衣笠をして艱苦を言はしめたりと疑ひ、怒言を以て先生に加ふ。先生從容として答へて曰く、某空寺に居る何ぞ艱難の事あらん夫れ貧民の世に處るや居雨露を障ふることあたはず。糟粕口に飽くことあたはず。衣身を蔽ふことあたはず。飢寒に困み生を聊んぜざるもの其の數を知るべからず。之を救助せんとし其の道を盡すことあたはざるを以て憂とせり。然るに某は扶助の米粟を賜り、飽食暖衣せり。破寺といへども大破といふにあらず。何ぞ雨露の凌ぎなからんや。若し風雨を障ふることあたはずんば、何ぞ縣令を勞せん。自ら之を補ふに於て何の難きことかあらん。衣笠なるもの性善柔にして思慮淺し。偶然破寺を見て子細を問はず。使君に告ぐるに失言を以てするか、退きて再び失言なからしめん。使君勞し玉ふことなかれと。縣令曰く、我上下の爲に子の方法を開き、此の國の荒地を開墾し困民を撫育せんと欲すること年あり。然るに私領と異にして公料の制度法則微細に備はる。其の規矩にあらずして新法なるが故に行ふことあたはず。強て之を行はんとすれば屬吏皆從はず。江都に達して其の指揮を請ふと雖も復何の沙汰もあらず。子此の間に立つて手を空しくせんよりは、寧ろ退いて以前の如く私領の民を安ずるに如ず。我官府に言上せんとす。二宮の道良法なりといへども私領に行はるべくして公料に行ふべからず。小田原故主に戻し玉はゞ私領の幸にして、幕府無用の人を扶持し玉ふことなく、兩全ならんと、是より他の策あるべからず。子の意如何。先生曰く、一身の進退微臣に於て更に意なし。唯縣令の指揮に從はんと云ひ退いて詳に衣笠に告ぐ。衣笠大いに怒りて曰く、令は書を讀みて少しく道を知るものと思へり。我が先に言ふ所は我が爲を言ふにあらず。實に令の爲を一言せり。然るに陪臣の失言なりとして之を怒り、先生を呼びて此の妄言を發す。我再び此の如き者を見ずと直に下館に歸れり。先生歎じて曰く、縣令過て此の道を以て行ふ可らざるの道と訴ふる時は斯に止まん。又何をか論じ何をか憂へんや。豈命にあらずや。

從者某なるもの之を聞き切齒して直に縣令に至つて面謁を請ふ。令出でゝ之に逢ふ。或言ひて曰く、幕府二宮を以て君の屬吏たらしむること豈唯ならんや。此の道を以て此の民を救はんが爲なるべし。然して數年を經たり。未だ行ふべからざる歟。令曰く、我素より二宮の道を信ぜり。此の道を以て民間に施す時は、上下の有益少ならずとせり。此の地に臨み之を施さんとするに至つて、古來の法則確定せり。聊規則に差ふ時は法を犯すの罪あり。故に良法なりと雖も新法なるを以て行ふこと能はざるなり。二宮小田原の臣たりし時、諸侯の邦内大小數ヶ所仕法を施して頗る有益をなせり。是れ私領に行ふ可くして公料には行れ難き仕法なり。此の如くして歳月を送らば私領にも行ふこと能はず、空しく廢せんか。某今度江都に言上せんとす。其の意は二宮の道私領に益ありと雖も、公料に至つては規則に觸れて行ふべからず。然らば公料に益なくして私領の益も亦廢せん。願くば小田原故主に返し私領の人民を撫育せしめ玉はゞ、公に損なくして私領に益あり。速かに戻し玉ふべしと言上せん。然らば二宮無益の心勞も始めて安からん。是れ我が已むを得ずして慮る所なりと。或曰く、此の言我輩の知る所に非ず。夫れ道は一のみ。公料に行ふ可らざるの道ならば私領何ぞ行ふを得ん。私領に大益あるの道ならば何ぞ獨り公料而已益なからんや。今君公料に規則あり。是を以て新法良なりとい　ども行はれずと。某公料の規則を知らず。然して私領獨り規則法度なからんや。私領といへども天下の土地なり。何ぞ一日も政令法度規則なくして其の國を治めることを得ん。公料私領の規則同じからずと雖も大同小異、何ぞ雲泥の如く其の趣を異にせん。夫れ國を治め民を安ずるは政度法令の本にあらずや。百千の私領皆以て天下の法度制令を本として之に倣ひ其の國を治む。二宮仕法の規則に觸れて行はれ難き時は、豈私領の規則而已觸れざるの道あらん。從來私領に行ふ所數ふるに暇あらず。未だ曾て私領の規則を變じ然る後此の道を施すものあらず。舊來の法度制令依然として悉く缺く所なく、方法其の間に流行し、荒地を開き米財を生じ善人を賞し貧困を救助し、國家をして自然に豐富に歸し、萬民を安んじ永安の道を立て、是に於て始めて古來の法度規則の缺點をも補ひ、遂に國政をして仁政に歸せしむる者、是れ仕法の良法たる所以なり。其の國により萬一法度に聊觸るゝ事あらば、法度を動かさずして仕法を折衷し、其の時處位に依つて其の宜しきを制せり。是れ仁術にして其の術盡る所なく、諸國に行はれて成功ある所以なり。君此の地に至る以來二宮に委して道を行はしめ、其の不可なるを見て然る後行はれ難しとせば吾等何ぞ一言を發せん。未だ其の道を行はずして何を以てか果して行はれざることを知る乎。令曰く東郷の開田桑野川の新開之を試みたり。是を以て行はれざるを知れり。曰く、開墾の一事何ぞ仕法の仁術とするに足らん。夫れ仕法の道たるや恵むに恩澤を以てし、凡そ廢れたるを擧げ絶えたるを繼ぎ、禍を福に轉じ貧弱を振起して富强となし民の疾苦する所を除き其の安息する所を與へ、惰風を革め汚風を去り、敎ふるに人道を以てし導くに勸農を以てし、奢侈を戒め節儉を示し、五倫の道正しくして君恩の無量なることを知らしめ、永く貧困離散の憂なからしむるを以て要とせり。是等の道未だ二宮に於て施す所あらず。何ぞ一片の開田を以て道の行はるべからざるを知れりとするや。且君先年未だ此の地の命を蒙らざる時に當りて草野某と約して曰く、我二宮の良法を以て國家の有益を開き下百姓を安ぜんとす。故に公料に此の道を開き、二宮の力を伸張せしめんこと、我必ず之を盡力せんと、草野道の爲に悦び、誠に使君の忠誠を感歎し、大道公行を以て君を期し、其の開業を希望せり。是れ君自ら約するものにあらずや。今は草野泉下の客となりしと雖も、目前今日の言を聞かば如何とかするや。君を以て故舊を忘れざるの信とせんや否や。我等の得て知る所にあらず。且此の道の公料に行ふべからざるを以て幕府に達せば、君の一言を以て道の廢棄斯に決せんこと疑ひなし。何となれば先年君二宮の道を試みんと言上せり。是を以て幕府仕法の試業を命じ玉ふ。其の實事未だ試業に至らずといへども、幕府の試み玉ふこと君の一身上にあり、年を經ること數年にして行ふ可らざるの道なりと言はば、誰か未だ試みずして言上せりと爲さんや。然らば則ち此の一言に依て行はれざるの確證とならん。君其の道を試みずして行はれざるの道なりと定めんこと豈衆人の望む所ならんや。若し二宮其の初めより縣令の屬吏たらずして獨立せば、何ぞ畢世艱難誠意を盡せし仕法徒らに廢棄するに至らん。初めは君の賢意に依つて道の開けんことを望み、今は君の一言に由つて道の廢せんことを哀めり、何ぞ始終の均しからざること此の如きや。是れ吾等の大いに君に望みなきこと能はざる所以なり。君夫れ少しくこれを慮れ。

令色を變じて曰く、我が言上せんとするものは二宮の道を廢せんとするにはあらず。公料に行はれずして日を送らば、從來丹誠施行の私領までも共に廢せんことを憂ひ、小田原に歸りて十分行ふことを得ば、二宮心中安くして有益少からず。是を以て此の事を建言せんとする而已。然るに子仕法の道我が一言に依て廢棄せんと云ふは何ぞや。曰く、君一度言上せば直に道の廢せんこと疑ひなし。如何となれば二宮幼年より萬苦を盡し行ふ所の仕法良法なるが故に、幕府之を召して臣下となし玉ふにあらずや。生來萬民撫育の道に力を盡すのみ、他の才藝あるにあらず。仕法を外にして召し玉ふとならば何を以て召し玉ひしや。果して仕法の道良善なるが爲なり。私領遠近皆以て登用し玉ふを悅び、公料に廣行有らんを望むこと久し。是れ公料に行はるゝの餘光を仰ぎ、再復の宿志を達せんが爲なり。然るに今公料に行ふ可らざるの道也として舊主小田原へ戻し玉はゞ、天下の諸侯誰か公料に行はれ難き仕法を行はんや。假令禁止し玉ふにあらずといへども、公に傚ふものは私領の常なり。必ず忌憚する所ありて行ひ得ざるも亦人情の常にあらずや。加之小田原に於ては既に仕法を廢し、二宮の往返をも絕せり。是の如き小田原に歸り、何れの處に仕法を施すことを得ん。是れ君の明に知る所なり。假令諸侯公料に行はれざるを憂へずして自國を興復せんと欲すといへども、二宮何ぞ其の求に應じ以前の如くに仕法を行はんや。一日も幕府の祿を食み君臣の義を守るもの、其の道を以て公料の民を安ずることあたはず。身退きて私領に道を行ひ・何れの君に報ぜんとするや。是れ常人だも猶爲さざる所なり。況んや二宮の誠心に於てをや。苟も小田原に歸る可きの命を蒙らば、斷然仕法の道を廢し、深山幽谷の客となり、再び世の交を絶せんこと疑ふべからず。是れ君の一言に由つて仕法の道永く廢棄せんといふ所以なり。非邪。君何ぞ一度此の道を試み、彌々其の不可なることを知りて、然る後此の事に及ばざるや。今一言に由つて私領億萬の人民安堵の道を失はんこと、某等の見るに忍びざる所なり。君夫れ之を慮れ。令曰く、我之を思はざるに非ず。屢々仕法の事を以て官府に指揮を請ふといへども更に其の沙汰に至らず。是を以て發することを得ざるなり。

或曰く、是も亦我等の解せざる所なり。幕府元より二宮の良法果して可なるや否やを了し玉はず。是を以て君に命じて其の事業を試み玉ふに非ずや。然るに君之を試みずして其の指揮を官府に請ふ。官府何を以て一々開業の指揮あらんや。夫れ試みなるものは何ぞや。先づ發して試みずんば何を以て其の可不可を知らん。願くは君の速かに獨斷發業して、之を試みん事を何を憂ひて未だ試みざるや。令曰く、官の事獨斷すべからず。若し事を斷じて過あらば免るべからず。我身分をも恐るゝなり。是を以て獨斷に出でざる也と。或一言を聞き歎じて曰く、某數刻の愚言を呈するもの他なし。使君公の爲に身を奉ぜりとするが故なり。請ふ辭せんと云ひ退きたり。先生何事をか談ぜしやと問ふ。或告ぐるに此の事を以てす。先生大いに怒りて曰く、縣令の人となり我元より之を知れり。然して敢へて爭はず論ぜず、從容として空しく日を送るもの豈我が心ならんや。已むを得ざるが故なり。道の興廢元より令にあるにあらず。是を以て我氣を下して以て其の時を待つ。然るに汝一度令に至つて談論し、剩さへ身分を憂ふるの一言を發するに至るまで詰問せるは何ぞや。我が心を盡して困苦するを知らず、一面の間に是の如きの談論を爲す、何ぞ愚の甚しきや。是れ道を開かんとして却つて道を塞ぐ者に非ずやと大いに之を誡しむ。門下皆驚伏して仰ぎ見るものなし。此の時に當つては誠に仕法の窮極れりといふべし。先生の大量にあらざれば何を以て此の間に處し再び道を開くことを得んや。人々其の大量深慮を感歎せり。是より後縣令も亦省みる所あるか、又敢て此の言を發せずと云ふ。

【三】常州眞壁郡棹ガ島村外五邑に良法を發業す

野州眞岡の支配所常州眞壁郡棹ガ島村極貧にして民飢渇を憂ふ。民戸減少土地荒蕪し、殆ど亡村に至らんとす。往昔某年前縣令の時に當りて官府に達し、八丈島の民を移して此の邑の民となし、荒蕪を開かしむといふ。此邑再復の方法を先生に命ぜり。時に某年某月なり。

先生自ら此の邑に至り見分するに、毎戸貧困にして家屋破壞衣食乏くして業を怠り、人情浮薄博奕無頼を以て常とす。是に於て一村再興江安の道を諭し、家なき者に新家を與へ、馬屋灰屋を與へて其の居を安んじ、米穀を與へて其の飢渇を救ひ、農具を與へて其の耕作を助け、荒地を拓きて田圃の不足を給し、道を作り橋を掛け其の往返を安からしめ、善を賞し不能を敎へ、勤農の尊き所以を示し、力を盡して下民の憂苦を除き之を安撫す。邑民蘇生の思ひをなし、大いに悅服し汚俗一洗して淳厚勤業に歸せり。縣令至つて之を見分し、感歎止まず。民家の整齊開田の方正道路溝洫の美なること郡中に比類なく、良法の德燦然として遠近之を稱す。

續いて同郡花田村興復の仕法を歎願す。縣令之を許張し先生に委任す。先生又花田に至り心力を盡して此の邑を舊復す。恩澤を布き下民を撫育すること棹ガ島村の如し。花田村の貧困衰廢棹ガ島村よりも甚し。仕方の仁澤に依り年來の窮困を免れ、專ら業を勵み老若感泣して其の恩を謝す。縣令棹ガ島先生の仕法に由つて舊來の衰貧を除き、邑民欣躍互に其の業を樂むに至れりと江都官府に言上す。官評議ありて先生の丹誠を賞し用度金四百兩を下し、且拾ケ年の間來の邑の貢稅十分の二を減じ、此二分を以て再復の用度に充つ可きの命あり、先生此の四百兩を元資となし自金を加へ、野州山本村大島村山口村徳次郎村數願に依て仕法を下す。其の實業棹が島花田兩邑に異ならず。是に於て郡邑先生の徳行良法を欣慕せる。

【三】先生野州石那田村の堰を堅築す

野州河内郡石那田村は公料にして、隣村徳次郎村は宇都宮領なり。某年に至つて徳次郎村も公料となる。同村の用水は石那田村の地に於て、川を堰き水を引き以て田に灌げり。石那田村用水も亦此の堰より分水す。年々用水足らずして互に爭ひ、徳次郎へ順水せしむる時は石那田より之を破り水を引き、徳次郎より又石那田の用水を塞ぎ、四五月の節に至つては毎夜之が爲に家々安眠することを得ず。兩村仇讐の思ひをなし爭論止まず。加之一邑中に於て互に水を爭ひ、或は他の用水を塞ぎ己の田に注ぎ、彼又來て之を破り、近隣怨恨忿怒を懷き、家業を怠り衰弱困苦に陷り、平年飢渴を免れず、而して訴訟爭論益々甚し。縣令之を憂ひ屢々此の堰を見分すといへども、一邑をして便ならしむる時は、一村稼穡の道を失ふ是を以て至當の處置を下すこと能はず。縣令先生に問ふて曰く、兩村をして爭論を止め、平穩に歸せしむるの道あらんか。先生曰く、兩村の患ひ其の本田水の不足に在り。苟くも田水餘りあるときは制せずと雖も平穩に歸せん。豈惟平穩のみならん。兩邑の廢衰も亦是に由つて再興す可しと。令大いに悅びて此の事を先生に委す。

是に於て先生德次郞石那田に至りて水理を熟見し、堰の高低を量り邑の父老を招き古來の事を尋問し、深く思慮を廻らし兩全の道を施さんとし、兩村の民に諭して曰く、數年水を爭ひ隣村と敵讐の如くなるは、汝等の心に於て豈快しとせんや。我今此の用水をして十分ならしむるの道あり。然れども我が處置に任ぜずんば成す事あたはず。汝等之を欲するか。又從來の如く互に相爭ふことを欲するか。若し汝等永安の道を求め、互に十分の水を得て兄弟の如く交らんことを欲せば大幸なるべし。若し我が處置に從はず、是の如くにして年を經ば、連年衰廢に歸し終に兩村の亡滅に至らんこと疑ひなし。故に官我をして此の憂ひを除かしめんとす。汝等の心に於て如何。兩村の民答へて曰く、積年用水足らずして耕耘の力を盡すことを得ず。

是を以て是の如く困窮に陷りたり。水を爭ひ忿恨を懷く者何ぞ某等の欲する所ならんや。然りと雖も爭はざれば忽ち一滴の水をも得ず。直ちに飢亡に及ばんことを歎き、已むことを得ずして多年の爭論に及べり。今兩村をして用水十分ならしむるの道を成し玉はゞ、何の幸か之に如かんや。然れども舊來此の如きの堰にして一方の田地を利せんとすれば忽ち一方の田地水を得る所なく、積年兩全の道を得ること能はず。若し術あらば願くは之を施し玉ふべし。素より願ふ所なりと云ふ。退いて互に其の成すべからざるを嘲りたり。

元來石那田の田面は土地至つて卑下なり。唯分水口の傍の田地三反歩、高地にして水利に便ならず。故に堰高からざれば此の田に灌ぐことあたはず。堰の高きが爲に屢々破れて保たず。是を以て德次郎村年々渇水に及べり。且石那田の地に水を引く時は、土地卑下なるが故に忽ち水落ちて、德次郎村に至らず。其の難場なること斯の如し。先生此の事實を以て縣令に達し、然る後土功を起し自ら指揮して力を盡せり。先づ堰を立つるに石枠を三段に据ゑ、如何なる洪水といへども破損の憂ひなからしめ、次に德次郎用水口に石の水門を据ゑ、出水の節といへども流水限りありて、用水路破壞の害なからしめ、次に石那田の分水口をも石垣を以てし、分水限りあらしめ、高地の田地三反歩の土を他に運搬して之を卑下ならしむること或は三尺より二尺一尺に及べり。故に舊來の堰の高さを減ずること三尺にして、順水せしむ。數日にして全く功を成す。是に於て用水兩邑に餘りあり。下流他村に潤澤す。兩村男女共に先生の深智を感じ、永世不朽の寶を得たりと大いに悅び、年來の爭論忿心一時に解散せり。是より後水餘り有りて稼穡の道に力を盡すことを得、人心平和にして貧困の憂ひを免る。又德次郎村古來の用水路廢棄するあり。是をも再興す。長千有餘間渴水の邑十分の田水を得、積年の憂患を去り永安の道を得せしむ。人皆感歎止まず。

或問うて曰く、兩村用水足らずして、貧苦のみならず爭奪の心盛んにして、更に推讓の道を知らず。鷄犬相鬪ふが如し、先生一度手を下すに及びて積恨頓に消し、互に分水口に板を施し、水をして己が邑に多く至らざらしめんとす。何ぞ人情の向背是の如く速かなるや。先生曰く、凡そ人心の道心を害する者困窮より甚しきはなし。飢渇の憂ひ旦夕にあり。何を以て良心を存することを得ん。兩村の民素より暴なるに非ず。困苦の爲に相爭ふに至れり。困苦の本水の足らざるにあり。今其の本を優かにす。是れ教へを待たずして相和する所以なり。然して多年水の足らざるを憂ふるもの誠に川流の不足なるにはあらず。水の大いに費ゆるが故なり。其の費ゆるところを塞ぎ、之を田地に注ぐのみ。源水の増加するにあらずして兩村水に飽くものは、只費水を止むるが故なり。何ぞ水而已ならんや。百姓貧窮に苦しむ者も又猶是の如し。天下の米財空乏なるには非ず。米財あまりありといへども、大小各々其の分を忘れ財を費すが故に、常に貧困を免れず。一旦其の分度を明かにして其の無用の散財を止むる時は、米財餘りありて富優に至ること、一度此の堰を堅築して用水十分なるが如し、萬物の理一にして別なるにあらず。只其の處置に依て或は富盛となり或は衰貧となること、推して知るべしと諭せり。或人先生の深智を感ず。

【四】先生日光祭田の荒蕪を開き百姓安撫の命を受け巡村開業す

先生幼より老に至るまで己を棄て、萬民の困苦を除き之を安んじ、貧邑衰國を再興する所の良法實業、一世の間諸州大徳を慕ひ教へを受け、其の良法を行ふもの枚擧すべからず。徳化の及ぶ所大略左の如し。伊豆駿河相模甲斐遠江武藏下總上野下野常陸陸奥惣じて十一ヶ國に及べり。尤も國々により仕法の大小は異なり。或は一國中に數郡數邑の仕法あり、一邑の仕法あり、一家の仕法あり、手を下す所限りありと雖も、人民の其の徳を慕ひ私かに法り、其の道を行ふものに至りては、豫め其の數を擧ぐること能はず。初め小田原候の命に由り、野州に至る時に、一家を廢し萬家を安んぜんと心を定めたりし誠心空しからず、仕法の徳澤に依つて、艱苦を免れ、永安の道を得たるもの幾萬家なることを知らず。

弘化元辰年幕府日光祭田の廢蕪を起し、窮民を安んずるの策を命じ玉ふに由り、良法の條々微細に書記して之を奏す。後眞岡縣令の屬吏となり。實業を以て數ケ村の衰廢を擧ぐ。言行共に合し、彌々良法なることを試み、嘉永六丑年先生を江都に召して命じ玉ふ。其の文に曰く、日光御神領村村荒地起返難村舊復の仕法取扱被二仰付一間見込通御料私領手廣に取行可レ申候との命也。先生謹みて命を拜し、退きて此の大業を成就し、上下の大幸を開き、萬代不朽の規則を立て、大いに富國安民の大道を行ひ、上國恩を報じ下萬民を安んぜんとし、沈默數日彌々開業の順序を慮り、門下を招き教誨して曰く、今是の如く命令を受くると雖も、我老體にして大業の成功甚だ難し。二三子志を勵まし此の方法の基本を確立し、永行の道を盡すべしと教示す。門下皆曰く、謹みて命を聞けり。且曰く、先生先年六十卷の書を獻ずるより斯に年あり。今開業の命を受け玉ふ事、他なし至誠の貫通する所なり。速かに仁術を布き、萬民永安の道を行ひ衆心を安んじ玉へ。某等惟開業の後れんことを恐るゝなり。先生曰く、天地間萬物共に其の時あり。其の時を得ずんば一物をもなすべからず。況んや大業をや。我が進退其の時を以てす。何ぞ其の時を誤ることを爲さんやと云ふて自若たり。

是に於て前々仕法を下す所の諸侯の大夫に談ずるに、將來の仕法取捨如何と云ふを以てす。日々に高談辯解して、後年良法の永續する所以を盡し、速かに開業せんとするの意念なきに似たり。門人其の深意を知らず大いに苦心せり。時に四月に至り先生疾に罹れり。隨身のもの大いに驚き曰く、今良法發達の時に當り、先生の病若し病ならば、如何せん大道の興廢此の時にありと、良醫を招き之を診察せしむ。衆醫皆曰く、心力共に勞すること其の度に過ぎたり。是を以て其の虚に乘じ、邪氣の爲に病を發せり。遠からずして治すべし。然れども二たび身體を過動して發病せば、其の憂ひ量るべからざるものあり。快氣せば向後を愼み、再發の端を拒ぐべしと、治療十有餘日にして病間を得たりと雖ども、未だ全癒に至らず先生起きて諸方に往來し、安民の談論常の如し。然れども疲勞して食進まず、歩行自ら力を得ず又以て憂ひとせず。誠に道の爲に身を忘るゝに似たり。從者皆之を憂ひ屢々保養の道を述ぶると雖も、更に意に介せず。五月に至り諸事悉く辨ずることを得て江都を發し、野州東郷の官廨に至り、開業の順序を計り、六月下旬將に登山せんとす。親族從者諫めて曰く疲勞未だ除かず。病根亦全く去るに非ず。此の炎暑を冐し光山に登らば、豈再發の憂ひなしとせんや。冷氣を待ちて至るに如かずと。先生肯ぜず、遂に登山し、奉行某に謂ひて曰く、廢田を開き此の民を安撫するの命を受くるより以來、速かに開業せん事を欲すと雖も其の順序を考ふるが故に遲々に及べり。先づ村々を巡回し、土地の肥瘠諸民の貧富人情の向背を察し、然る後に愚意を言上せんと將に發せんとす。奉行先生の病後未だ本快ならざる事を察し、駕を命じて之に乘じ回村すべしと云ふ。先生肯ぜずして曰く、某民の窮苦を憂ふる事急にして、自ら病を省るに暇あらず。且邑中の微細を洞察するにあらざれば、救助の道其の宜しきを得べからず。駕して以て回村せば、艱苦の實情廢衰の根元を了知する事能はずと固辭して徒歩し、大暑を冐し一邑を見分するに、必ず既往を考へ將來を察し、邑中の大小事悉く胸中に了然たらざれば他の邑に至らず。夫れ光山の村々山岳丘陵多くして平地甚だ稀なり。此の邑より彼の村に至るに、或は高山を超え數里を隔つるもの多し。栗山鄕十邑の如きに至りては、最も深山の邑にして道路甚だ嶮なり。

或は高山の頂に村あり或は深谷の邑あり。壯强の者と雖も頗る嶮路になやめり。然るに先生年既に六十七歳病後未だ快然たらず。食も亦平生に復せず。炎暑燃ゆるが如くなるに、此の嶮路を推歩し、村々の盛衰を鑑み厚く善人を賞美し、鰥寡孤獨身に便りなきもの又は困窮のものを惠みたり。各々其の次第に由つて或は金壹兩より五兩に至る。又は農業を勤め衰貧に陥らざるの村に至りては、或は十金十五金を以て邑中の民を賞す。且教ふるに孝悌を以てし、導くに田圃の尊き所以、勤業の德甚だ大なることを以てし、或は堤を築き水田渇水の憂ひを除き、荒地を開き之を與へ、民の生養を安んず。諸民大いに感動し悦服せざるものなし。先生高山を越え、深谷を渉り、疲勞極るに至つては路傍の石上に休し、又は草原に息して推歩せり。從者手に汗を握り病の發せんことを恐るゝと雖も、先生自若として困苦を厭はず。惟下民を安んずる事而已に勞せり。人々其の誠心慈仁の至れることを感歎す。是より先此の地の庶民先生命を受け、廢田を開き邑民安撫の道を行はんが爲に此の地に至らんとするを聞き、大いに疑心を發す。奸民村民を煽動して曰く、古より租税定りあり。田圃荒蕪に就くもの甚だ多しと雖も、荒地の爲に聊か貢税を減ぜず。何ぞや日光祭田の故を以て他邦に比すれば租税甚だ少なり。是を以て定租を納むることを得たり、今に至りて此の荒地を開かんとせば、必ず多分の用費なくんばあるべからず。多分の用財を以て廢田を起す時は、必ず開田より新に貢税を出さしめん。然らざれば用財を補ふ所有らず。此の如くなる時は開田の爲に永久の租税を増し、村々の憂ひとならんこと必せり。是れ何ぞ下民の爲を主とせんや。表に衰邑再復百姓撫育を以て名となし、其の實は貢税を増すにあらん。若し二宮某此の地に來らば、速かに村々より仕法開業無らしめ玉ふべしと日光官廨に訴へ出でん。然らば此の憂ひを免るべしと。衆皆之に同じ疑念益々盛んにして仕法を拒ぐの謀をなせり。然るに數月を經ると雖も先生至らず。傳言す先生長病の故を以て來ること能はず。又仕法開業の事は止みたりと云ふ者あり。遂に奸民の思慮空しくして、其の術を施す所なく、日を重ね月を經るに及びて疑念漸く散じ、之を拒がんとするの念も亦怠りたり。時に六月下旬に至り先生忽然として登山し、直ちに回村見分して民を惠むこと甚だ厚く、開田の道を諭すこと誠に仁術にして、下民を子の如く惠むの良法なることを聞き、或は驚き或は感じ曾て疑惑を生ぜし事を顧みれば、其の懸隔霄壤の異なるが如し。是に於て衆疑解散し、互に仕法を願ひ求むる者擧げて數ふ可らず。嗚呼二月命令を受くる時に當り、速かに登山開業に及ばゞ、必ず下民疑惑の爲に一旦は仕法の風化を妨ぐる事あらんに、先生自若として江都にあり。其の發するに及びては病苦を忍び炎暑を冒し、夜を以て日に繼ぎ仁澤を施し大いに敎誨を下し、一時に風動せしむることの神速なるは、凡慮の豫め慮り知るべきにあらず。從者皆先生の大知自然の時を慮り、其の機に應じて其の宜しきを行ふことを感歎せり。

先生炎熱を冒し八十九ケ村周く巡回し、盡く土地の肥磽人民の勤惰得失を察し、光山に歸りて之を舊復するの策數十ケ條を記して奉行某に呈す。嘗て諸條の封内を再復するや數十年の租稅を平均し、其の平均度を以て分度と定め、興復安民の仁政施行に由つて餘外に生ずる所の米財を以て分外と爲し、此を以て開墾撫恤の用度に充つ。故に每歲の用度盡くる事なく、仁澤の及ぶ所窮りなし。譬ば川源一たび開くる時は、末流の潤澤疆り無きが如し。然るに神領の租稅に於けるや僅々たる薄稅なり。是れ山間幽谷の土地瘠薄にして民食甚だ乏し。往々餘業を以て生活の一助となす。故に租稅を薄くして以て此の民を永續せしめんとの恩澤なるべし。租稅の定額此の如し。田圃廢蕪に歸すると雖も敢て稅額を減ぜず。是を以て許多の開田を成すと雖も些しも租稅を增す所なく、惟民食を裕かにし生養を安んずるの仁術のみ。更に分外となす可き仕法用度の出る所なし。故に先生興復の大業を開くに當り、從前開墾安撫の淨財幾千金を光山官廨貸附所に托し、毎歲利子を以て仕法の資本となし、且積年諸侯の封内再興の爲に數千金を抛ち其の廢を擧げ其の領民を安んず。光山良法開業の際、返金あれば之を撫育の費用に加ふ。奧州中村侯報恩の爲め日光開墾撫恤用度金として五千五百兩を年賦に献ず。官之を先生に附與し、以て撫恤せしむ。嘉永七寅年二月幕府先生の長男彌太郎に命ずるに、父と同じく安民法を施行す可き旨を以てす。是に於て父子同力黽勉益々興國の良法を擴張せんとす。

【五】 先生衆民を教諭し新溝洫を開き開墾撫恤の實業を行ふ

日光山神領往古より水田を開かず、獨り圃を耕して以て活計を爲す。漸く三十年以來邑々些少の水田を開くと云ふ。是の故に邑民雜穀を以て常食と爲す。稻粱の如きは疾病の者あるに至りて僅かに之を購ひ得て、以て之を與へ醫藥に換ふと。其の衣食に窮乏なること推して知る可し。先生民の艱難を愍み、地の理を察して曰く、此の地西北に高山ある故に、平地と雖も自然に西方高くして東方低くし。而して大谷川郡邑の中央を東流す。此の川の左右に溝渠を鑿ち、之を諸村に漑がば、順流至らざる所なく村落の潤澤擧げて數ふ可からずと。是に於て野口村より平ケ崎千本木村に至る迄、長さ二里餘の水路を穿ち、大谷川の水を引き、之を數邑に注ぎ若干の荒蕪を墾し之を民に與ふ。民大いに喜ぶ。諸村之を聞見し競ふて新用水開鑿を請求す。其の需求の先後に由つて數箇所の溝洫落成す。或は三千間或に二千間難易長短同じからずと雖も、能く地の利を測り其の宜しきを得るが爲に、一も成功あらざるものなし。抑々神領の荒蕪地調査反別千有餘町歩なりと雖も、實地に至りては此の數に止まらず。然して土地瘠薄隨つて租稅甚だ薄し。故に荒田多しと雖も稅額減ぜず。民も亦敢て減租を請はず。故に數千町の荒蕪皆邑民の內荒にして、郷村の衰弊極り、僅かに餘業を以て活計を補ふと雖も、衣食足らず民心浮薄にして些少の得失損益を爭ひ、訴訟を以て常とし其の費用の爲に自他共に窮し、家財田圃を失ひ或は賭博の爲に家產を破るもの尠からず。日に月に衰貧艱苦に陷りて、而して艱苦何に由つて來るを知らず。先生愀然として大息し、邑民に諭して曰く、汝等の困苦此の如し。何れの時か繁榮安心の道を得んや。夫れ富貴貧賤安危存亡共に他より來るに非ず。自ら之を招き之を求むるもの也。何を行ふて富裕を得、何を爲して貧困に至るを知らず。日に富裕の道を拋ちて、衰貧亡滅の域に至る。豈哀しまざる可けんや。當神領の如きは土地瘠薄なりと雖も、租稅の輕きこと他に其の類を見ず。是れ他なし神領の民なるを以て稅斂を薄くし、永く百姓を安堵せしめ、薄地の民をして沃土の民に均しからしめんが爲ならずや。其の恩洪大なりと謂ふべし。而して邑々高恩を忘れず、毎戸力を田圃に盡し、節儉以て有餘を生じ、互に信義を以て相交り、聊か無頼の所行に渉らず子孫の安榮を謀らば、家家足り人々給するに至らんこと疑ふ可からず。然るに此の如き高恩を忘れ、本源の業を怠り良田を荒蕪に歸して顧みず、嚴禁の博奕を犯し、細事を爭ひ怨恨を招き、先祖傳來の家産を失ふに至るまで其の非を知らず。官之を憂勞し玉ひ、予に命じて教諭を下し、荒蕪を開き許多の米粟を生じ、多年の衰廢を擧げ再榮の道を得せしめんとす。汝等今より宿弊を洗ひ、專ら勤儉以て農事を勵精せば、衰村の再興難からず。凡そ人たるもの衣食住にあらざれば生養を安んずること能はず。而して此の三つの者の出る所何ぞや田圃是也。然るに其の根源たる田圃を荒し、幾百年を經ると雖も一粒を生ぜず。而して衣食の裕かならんことを欲す。猶泉源を閉塞して水の多きを求むるが如し。豈惑ひの甚しきに非ずや。今神領の荒蕪凡そ千町、薄地と雖も平均一反四苞を生産す。反四苞を生ずれば一年の産粟四萬苞、十年間の生粟は四十萬苞、五十年の産する所二百萬苞なり。此の地の荒蕪將に七八十年に及ばんとす、今概して五十年と視るも二百萬苞の穀粟を失へり。邑々の民之を省みずして、他に衣食の道を求むるに汲々たりと雖も、何を以て窮せざるを得ん。何を以て衰弱危亡を免るゝを得んや。故に速かに荒蕪を開き、衆民安息の源を開かざる可からず。若し汝輩此の理を解し、直ちに斯に從事せんと欲し、自ら開かんとする者には賃銀を與へん。力足らざる者には此を開きて以て與ふ可し。開墾一年遲滯せば一年の產粟を失ふ。豈勉力せざる可けんやと。邑々の民大いに感發し爭ふて開拓に力を竭し、數年にして五百有餘町を開き、年々の產穀內荒の故を以て悉く民の有と爲る。加之厚く良民を賞し貧民を撫し、或は家作を與へ或は破屋を修葺し、借債又は質地を償ひ、農器を與へ無利息金を貸與し、人民の憂苦を除き之を教へ之を安んず。是に於て累年の汚俗一洗、怠惰變じて勉勵の民となり、邑々風化行はれ興復の時至れりと歡喜せり。

高慶曰先生夙懷不世出之才、而躬堅忍不拔之行。然非小田原侯之明擢之于畎畝之中委以振衰擧頽之擧、則眇然一農夫而止耳。蓋侯之擧先生、其初命以野州三邑之事、且將移之小田原封內、待偉功已顯、更禀于幕府、使天下萬姓皆被洪澤其設心可謂遠且大矣。惜乎事業未央奄然棄館舍後之人無有能繼侯之志令先生得擴張其業者雖先生至誠以之亦末如之何已矣。既而幕府登庸先生亦不過從一縣令爲之屬每事掣肘先生終不得展其志復經二十有餘年始命以擧日光神田之衰且得遍推行於諸州。是時也先生齡將古稀加以疾病復安得施大業於海內哉。嚮使此命在於十年之前先生已振神田之衰使其民得安業而諸侯之倚先生爲政於封內者亦皆就功於是更擴之四方則天下蒼生皆被其澤菽粟如水火富强之術備可以傳于萬世而無弊也。嗚呼以先生之雄才卓行終身轗軻遂不能擧其業使人慨歎無已也豈非命乎。

報德記 畢

跋

報徳記八卷は富田高慶が其師二宮尊徳の言行を記述せる所なり。嚮に　乙夜の覽に入り　聖意嘉尙したまひ、宮內省に　勅して版刻せらる。抑々尊徳の言行悉く至誠に出て終始一の如く到る所俗を化し風を移し其の成績資つて以て農政に參すへきもの蓋し鮮しとせす。因つて其の傳を廣めんと欲し本省請ふ所あり　允准を蒙り而て之を大日本農會に附して播布せしむ。世の斯編を讀む者能く忠信篤行業を勤め儉を守り以て己を益し幷せて世を利するときは則ち播布の旨に副ふ可き乎

明治十八年七月

農商務卿伯爵西鄉從道謹識

富田高慶〈とみた・たかよし〉
幕末・明治前期の報徳運動家。一八一四年（文化十一）相馬藩士斎藤嘉隆の次男に生まれる。妻は二宮尊徳の娘文子。三九年尊徳を下野国に訪ねて門人となり、櫻町・下館の仕法を助ける。四五年（弘化二）相馬に帰り、窮乏した藩財政の立て直しと農村復興に仕法を実施する。やがて家老として藩政の中枢に参与。維新後は藩士の帰農をはかり、七一年（明治四）磐前県に出仕し管内の開拓をすすめた。九〇年（明治二十三）没す、寿七十七歳。著作に『報徳記』『報徳論』。

報徳記（ほうとくき）
富田高慶 著
二〇二三年五月二十二日初版
土曜社　渋谷区猿楽町一一－二〇

本　は　土　曜　社

西暦	著　者	書　名	本体
2012	アルタ・タバカ	リガ案内	1,991
	坂口恭平	*Practice for a Revolution*	1,500
	ソロスほか	混乱の本質	952
2012	坂口恭平	*Build Your Own Independent Nation*	1,100
2013	黒田東彦ほか	世界は考える	1,900
	ブレマーほか	新アジア地政学	1,700
2014	安倍晋三ほか	世界論	1,199
	坂口恭平	坂口恭平のぼうけん　一	952
	meme（ミーム）	３着の日記	1,870
2015	ソロスほか	秩序の喪失	1,850
	坂口恭平	新しい花	1,500
2016	ソロスほか	安定とその敵	952
2019	川﨑智子・鶴崎いづみ	整体対話読本　ある	1,850
2020	アオとゲン	クマと恐竜（坂口恭平製作）	1,500
2021	川﨑智子	整体覚書　道順	895
	川﨑智子・鶴崎いづみ	体操をつくる	1,700
	増田悦佐	クルマ社会・七つの大罪	2,998
2022	川﨑・鶴崎・江頭	整体対話読本　お金の話	1,850
	川﨑智子	整体覚書　道程	895
2023	鶴崎いづみ	私のアルバイト放浪記	1,998
年二回	ツバメノート	Ａ４手帳	1,199

本　の　土　曜　社

西暦	著　者	書　名	本体
1923	マヤコフスキー	これについて	952
1924	マヤコフスキー	ヴラジーミル・イリイチ・レーニン	952
1925	頭山満	大西郷遺訓	795
1927	マヤコフスキー	とてもいい！	952
1928	マヤコフスキー	南京虫	952
	マヤコフスキー	私自身	952
1929	マヤコフスキー	風呂	952
1930	永瀬牙之輔	すし通	795
	福沢桃介	財界人物我観	1,998
1932	二木謙三	完全営養と玄米食	999
1936	ロルカ	ロルカ詩集	2,000
1939	モーロワ	私の生活技術	999
1939	大川周明	日本二千六百年史	952
1942	大川周明	米英東亜侵略史	795
1952	坂口安吾	安吾史譚	795
1953	坂口安吾	信長	895
1955	坂口安吾	真書太閤記	714
1958	池島信平	雑誌記者	895
1959	トリュフォー	大人は判ってくれない	1,300
1960	ベトガー	熱意は通ず	1,500
1963	プラス	シルヴィア・プラス詩集	近刊
1964	ハスキンス	*Cowboy Kate & Other Stories*	2,381
	ハスキンス	*Cowboy Kate & Other Stories*（原書）	79,800
	ヘミングウェイ	移動祝祭日	714
	神吉晴夫	俺は現役だ	1,998
1965	オリヴァー	ブルースと話し込む	1,850
1967	海音寺潮五郎	日本の名匠	795
1968	岡潔・林房雄	心の対話	1,998
1969	岡潔・司馬遼太郎	萌え騰るもの	595
	岡潔	日本民族の危機	1,998
	オリヴァー	ブルースの歴史	5,980
1971	シフマン	黒人ばかりのアポロ劇場	1,998
1972	ハスキンス	*Haskins Posters*（原書）	39,800
1991	岡崎久彦	繁栄と衰退と	1,850
2001	ボーデイン	キッチン・コンフィデンシャル	1,850
2002	ボーデイン	クックズ・ツアー	1,850

土　曜　社　の　本

西暦	著　者	書　名	本体
1713	貝原益軒	養生訓	895
1791	フランクリン	フランクリン自伝	1,850
1812	水野南北	修身録	1,399
1815	酒井抱一	光琳百図　全四巻	各1,500
1834	二宮尊徳	三才報徳金毛録	999
1856	富田高慶	報徳記	2,998
1884	福住正兄	二宮翁夜話	2,998
1886	ランボオ	イリュミナシオン	2,200
1894	渋沢栄一	雨夜譚（あまよがたり）	895
1896	富田高慶	報徳論	近刊
1897	勝海舟	氷川清話	895
1900	福住正兄	二宮翁道歌解	近刊
1903	二宮尊親	報徳分度論	近刊
1904	岡倉天心	日本の目覚め	714
1906	岡倉天心	茶の本	595
1911	柳田國男	名字の話	595
1914	マヤコフスキー	悲劇ヴラジーミル・マヤコフスキー	952
1915	マヤコフスキー	ズボンをはいた雲	952
1916	マヤコフスキー	背骨のフルート	952
	マヤコフスキー	戦争と世界	952
1917	マヤコフスキー	人間	952
	マヤコフスキー	ミステリヤ・ブッフ	952
1918	アポリネール	アポリネール詩集	近刊
1919	大杉栄	獄中記	952
1920	マヤコフスキー	一五〇〇〇〇〇〇〇	952
1922	マヤコフスキー	ぼくは愛する	952
	マヤコフスキー	第五インターナショナル	952
	エリオット	荒地	2,000
	大川周明	復興亜細亜の諸問題　上・下	各495
1923	大杉栄	日本脱出記	952
	大杉栄	自叙伝（新装版）	1,998
	大杉栄	大杉栄書簡集	1,850
	伊藤野枝	伊藤野枝の手紙	1,850
	山川均ほか	大杉栄追想	952
	大杉栄	*My Escapes from Japan*（日本脱出記）	2,350
	マヤコフスキー	声のために（ファクシミリ版）	2,850